战争与对话

外语以及英国在欧洲的战争活动
（1940—1947）

[英]希拉里·福蒂特　西蒙娜·托比亚　著
Hilary Footitt　Simona Tobia

刘明　陈涅奥　张天琪　许易行　译

李丽刚　审校

新 华 出 版 社

图书在版编目（CIP）数据

战争与对话：外语以及英国在欧洲的战争活动：1940-1947 /
（英）希拉里·福蒂特，（英）西蒙娜·托比亚著；刘明等译.
-- 北京：新华出版社，2025.1
书名原文：War Talk: Foreign Languages and the
British War Efforts in Europe, 1940-47
ISBN 978-7-5166-6606-7

Ⅰ.①战… Ⅱ.①希… ②西… ③刘… Ⅲ.①战争—研究—英国— 1940-1947 Ⅳ.① E561

中国版本图书馆 CIP 数据核字（2022）第 230467 号

著作权合同登记号：01-2022-6072

战争与对话：外语以及英国在欧洲的战争活动：1940-1947

作者：[英] 希拉里·福蒂特　[英] 西蒙娜·托比亚
译者：刘　明　陈涅奥　张天琪　许易行　审校：李丽刚
出版发行：新华出版社有限责任公司
　　　　　　（北京市石景山区京原路 8 号　邮编：100040）
印刷：捷鹰印刷（天津）有限公司

成品尺寸：145mm×210mm　1/32　　印张：9.75　字数：200 千字
版次：2025 年 5 月第 1 版　　　　印次：2025 年 5 月第 1 次印刷
书号：ISBN 978-7-5166-6606-7　　定价：60.00 元

微店　　　视频号小店　　抖店　　　京东旗舰店

微信公众号　　喜马拉雅　　小红书　　淘宝旗舰店　　扫码添加专属客服

请加我的企业微信

导读

在人类社会发展进程中，战争和冲突不断。从某种程度上说，人类发展史就是一部战争冲突史。语言在解决冲突、缔造和平方面发挥着不可或缺的作用，但这种作用并未引起研究者的足够重视，导致语言在战争研究中长期处于一种"缺席"状态。直到进入 21 世纪，学者们才开始关注语言（翻译）在军事冲突中的作用，并产出了一系列研究成果（如 Stahuljak 2000[①]、Baker 2006[②]、Rafael 2007[③]、Inghilleri 2008[④] 等）。其中较具代表性的是 Mona Baker 所著《翻译与冲突：叙事性阐释》（*Translation and Conflict: A Narrative Account*, 2006），该书论述了翻译（译者）在建构战争叙事中的作用。

[①] Zrinka Stahuljak. 2000. 'Violent Distortions: Bearing Witness to the Task of the Wartime Translators'. *TTR: Traduction, Terminologie, Rédaction* 13 (1): 137–51.

[②] Mona Baker. 2006. *Translation and Conflict: a Narrative Account*. London and New York: Routledge.

[③] Vicente Rafael. 2007. 'Translation in Wartime'. *Public Culture* 19 (2): 239–46.

[④] Moira Inghilleri. 2008. 'The Ethical Task of the Translator in the Geo-Political Arena: from Iraq to Guantánamo Bay', *Translation Studies* 1 (2): 212–23.

2012 年，英国帕尔格雷夫·麦克米伦出版社（Palgrave Macmillan）
开始组织出版帕尔格雷夫"战争中的语言"研究丛书（Palgrave
Studies in Languages at War），集中探讨语言在战争冲突中的作用。
由 Hilary Footitt 和 Simona Tobia 合著的《战争与对话：外语以及英
国在欧洲的战争活动（1940–1947）》（*War Talk: Foreign Languages
and the British War Effort in Europe*, 1940–47）（以下简称《战争与对
话》）便是该系列丛书之一。

一、作者简介

希拉里·福蒂特（Hilary Footitt）是英国雷丁大学（University of
Reading）现代语言和欧洲研究学院高级研究员，英国艺术与人文研
究理事会（Arts and Humanities Research Council）首席研究员，现
代语言大学理事会（University Council of Modern Languages）主席，
英国语言学习协会（Association for Language Learning）理事。她的
研究主要集中在三个领域：女性在政治中的作用、二战期间法国与
盟军关系以及英国外语学习策略。其代表性著作有《女性、欧洲和
政治的新语言》（*Women, Europe and the New Languages of Politics*，
2002）、《法国的战争与解放：与解放者一起生活》（*War and
Liberation in France: Living with the Liberators*，2004）。另有相关论
文刊发在《情报与国家安全》（*Intelligence and National Security*）、《战
争与文化研究学报》（*Journal of War and Culture Studies*）、《冷战史》
（*Cold War History*）等刊物上。

西蒙娜·托比亚（Simona Tobia）是英国雷丁大学政治与国际关
系学院研究员，主要从事二十世纪战争与冲突史研究（侧重文化方

面），著有《美国广告：美国在意大利的信息服务（1945–1956）》（*Advertising America: The United States Information Service in Italy, 1945–1956*，2008），另发表第二次世界大战文化研究方面的论文数篇。

二、本书主要内容

《战争与对话》一书以"二战"期间英国在欧洲参与的战争活动为考察中心，聚焦战争中的"外来性"（foreignness）因素，从语言的视角切入，重点探讨了外语在战争各个阶段(战前、战中、战后))所发挥的重要作用。该书认为，外语是战争活动的一个必要组成部分，能够影响军队的构成和军事部署，决定战地军民关系的性质，并直接影响军队在战后对敌区的占领和解放行动。全书除引言和结语外，共八章，各章节基本按战事发展顺序编排，内容涵盖战前的备战和情报收集、战中的心理战和对敌区的占领与解放，以及战后对战犯的审判和对难民的救济等。

在引言部分，作者首先简要回顾了战争史研究和战时语言研究的现状，指出战争史和冲突史研究基本不涉及对语言的研究，而现有战时语言研究主要基于当代美国在伊拉克和阿富汗的少数军事行动展开，基本不涉及像两次世界大战这样早期的重大国际性战争。接下来作者对英国学界在"二战"史方面的研究做了简要的文献梳理，发现现有研究主要聚焦外交关系和"大战略"、情报史、"大后方"及"人民战争"、性别化特征以及战争文化遗产等方面，而"二战"在语言层面的"外来性"尚未获得学界的关注，从而引出本书的一个主要观点：外语在英国参与的"二战"欧洲战事中发挥了重要作用，但这种作用并未引起人们足够的关注。最后作者对本书的主要框架、各章节的主要内容做了简要介绍。

　　一般而言，为了在战争中掌握主动权，参战各方都会在战前做好各方面的准备。本书第一章"备战：英国（人）和外语"主要考察了"二战"爆发前英国在语言（外语）层面的备战情况。作者认为，英国政府为第二次世界大战欧洲战事所做的语言准备严重不足，导致战争爆发后难以找到具备熟练语言技能的英国人来完成军队在战争中的许多重要任务，并从英国与他国之间的文化联系、英国外语教育以及在英外国人的地位等几个方面进行了具体论证分析。首先，英国与欧洲各国之间的文化联系紧密程度不一。在众多欧洲国家中，英国与法国之间的文化联系最密切，法语也是英国普及程度最高的外语，而英国与其他欧洲国家之间的文化联系则要薄弱得多，这些国家的语言在英国的普及程度也非常低。因此，在发生战争时，英国能从法国获得丰富的文化知识资源，而能够从德国、意大利和苏联等其他欧洲国家获得的资源就十分有限。其次，英国的外语教育存在诸多弊端。一方面，英国的外语教育体系高度等级化，学习外语的英国人主要集中在占人口极少数的社会精英阶层，"外语无用论"的思想在英国普通民众中盛行，导致外语教育普及率非常低；另一方面，英国外语教育模式僵化。"二战"爆发前，英国小学、中学和大学的外语教学基本都采用古典文学教学模式，即要求学生通过学习二十世纪前的经典文学来学习外语、了解外国文化。基于该模式而设计的考试制度将外语写作和阅读能力置于首位，而将口语与听力置于末位。当然，外语听说能力在英国不受重视，和英国民众的性别化语言技能观也有很大关系。英国人认为，沉默寡言是英国传统男性气质的体现，流利地说外语是一种女性化的低级思维活动，而用外语进行写作和文学研究则是男性批判性思维的表现。最后，在英外国人地位低下。"二战"爆发前，英国社会中弥漫着较浓烈的"排外"情绪。这点在英国外语教育领域表现为以外语为母语的外籍教师被英国本土教师所取代，外籍教师在英国外语教学体系中越来越被边缘化。

对战争而言，情报工作的重要性不言而喻。如果能在战前或战时搜集到关于敌方的可靠情报，就可以提前获知敌方的军事部署计划，从而先发制敌，取得战争的胜利。但是在很多情况下，情报都是用外语编写的，必须翻译成本国语言后才能"为我所用"，这就牵涉到外语在战争中的实际运用，即情报翻译问题。本书第二章"情报译中求：刺探敌情"主要探讨了"二战"期间英国在欧洲参与的战争活动中的情报翻译问题。根据情报来源不同，作者将战时活动中的情报分为开源情报（Open Source Intelligence）和信号情报（Signals Intelligence）两种，并着重探讨了这两种情报翻译模式下的译员招募方式、译员工作内容及流程、对译员资质要求以及情报翻译与情报分析之间的关系等问题。由于通过开源渠道获取的情报材料并不涉密，所以英国当局在本土译员无法满足需求时会大量聘用外籍人员。相较于开源情报翻译，信号情报翻译对安全性的要求更高。对英国当局来说，不管是英国海岸线设立的监听站，即 Y 站（Y Station）的情报译员，还是英国情报机构布莱切利园（Bletchley Park）的情报译员，最重要的是对英国要忠诚，其次才是其工作能力。Y 站情报译员的工作是使用无线电拦截敌方的通讯信息，将其破译后再用英语准确地复述出来。出于情报安全的考量，英国当局在招募 Y 站情报译员时优先考虑已经入伍的、会讲德语的英籍现役男性军人，其次是不直接参战的现役女性军人，最后才是德国难民或会说德语的外国人。与 Y 站情报译员相比，英国当局对布莱切利园的情报译员的要求更高。布莱切利园所有的情报译员都必须是在英国出生，且经过英国社会选拔体系筛选过的。由于布莱切利园的情报译员接收到的德语信息都是经过原始密码破译后的二手信息，其中有些已经变得支离破碎。因此，情报翻译变成了一个处理语义残缺的文本的过程，译员必须将这些碎片化的文本置于其所处的更为宽泛的语境中加以考察，才能完成翻译。这就意味着译员在将文本和背景相关联的过程中，会加入自己的主观判断和态度，这与传统的情报工作理念大相径庭。传统的情报工作理念认为，情报译员应该将每份文本看作一个独立的实体加以处理，这些文本不能受到其他参考文本或背景材料的"污染"（contaminate），译员只需对文本进行翻译即可，对情报的分析和解释应该由情报专业人员来处理。但在布莱切利园情报译员看来，这是很难做到的，也是没有必要的，由此还引发了布莱切利园的情报译员和情报分析员之间的一场争论。后来事实证明，布莱切利园情报译员开创的将情报翻译和情报分析融为一体的翻译模式是正确的，正是密码分析员、译员和情报分析员之间三方联动才使布莱切利园在"二战"期间获得了成功。

第三章"战时角色扮演：人力情报人员"讨论了另一种形式的战时情报活动——人力情报活动。与开源情报和信号情报通过翻译获取信息不同，人力情报活动主要是通过情报人员与敌国或敌占区的人民面对面交谈来获取情报信息的，其成功与否的核心在于情报人员的"表演"能力，而情报人员的外语能力又是这场"表演"成功与否的关键所在。具体而言，作者在本章中主要探讨了人力情报活动中两个典型任务场景：审讯外国难民和潜在敌人，执行英国特别行动处（SOE）[1]的秘密行动。英国当局对参加这两项任务的情报人员的外语能力都很看重，但更强调他们对英国王室的忠诚。审讯工作一般在战场前线、战争罪侦查中心和英国当局设立的特别审讯机构进行。出于可信度的考虑，英国当局聘用审讯员时优先考虑会说外语的英国人。随着战争的推进，对审讯员的需求大增，英国当局开始聘用以外语为母语的难民担任审讯员。有些审讯员曾是被拘留的德国人，但他们在情报部门所扮演的角色是会说德语的英国人。这使他们陷入一种身份认同的困境：他们即不完全属于自己的祖国，也不完全属于新的东道主国，他们是"对英国忠诚的外国人"。与审讯员在英国当局控制的区域内工作不同，执行英国特别行动处任务的特工通常需要到敌国或敌占区开展"实地"工作。他们要把自己"打造"成一个外国人，在外国以当地居民身份"蒙混过关"，这就对他们的外语能力提出了极高要求。与招募布莱切利园情报译员类似，英国当局一般从英国社会精英阶层或英国社会精英推荐的人选中寻找特工候选人，以确保特工绝对可靠。

第四章"口舌之战：以外语发动心理战"探讨了"二战"期间英国参与发动的两种心理战场景：英国通过英国广播公司（BBC）向欧洲民众发动的"空中"心理战和盟军在意大利发动的"实地"心理战，并阐述了外语在这两场心理战中发挥的作用。英国当局通

---

[1] Special Operations Executive

过 BBC 用外语向欧洲民众进行广播在很大程度上是一种政治宣传，旨在通过广播在敌占区人民心中创造一个"理想国度"（imagined community），以对抗敌方政府主导的政治宣传。为达到这一目的，英国当局对广播内容实施了严格管控，所有广播内容都必须由英国政府起草并审批，之后才能用外语传播出去，这使得外语成了英国政府向欧洲大陆各国表达其意志的一种工具。在实际操作中，每日播报的新闻文本需先以英语编写好，并在经过英国各相关机构审查后，才会被翻译成外语，再由以外语为母语的播音员播报。在这一过程中，英语占主导地位，其他语种处于一种弱势地位，由此体现了一种英语与其他语言、英国与其欧洲盟国之间的不对等的话语权力关系。与英国当局通过 BBC 发动的"空中"心理战相比，盟军在意大利发动的"实地"心理战的形式则更丰富多样。盟军在进攻西西里岛时，就携带了两份文件并分发给西西里岛的意大利民众，告诉他们应该接受盟军对意大利的进攻和承认即将在意大利成立的盟军军政府。登岛后，盟军直接控制了意大利新闻和广播机构，然后通过心理战指挥部（PWB）[①]搜集英语新闻，删除其中可能会对意大利民众产生负面影响的部分，再将这些经过筛选的新闻翻译成意大利语，然后免费发送给由 PWB 控制的意大利报纸刊登。同时，PWB 还会派人开着装有扩音器的卡车到新解放的城镇和村庄，面向当地居民播放预先录制好的广播节目。为了保证宣传质量和效果，盟军通过经济手段加强了对传播媒体的管控，广播稿（包括非新闻和非政治性质的广播稿）必须经过 PWB 的审查之后才能对外播送。

---

① Psychological Warfare Branch

在战争过程中，PWB还通过创办和发行报纸、开设意大利单语电台、向平民和敌军空投传单等形式展开心理战。在空投的传单中，针对敌军的传单以击溃敌军军心为主，强调盟军的军事优势，指出任何抵抗都是徒劳的，缴械投降是他们最好的选择。后来事实证明，"传单运动"取得了非常好的宣传效果。

随着战事的发展，盟军捷报频传，胜利在望。随之而来的一个问题是，盟军在占领敌国或解放敌占国之后，面对的将是大批操着不同语言的当地人民，他们该如何与当地人民沟通交流呢？我们可以在本书第五章中找到这一问题的答案。第五章"进攻欧洲大陆：解放与占领"主要讨论英国为应对解放欧洲和占领敌国给英军带来的语言和文化挑战所做的准备。为了帮助盟军解决军民会面过程中可能出现的问题，英国当局为盟军印制了大量关于欧洲各国的便携式文化指南，内容涵盖各国的基本情况、当地行为指南以及当地常用短语和词汇。英国当局此举的目的并非要提高士兵的外语水平，而是教会士兵们一种超越语言的军民相处的模式：在面对被解放国家的人民时，要礼貌相待，用语得体；在面对敌国军民时，要敬而远之，保持距离，除了发布简短的对敌命令外，拒绝进行任何形式的沟通。与盟军士兵不同，民政事务官（Civil Affairs Officers）需要在解放区和被占领区人民中发挥更持久的作用。他们是盟军与当地平民之间的纽带，负责与临时政府打交道，在理顺军民关系中发挥重要作用。英国当局最初把熟练的外语技能作为民政事务人选的必备条件之一，但在后来的实际工作中发现对于民政事务官而言，军事技能和实用技能更为重要。他们外语方面的不足可以通过与以外语为母语的人士合作的方式来弥补，这些母语人士的最佳人选是经过英国陆军选拔和训练的人员。尽管如此，掌握一定程度的外语技能对于民政事务官来说还是有用的，但不再是必备要求。对于大多数盟军而言，他们在占领敌国行动期间才与当地平民展开更为持久的接触。在占领初期，英国当局出于安全考虑，禁止盟军和德国平民进行任何形式的交流，但这项禁令很快因不符合当时的实际情况而难以为继。随着禁令渐驰，盟军和德国女性之间建立了一种所谓的"亲善关系"。这种关系在某种程度上是由征服者和被征服者在语言和物质上的不平等造成的。英国在占领德国后，在德国实行殖民统治。英国当局规定，英语为占领区唯一的官方语言，占领区内所有的公务活动必须以英语开展，作为被统治者的德国人需要全权负责翻译和理解英国当局的指示，并承担任何因理解错误所造成的后果。英国当局在德国英占区内为英国工作人员建立了一个"独立家园"，将英占区内的建筑和道路用英语重新命名，人为地将英国人和德国人在语言和物理空间上隔离开来。这种语言隔离政策使得在英占区内实施改革变得难上加难。

　　战争结束后，德国英占区政府决定通过司法程序对纳粹战犯进行公审，以赢得民心。在审判过程中，口译的作用巨大。本书第六章"追捕战犯：战争法庭上的军事口译员"讨论了德国英占区内的军事口译活动，具体涉及军事口译系统发展史、口译员在战争审判过程中的作用以及语言对德国犹太难民军事口译员身份塑造的作用等问题。在英占区口译部队成立之初，由于英国当局对译员招聘设置了严苛的政治安全审查，加上当时给口译员开出的薪酬较低，很难招聘到合格的口译员。此外，英国当局也不大重视聘用译员的后续口译技能专业培训。总体而言，从最初建立口译部队到招募和任用军事口译员，都是德国英占区政府面对各种问题时所做出的一种必要的务实妥协。1945年，纽伦堡国际军事法庭（IMT）① 采用同声传译的方式对主要战犯进行了公开审判，成为欧洲历史上最成功的法庭口译案例，也标志着口译开始朝着职业化的方向发展。然而，纽伦堡审判虽然名噪一时，但实际上不具代表性，其工作性质与口译部队大多数译员在英占区进行的法庭口译有很大的差别。战争结束后，德国英占区对法庭口译的需求量巨大，而能完全胜任法庭口译的译员数量极为有限。为了解决这一问题，口译部队设计了一个全新的口译工作制度，引入"口译大师"（Master Interpreter）这一职位，其职责是为口译员提供审判程序方面的指导，在法庭上对口译员进行现场"在职"培训，并对每一名参加庭审的口译员现场表现进行评估，定期向上级提交评估报告。有了这一制度保证，口译部队逐渐建立了一套口译员的等级体系，口译服务质量得到提升。后来随着英占区法庭口译员需求量的持续增加，英国当局适当降低了对口译员的安全要求，一批优秀的德国犹太难民也被吸纳进入法庭口译员队伍。对于这批难民口译员来说，会说德语成了他们被英国社会接纳的关键因素，语言在塑造他们民族和文化身份方面发挥了重要作用。

从某种程度上说，战争中从来就没有赢家。"二战"结束后，不管是战胜国还是战败国，面对的都是一个满目疮痍的欧洲和大批因为战争而背井离乡的难民。本书第七章"英国人和战争受害者：为海外难民和流离失所者提供救济"主要论述了英国在战后采取的

---

① International Military Tribunal

一系列救济行动，以及英国在救济行动中的语言规划问题。英国战后救济行动主要采取两条路径：一方面积极参与建立联合国善后救济总署（UNRRA）[①]的工作，另一方面协调众多志愿者团体，组建本国的人道主义救济网络。在救济行动中，战后救济人员的招募、培训和动员由英国当局统一负责，各个志愿者团体负责落实当地的工作。英国当局统一安排的培训工作，重点关注的是整个救济工作的管理及基础设施方面，基本不涉及针对救济人员的外语培训。志愿者团体则认为，语言技能对于实地救济工作非常重要，外语培训是救济准备工作不可或缺的一部分。[②]虽然各机构在组织战后救济行动时变得越来越有"规划意识"，但至少在英国，官方"规划意识"并没有将外语考虑在内。就英国而言，似乎只有那些即将奔赴现场亲自为难民提供救济的人才能理解，外语对于战后救济是多么重要。

随着战争接近尾声，英国当局越来越清醒地意识到，在英国与外国缔造和平关系的过程中，外语将发挥重要作用。本书第八章"苏联盟友：冷战开启前夕"主要研究英国针对苏联而制定的语言政策变化发展过程。在"二战"爆发前，英国教育体系中的俄语教学十分薄弱，学习俄语者屈指可数，英国外交部和武装部队也不注重士兵的俄语能力培养，导致战争爆发后，英军发现他们很难招募到接受过正规俄语培训的军官，来和苏联军方协调处理军事物资调配和情报共享等事宜。战争结束后，英俄两国以盟友的身份共同占领了

---

① United Nations Relief and Rehabilitation Administration
② 比如志愿者团体公谊会救济会（FRS）就十分重视志愿者的外语培训工作，在资金非常有限的情况下，仍一直将语言学习作为志愿者培训的优先事项。

德国，双方合作交流的范围进一步扩大，对俄语翻译人才的需求也随之增加。为了满足这种语言需求，英国当局采取了一些临时措施，措施之一是与英国大学合作联合培养俄语人才。[1] 此外，英国政府也开始鼓励更多的英国人学习俄语，并积极与苏联政府接触，希望两国能制定互惠语言学习政策，但未得到苏联方面积极回应。1944年8月，英国政府成立了外交部俄罗斯事务委员会（FOCR）[2]，目的是促进英国对苏联语言、历史、政治、经济、社会等方面的研究。战争结束后不久，国际形势急转直下，冷战端倪初现。英国的俄语教学原本是为促进英苏两国交流合作，后来迅速转变成为应对战争而教。语言培训成了英国紧急战备的一部分，以应对今后可能与苏联发生的战争。政府调整了负责军方语言培训的三军多语种委员会的组织架构，使其成为国防过渡协调委员会的下属机构，同时还要求各军种预估在"开战当天"和"开战后十二个月内"两个节点所需要的俄语和斯拉夫语专家的数量。为了弥补将来战时俄语人才缺口，英国政府决定尽快培养出一批在英国出生的俄语人才。于是，英国很快就成立了语言联勤学校（JSSL）[3]，统一管理全国的俄语教学，以国民预备役形式招募新兵，并从零开始培养他们。语言联勤学校主要培养两类俄语人才：一类是会议和法庭译员，另一类是情报译员。其培养模式是先由军方开展基础教学，再由军方委托的高校进行更高层次的专业培训。语言联勤学校俄语教学项目持续了

---

[1] 1945-1946年，军方就曾与剑桥大学合作，为部队官兵组织了一次为期40周的俄语培训，取得了一定的效果。

[2] Foreign Office Committee on Russian

[3] Joint Services School of Linguists

10年，培养了约5000名俄语学员。该项目是英国当局有史以来实施规模最大、步调最为一致的国家语言政策项目，对俄语学习者的生活和职业发展以及对英国大学的俄语教学都产生了积极影响。

在本书的结尾部分，作者对书中各章节内容做了总结，提出希望通过将"外来性"置于英国战争经历的核心位置，以揭示语言在英国参与的欧洲战争中所发挥的重要作用。作者最后指出，英国当局已逐渐意识到，如果英国想在战争中获胜，就必须加强外语能力建设。而这一点同样适用于21世纪的军事活动。

三、本书特色与价值

本书作为战争与语言研究领域的一部力作，具有以下特点和价值：

（1）结构清晰，编排合理。全书各章基本按战事发展时间先后顺序编排，逻辑清晰。除了全书有引言和结语之外，各章亦有引言和总结，方便读者从总体上理解和把握该章的主要内容。此外，书末附有书中关键词索引，便于读者查找。

（2）视角新颖，史料翔实。首先，正如作者在本书引言中所言，传统战争史研究具有明显的民族中心主义倾向，对于战争中的"外来性"因素基本不予考虑，语言也不在其考察范围之内。换言之，战争冲突史学基本不涉及对外语的研究。而本书以英国在"二战"时期欧洲战场的战争活动为对象，聚焦战争活动在语言层面的"外来性"因素，揭示外语在战争活动中的重要作用，研究视角新颖，为我们开辟了一片广阔的研究空间；其次，本书作者在撰写过程中援引了大量真实例证和档案文献。这些例证和档案大都出自英国各大档案馆，出处均以尾注形式附于书末。据统计，本书所涉档案材料共 370 份，均为有据可查的一手资料，分别来自英国国家档案馆、帝国战争博物馆、丘吉尔学院档案馆、塞尔温学院档案馆等馆藏原始档案，其中既有纸质档案，也有音频档案。这些厚重翔实的一手史料具有很高的价值，有了这些史料作支撑，本书的论证更加充分，说服力也大大提升。

（3）视野开阔，主题丰富。本书从外语维度对"二战"期间英国在欧洲战场的战事活动展开全过程（战前、战中、战后）研究，各章内容具体涉及军事学、语言学（语言政策）、情报学、翻译学、心理学、跨文化交际学、国际关系学等领域，研究视野十分开阔，研究主题丰富多彩，具有较高的学理价值和借鉴价值。首先，从宏观层面来说，本书的总体研究模式具有一定的借鉴意义。本书在某种意义上是针对语言在某个特定国家（英国）、特定战争（第二次世界大战）、特定战场（欧洲战场）中的作用的个案研究，研究者可以根据自己实际情况将该模式运用到其他国家参与的重要战争中，相信也能产出非常有价值的研究成果；其次，从微观层面来说，本书每个章节都可以成为一个独立的研究主题，值得相关领域研究者深入研究，甚至我们还可以从某些章节中找出一些具体问题进行研究。譬如，我们可以就第四章中的"战争中的语言与权力"或第六章中的"以外语为母语的军事口译员的身份困境"等问题展开研究。

总之，本书为战争史研究开辟了一条新的研究路径，对军事语言政策制定、军事和情报翻译人才培养及其相关研究都有一定启发和借鉴意义。

最后，关于本书的翻译，从严格意义上说，本书属于军事著作，要做好翻译，要求译者不仅要具备扎实的英语基本功，还要有较为丰富的军事知识储备。从呈现在我们面前的译文来看，译者很好地将这两方面的知识结合起来。译文语言流畅，通俗易懂，不管是在内容上还是在风格上都忠实地传达了原著信息，因此，本书可谓军事翻译领域的一部典范之作。

张　旭

广西民族大学外国语学院

前言

　　本项研究关注英国在第二次世界大战欧洲战争期间的外语发展史，是由英国艺术与人文研究理事会（Arts and Humanities Research Council）所资助的"战时语言"（Languages at War）项目的研究成果。我们衷心感谢理事会以及该项目发起合作机构（雷丁大学、南安普顿大学和伦敦帝国战争博物馆）的支持。

　　我们非常高兴能够与帝国战争博物馆的同事们合作，特别感谢萨曼莎·海伍德（Samantha Heywood）和詹姆斯·泰勒（James Taylor）所做出的慷慨而重要的贡献，并感谢丘吉尔战争博物馆（Churchill War Rooms）馆长菲尔·里德（Phil Reed）。我们的咨询小组充满活力，由知名学者和学术界人士组成，为我们提供了全程指导。我们感谢克里斯汀·亚当森（Christine Adamson）、罗宾·艾兹勒伍（Robin Aizlewood）博士、马克·康沃尔（Mark Cornwall）教授、安妮·库里（Anne Curry）教授、克里斯托弗·杜根（Christopher Duggan）教授、黛布拉·凯利（Debra Kelly）教授、查尔斯·柯克（Charles Kirke）博士、安德鲁·克纳普（Andrew Knapp）教授、贾斯汀·路易斯（Justin Lewis）中校、安德鲁·帕罗特（Andrew Parrott）中校和弗兰克·塔勒特（Frank Tallett）博士。

我们也对"战时语言"研究小组的其他成员路易丝·阿斯库（Louise Askew）、凯瑟琳·贝克（Catherine Baker）、迈克·凯利（Mike Kelly）和格雷格·廷克（Greg Tinker）提供的见解和建议深表感谢。与他们的讨论推动了本书的写作，也丰富了本书的内容。

最重要的是，我们感谢那些与我们分享二战记忆的男性和女性，他们的声音和话语贯穿了本书的各个章节。我们希望，在编写本书的过程中，我们能够以某种方式将他们在战场前线使用外语的经历发扬光大。

希拉里·福蒂特（Hilary Footitt）
西蒙娜·托比亚（Simona Tobia）

目 录
CONTENTS

引　言

战争与对话

外语和英国在欧洲的战争活动
（1940-1947）

外语和战争

一般来说，一个国家对其战争史的叙述具有明显的民族中心主义倾向，通常会采用一种"民族国家"的战争本体论。在这种本体论中，"外来性"（foreignness）被认定为一种不需考虑的既定因素，其性质也与战争史叙述的主题基本无关。在这类战争史叙述中，与外语相关的叙述多见于战后历史，且大多数是正面的，伴随着战后各国缔结的外交关系而出现（Roland 1999），有时也会为战后各国的外语教学提供实用性参考，例如美军在 20 世纪 40 年代所使用的交际外语教学法（Goodman 1947；Parry 1967）。英国历史学家杰弗里·艾略特（Geoffrey Elliott）和哈罗德·舒克曼（Harold Shukman）所著的《秘密教室：冷战中不为人知的故事》（*Secret Classrooms：An Untold Story of the Cold War*）（2003）是迄今为止对英国战时语言政策的唯一详细研究。该研究的主要关注点并非语言本身，而是英国的语言培训计划对参训军人的社会和文化影响。传统上公认的观点是，中世纪和近代早期的欧洲各国军队都具有语言民族主义倾向。然而，最近以来，研究 20 世纪前战争史的历史学家们开始质疑这一观点。例如，西尔维·克莱恩曼（Sylvie Kleinman）（2009）的研究指出，18 世纪末起，法国军队中就出现了爱尔兰籍军人；阿迪斯·巴特菲尔德（Ardis Butterfield）（2009）则挑战了大多数研究英法百年战争的历史学家们所认为理所当然的观点：英国人都是只"讲英语"的人。这些将外语纳入历史研究的例子目前还比较罕见。总体而言，战争史学和冲突史学仍然基本上不涉及对外语的研究。西方历史学界认为，某个国家在与另一个国家和民族群体开展相互合作或对抗的军事行动时，通常依赖单一语言进行交流，这种语言通常是具有主导力量的国家的语言，或者说至少是研究这部分历史的学者或战争评论家所使用的语言。

如果说战争史学家们对语言研究基本不感兴趣，那么可以说语言学家和翻译学者们却对战争和冲突越发好奇，后者尤其关注语言中介（口译员和笔译员）在军事局势中可能发挥的作用（Stahuljak 2000，2010；Simon（ed.）2005；Apter 2006；M. Baker 2006；Dragovic-Drouet 2007；Rafael 2007；Salama-Carr 2007；Inghilleri 2008，2009）。目前，大部分战时语言研究采用了三种特定的研究方法：第一种方法是研究语言中介是如何协助构建战争话语的，这类战争话语能够使一个国家发动战争成为可能，并为战争提供支持。其中，蒙娜·贝克（Mona Baker）（2006，2010）研究了译者在构建战争叙事中的作用；维森特·拉斐尔（Vicente Rafael）（2009）研究了其所提出的美军语言"武器化"现象。第二种方法是集中讨论口译员/笔译员本身的作用，采用布迪厄式（Bourdieusian）的视角，关注口译员在战时社会和职业背景下所展现的形象（Inghilleri 2005，2009），或者基于证人证词的框架，以便更好地展现战时口译员与身边人的对话（Stahuljak 2000）。还有一些评论家采用了最后一种方法，即讨论口译员/笔译员的隐蔽性（invisibility）问题（Venuti

2008；Inghilleri 2010；Tipton 2011），例如，有评论家认为，译员的这种隐蔽性体现了人们一种顽固而典型的观点，即拒绝承认语言中介的存在，否认这些在战争中站在本国军事机构与外国人之间的男性或女性"中介"的个体主观能动性。

在当代，有两种话语促成了口译员在战争期间的隐蔽性，一种来自聘用口译员的军事机构，一种来自口译职业本身。在当代军事机构中，口笔译工作通常会被视为后勤工作的一部分。从这个角度来看，语言中介成为了军用物资的一部分："别忘了带你的装备……头盔、防弹衣……别忘了带你的翻译"（引自 Tobia 和 Baker 2012：208）。出乎意料的是，专业口译本身的传统话语也进一步加强了这种否认口译员 / 笔译员个体主观能动性的倾向。这种话语在第二次世界大战刚结束后得到了发展和规范，其中针对任何口译员的首要道德要求是始终保持公正和中立的立场。在此背景下，无论是语言中介的具体化（作为军队后勤人员一部分），还是专业口译的范式（译员的公正性和中立性），都以不同方式促成了语言中介在战争和冲突历史叙述中的普遍隐蔽性。总体而言，上述关于战时语言中介的研究是以当代美国在伊拉克和阿富汗的少数军事部署为实证基础，而非基于早期的重大国际性冲突（如第二次世界大战）。

可以肯定地说，英国在第二次世界大战尤其是在欧洲战场的历史催生了大量令人印象深刻的史学著作。历史学家们在外交关系和"大战略"（grand strategy）层面研究了诸如同盟国之间的关系、战时各国领导人相互交流的方式、战时战略以及此后冷战的起源之间的联系等问题（包括 Reynolds 1981；Rothwell 1982；Stoler 2000）。有学者对欧洲战场前线的真实战役进行了研究，既从宏观角度描述了陆军或海军的活动，又从海、陆、空三军指挥官和参战士兵的角度对具体军事行动进行了详细探讨（包括 Keegan 1992；Greene 1998；Messenger 1999；Kaplan 和 Currie 2000；Neillands 2001；Hastings 2010）。针对第二次世界大战期间英国情报史也研究出了丰富成果，内容涉及情报在英国决策中的作用以及对密码学和密码破译相关历史的探索（包括 Hinsley 等人 1979–1990；Smith 2000），对战后历史的研究也提出了深刻见解，包括以下领域：盟军占领德国（包括 Turner 1989；Bessel 2010）；战犯在纽伦堡（包括 Norton-Taylor 1997；Overy 2001）和德国英占区（包括 Dale-Jones 1990；Bower 1995；Bloxham 2001；Heberer 和 Matthaeus 2008）受到的审判和惩罚，以及难民和流离失所者得到的救济（包括 Reinisch 2008；Gemie 和 Humbert 2009；Shephard 2010；Gemie，Reid 和 Humbert 2012）。

在"大战略"、武装冲突和占领区等领域以外，关于英国的"大后方"（Home Front）及其具有争议的"人民战争"（The People's War）的传奇故事也研究出了大量综合性的研究成果，其中包括对闪电战（Blitz）、平民士气、公民自由、反犹太主义和"撤离"（evacuation）现象的研究等（包括 Calder 1969，1991；Stammers 1983；Crosby 1986；Kushner 1989；Mackay 2002）。自 20世纪 80 年代以来，文化史学家一直在引导我们关注英国这段战争史所体现的性别化特征，他们致力于恢复妇女在战争中的地位，并挑战关于男性特质和战争的传统固有观念（包括 Summerfield 1984，1998；Dawson 1994；Lassner 1998；Bourke 1999；Carpenter 2003；Noakes 2006），而战争史学家和研究集体记忆的历史学家则更多地关注这次战争留给我们的共同文化遗产。这些文化遗产是战争物质文化的产物，并在文学、电影和艺术中有所体现（包括 Gledhill and Swanson 1996；Overy 2000）。

第二次世界大战将英国置于一场国际性冲突之中，波及了其全体国民，也引起了大批学者的关注。外交关系、"大战略"、军事作战、情报交流、战后余波、"大后方"以及战争带来的文化遗产都在不同程度上使英国人与"外国人"有了直接或间接的联系。对英国所经历的这场欧洲战争而言，"外来性"是其主要特征，因为英国人在这场战争中需要与外国盟友并肩作战，共同对抗外国敌人。第二次世界大战具有国际性质，这显然是不言而喻的。然而，这种"外来性"在语言层面的影响却很少得到研究。许多二战史学研究都对战时英国有一个隐含的假设，即英国人在开展战争活动时是用自身的语言与其他国家沟通的。如果这么说，令人困惑的是，英国的盟友和敌人为何都自觉进入了这个框架中，顺应了英国这种特定的语言偏好？

在英国的各类战争活动（例如英军与盟友和敌人沟通、会见解放区和占领区的平民、与战俘打交道、侦查战犯，以及为流离失所的外国人提供支持）中，英国人需要与不会说英语的人当面交流，这使得外语能力成为军队战斗力的重要组成部分。在战争前线以外，战时语言的"外来性"也影响着英国人所截获的敌军活动情报，决定了英国人解释和理解这些情报的方式。要开展心理战活动，外语也至关重要。英国当局曾试图通过心理战鼓励敌占区人民反抗纳粹的压迫，以及鼓励敌国内部人民反抗纳粹政府。甚至在二战爆发前夕，对于即将兵戎相见的敌国，英国人所掌握的知识也不可避免地受制于英国政府从这些国家直接获取信息的能力。战争爆发前，有的难民逃到了英国，他们在英国的经历以及当地社区对他们的看法都体现了一点，即难民的外语、口音和沟通能力基本上决定了他们是受到当地人民接纳还是疏离。本书将论证的主题是，外语是决定英国战争历史走向的一个重要因素，而这一因素迄今为止被严重地忽视了。

然而，要研究外语在战争中的作用，还存在着一些方法论上的挑战。虽然关于第二次世界大战的档案非常丰富，但这些材料的结构（收集和组织方式）只反映了主流和发展中的学术研究状况。在这种情况下，不足为奇的是，与在历史文献中的情况一样，第二次世界大战相关档案中也没有关于英国战时语言"外来性"的描述。在英国国家档案馆邱园分馆（National Archives at Kew）的目录中，提到"笔译员"和"口译员"的文件不到170份。其中，26份涉及笔译员／口译员的业务要求，以及特定领域（如医院、战争罪审判等）译员的招募制度。在口译员／笔译员相关文件中，最大的一批是来自从敌方缴获的文件。这批文件与盟军的语言中介关系不大，而主要涉及敌军聘用的口译员／笔译员，其中60%的文件是希特勒的首席口译员保罗·奥托·施密特（Paul-Otto Schmidt）的述职备忘录。口译员／笔译员相关文件在档案定位上与敌方文件联系在一起，而"敌方"毫无疑问是一种具有嫌疑色彩的"外来性"的体现。安全部门（Security Services）档案中的口译员／笔译员相关文件在规模上仅次于这批文件，也同样与敌方文件相关。从这些关于被俘敌方口译员的档案中可以看出，语言中介的形象是边缘化的、不可靠的，而且可能是不忠诚的：

雅各布·甘珀（Jakob Gamper），别名乔治·维尼尔（Georges Vernier），瑞士人。他曾犯下轻罪，并于 1944 年在第戎（Dijon）被招募为纳粹德国保安部（Sicherheitsdienst, SD）的一名口笔译员。他的贡献并不大。不出所料，这个人完全不可靠。据说他欺骗了上司，偷了他们的钱，最后逃走了（目录条目 KV 2/555）。

阿瑟·戈登·佩里（Arthur Gordon Perry），别名威廉·戈登·佩里（William Gordon-Perry），英国人。1939 年以前，他支持法西斯主义，并与德国情报局（German Intelligence Service）有联系，后来声称自己曾于 1939 年在布加勒斯特为英国情报局（British Intelligence）工作。他于 1940 年被德国人拘留，1942 年获释，随后在德国外交部（German Foreign Office）担任翻译，并参与了德国政治宣传报《集中营》（The Camp）的出版工作，该报纸在英国战俘中发行（目录条目 KV 2/619）。

在英国国家档案馆中，被正式称为"笔译员／口译员"的历史人物常常被视为"外来人士"（outsiders），即一种边缘化的存在，也是被英国当局强烈怀疑有通敌之嫌的人。同时，这种令人匪夷所思的边缘化现象并不仅仅与作为个体的语言中介有关。在档案馆中，关于"外语"目录条目大约有 359 个，这里的"外语"档案指的是实际上用外语编写的材料，包括德军密码的破译信息、美国的外语报刊、伦敦流亡团体的外语期刊，以及供英国皇家空军（RAF）投放的法语小册子。因此，从档案馆的档案摆放的架构上看，外语档案大多被隔离在一个独立的外国档案区，而单列出来外语档案则显得有些可疑。

然而，如果我们不去寻找"外语"相关档案，而去寻找英国与

"外国"的必然联系，即英国参战者在战争中与外军产生的必然联系，那么很明显，战争档案确实有涉及外语。如果我们从另一个角度看待这场冲突，将其视为可能促进各国相互联系的过程，即巴尔卡维（Barkawi）（2006：17）所称的世界政治的"融合"过程，而非视为不同民族国家之间对立的过程，那么我们在研究外语在战争中的作用时就得到了一条新途径。与其寻找与外语（如"笔译员 / 口译员 / 外语"等关键词）相关的具体档案，我们不妨基于这样一种假设：外语确实在战争的各个阶段发挥了作用，也是军事战略和作战计划的一个组成部分。在军事战争的每个标准阶段（部署前、部署中、部署后），军队都会或明或暗地与"外国"建立联系，涉及的活动包括搜集和获取情报、选用语言中介，以及在外国战场建立驻地等。例如，为数百万军队登陆欧洲大陆（诺曼底登陆）而做的准备工作就是一项与语言密切相关的工作。英国外交部为此成立了"词汇分委员会"（Vocabulary Sub-Committee），就盟军士兵如何有礼貌地与将遇到的解放区平民打交道提出建议。实际上，战争中的语言中介并没有像档案馆条目中的"口译员"那样处于边缘地位，而往往是紧密地融入了战争进程中，其实际职能是为战争的首要目标服务。

在布莱切利园（Bletchley Park，又称"政府密码学校"，Government Code and Cypher School，GCCS）的档案中，有一个例子说明了语言中介是如何融入战争进程的。布莱切利园的所有情报工作都基于其大规模的翻译活动，例如，1944 年春，该情报局每个月翻译约 18000 份情报。实际上，情报分析部门和翻译部门之间的职能界限变得越来越模糊，以至于这两个部门的工作及其从业人员也变得难以区分。

在战场上，外语的作用也明显体现在军队驻扎的过程中。例如，英军在占领德国后，在德国建立了一个占领区，奉行"只使用英语"的语言政策。对于有意与当地德国人隔离开来的英军而言，这片区域为其提供了一个理想的驻地。档案中有真实证据表明：外语并没有如档案馆条目所暗示的那样处于边缘地位，而是与战争的主要活动紧密结合在一起，融入了战争的每个阶段。

第二次世界大战期间，外语深深嵌入到了战争进程之中，尽管从表面上看具有隐蔽性，这一点在相关档案，即亲自担任语言中介的人员的证词中得到了证实。帝国战争博物馆音频档案馆（Imperial War Museum's Sound Archive）的办馆宗旨在于"让人们回忆起一些事件细节和个人反应（这些信息可能没有以其他方式保存下来，但对于呈现或理解战争对社会各阶层的影响具有重要意义）"[1]。在其馆藏资料中，有许多针对士兵的访谈录音，这些士兵都是已被证明在第二次世界大战的不同战场上担任过语言中介的人。[2]然而，在这些录音中，采访者倾向于探讨这些士兵分配到的一般军事任务，而非探讨外语在其职责中发挥的具体作用。这些访谈是在20世纪80年代和90年代录制的。当时，博物馆认为公众可能对集中营、战争罪侦查以及战俘等话题更感兴趣，因此没有将外语置于访谈的重点。在访谈方式方面，萨默菲尔德（Summerfield）（1998：15）所提出的"反馈循环"（a feedback loop）以及汤普森（Thomson）（2006：245）所提出的"保持冷静"（composure）都强调了确定访谈框架的重要性，采访者需要请这些证人在特定框架内讲述经历并分享记忆。例如，2009年，采访者联系了一些曾参与第二次世界大战的人，并要求他们具体谈论自己在战争中所经历的与外语相关的事件，从而为一本探讨该主题的书籍提供素材。当时，受访者都回忆说外语是其战争经历的一个关键组成部分。而这种回忆在博物馆早期的证词档案中并没有明显体现。这些战争参与者的声音有的收录于帝国战争博物馆档案，有的收录于当代录音资料。他们的声音在本书的后续章节中将不断回响，并启示我们：在第二次世界大战期间，对于各参战国而言，在战场上与其他国家的人会面以及沟通显然是战争活动和实践的重要组成部分。

第二次世界大战期间的战争与对话

本书将第二次世界大战期间英国的战争史置于其所参与的欧洲战争的"外来性"框架中。在这一框架中，外语是战争活动的一个必要组成部分，能够影响军队构成和军事部署，决定当地军民关系的性质，并直接影响军队在战后的占领和解放行动。本书即《战争与对话》并非一部完整描述英国在第二次世界大战欧洲战争期间外语发展史的著作，而是一系列关于外语在英国参与战争的关键过程中所起作用的概述。本书章节大致按时间顺序组织，涵盖舆论和观念、情报收集、解放 / 占领以及战后余波。对于英国政府、军队和各国许多当地普通民众来说，这些战争活动中的每一个阶段都是完全依赖于外语的。

第一章"备战：英国（人）和外语"探讨了英国在第二次世界大战期间开展战争活动时所依据的语言基础。英国人对外国的看法与其关于外国的知识体系密切相关。英国大众对外语的"实用性"（usefulness）或相关性的看法促进了他们形成针对这些国家的特定观念，这些观念随后形成了英国处理国际关系的重要框架。在战前英国的教育体系中，外语学科的地位较低，外语教学方法也潜藏着问题，这就意味着，当战争爆发时，英国当局将面临相当大的挑战，因为难以找到具备熟练外语技能的英国人来完成军队在战争中的许多重要任务。

第二章"情报译中求：刺探敌情"探讨了外语在英国的关键战争活动之一——情报战中所发挥的作用。搜寻情报、了解敌人的意图及其可能采取的战略是英国战时军事行动的重要组成部分。显然，大部分原始情报材料都是"外国的"，即用外语编写的，需要翻译成英语才能成为可分析的实用数据。英军需要通过监听敌人的无线电台、截获无线电通信以及读取经破译的密码信息来获得敌人的情报，而这些过程在某种程度上都依赖于一个前提——这些原始材料能被翻译成英语。若要通过与外国人当面交流（如审讯被俘人员、在被德国占领的国家从事秘密活动等）来获得情报，也需要应用各种各样的外语技能。

第三章"战时角色扮演：人力情报人员"研究了那些与敌人直接接触的男性或女性情报员的经历，他们在前线或监狱中担任审讯员，或作为秘密特工被派往敌占区。

第四章"口舌之战：以外语发动心理战"探讨了英国当局开展的游说活动，其目的在于说服欧洲国家敌占区的人们相信自己应该与英国并肩作战、继续抗争。这场心理战无论是采取令英国广播公司（BBC）从欧洲大陆以外发布广播的形式，还是采取在动乱的沦陷区和解放区实地进行宣传的形式，都明显地体现了外语的作用。情报活动和心理战在解放欧洲大陆和占领敌国的军事行动中达到了高潮。无论是从盟军可能访问的国家数量，还是参与作战的军事特遣队的规模上看，这项解放和占领的任务都是前所未有的壮举。

第五章"进攻欧洲大陆：解放与占领"探讨了英国人如何在语言和文化上做好准备以应对解放盟国和占领敌国所带来的巨大挑战。在德国英占区，英国当局发现不少特殊领域都需要外语专业人才的支持，其中之一是司法系统。追捕战犯并以公众可见且可接受的司法程序对战犯进行审判，这对于完成去纳粹化行动以及实现英国在德国英占区自由民主的目标都至关重要。

第六章"追捕战犯：战争法庭上的军事口译员"探讨了军事口译制度的发展及其在英占区的战争罪审判中所发挥的作用。到1946年春，英国法院预定审理的案件达500多起，而由纽伦堡审判开创的标志性法庭口译模式已经无法应对如此之多的案件。因此，必须迅速建立一种新的口译模式，确保这些案件能够得到及时处理，其中，每名敌方被告应配有相应的口译员并能够接受正当审判。

战争结束后，那些在战争期间或之后流离失所的数千万人（估计高达六千万人）迫切需要救济和支持。第七章"英国人和战争受害者：为海外难民和流离失所者提供救济"阐述了英国救济机构在战争救济任务中所发挥的作用，并研究了救济人员当时是如何应对在当地所遇到的严重沟通困难的。随着战争接近尾声，英国当局越来越意识到外语在缔造和平关系时所发挥的必要作用，尤其是在其与苏联（英国在非英语国家中最强大的盟友）开展合作时。

第八章"苏联盟友：冷战开启前夕"研究了英国对苏政策的发展，这其中既包括英军为满足与苏军共同攻占德国所带来的语言需求而采取的临时措施，也包括为应对战后日益紧张的国际局势而迅速制定的国家语言政策，即为准备可能与苏联发生的战争而专门培训俄语人才的相关政策。

第二次世界大战的语言环境

《战争与对话》的"结语"部分探讨了第二次世界大战的语言环境（即英国在第二次世界大战欧洲战争期间的外语发展史）所引发的一些思考。英国有哪些人学习了外语，语言又赋予了这些人什么样的地位？对于一个掌握特定语言技能的人而言，其声望是否会受其阶级和性别影响？非英语国家的人要被归化到何种程度，才能够参与到英国的战争机器之中？对于英国人自身，以及那些与他们并肩作战的流亡难民来说，这种归化外国人的举措预期会带来什么结果，又具有什么样的局限性？如果说将外语材料翻译成英语是战争活动的一个必要组成部分，那么对于从事翻译的人以及最终收到英语译文的人来说，他们又是如何理解和掌握"将文本从一种语言翻译成另一种语言"这一敏感而又充满矛盾的过程的？英国军队和救济人员在欧洲解放区和德国英占区建立了一些驻地，他们对语言（包括自己的母语和其他国家的语言）的态度是如何帮助他们建立这些驻地的？

然而，除了这些语言层面的问题以外，我们在开始研究英国在二战期间战争活动的语言环境时可能会遇到挑战，这使我们不得不从更广泛的角度来思考当前历史学已经充分讨论过的问题。例如，以往的情报研究往往忽视了外语在情报中的作用，而对这一方面引起重视能够使我们看到，外语是影响情报工作的过程和系统的另一层复杂因素，这层因素对情报信息的获取、转译分析以及解释的方式有重大影响。我们可以将语言政策视为德国英占区政策的必要组成部分，这一视角能引导我们更深入地思考英国人在德国的生活经历，以及在当地发生的军事/民事冲突的性质。

对英国在战争期间的语言环境进行解读并不会从根本上改变针对这一时期政治、军事或外交的主要观点。相反，这些分析能够帮助我们更深入地理解这场战争，并将其视为一场真正的国际性冲突以及一个多种语言的交汇点，其中，与英国人并肩作战或兵戎相见的大多是来自非英语国家的士兵和平民，他们都具有一个特征——未必能够或愿意使用英语。

第一章

备战：英国（人）和外语

战争与对话

外语和英国在欧洲的战争活动

（1940-1947）

"我们居住在一个孤岛上，无法与其他不懂我们语言的民族建立密切的联系"（Leathes 1928：17），现代研究委员会（Modern Studies Commitee）主席斯坦利·莱瑟斯爵士（Sir Stanley Leathes）如是说。该委员会由英国政府于1916年7月成立，旨在研究第一次世界大战所揭示的英国教育制度的缺陷。人们普遍感受到，英国缺乏理解其盟国和敌国的能力，也无法与这些国家进行有效的交流，因此对第一次世界大战（1914–1918）准备严重不足（Bayley 1991）。莱瑟斯爵士的研究所强调的观点是，文化上的孤立可能会阻碍一个国家发动有效战争，在一定意义上，英国人对盟国文化知识的掌握程度与英国人说"其他民族"母语的能力有关。当世界在大约23年后陷入第二次世界大战时，英国同样面临着如何在战争中与外国人交流的问题。对英国人来说，了解敌情、与盟国沟通以及制定欧洲大陆作战计划等战争活动都必然与外语有着密切联系。在这些活动中，掌握关于其他国家的文化知识对于打赢未来的战争可能至关重要。

　　本章从以下三个方面考察了两次世界大战之间英国与外国的关系：文化知识、语言技能以及英国人对"外国"持有的观念。这几个方面构成了英国备战的关键因素，并且在英国的战争外语发展史中被反复提及。首先，英国人针对各欧洲国家所掌握的文化知识是不均衡的。英国现有对外机构绝大多数是与法国构建文化联系网的机构，所普及的外语教育也大多是法语教育，而鲜有涉及其他所有潜在的敌国和盟国及其语言。其次，英国人对语言持有较为传统的观念，也在语言技能方面长期持有等级观念，这种观念还具有明显的性别化特征。例如，与（男性所擅长的）读写能力相比，（女性所擅长的）口语能力的地位过于低下。最后，"外国人"往往被驱逐到英国社会的边缘：既是在大众迷信层面，也是在外语教学的核心乃至整个英国社会层面。

文化知识

英国当局在传播帝国殖民文化方面有着悠久的传统。大英帝国使团通过殖民地的行政管理机构实行间接统治，因此将语言培训置于殖民地官员培训的中心地位。例如，曾锐生（Steve Tsang）在对香港殖民统治的研究中指出，有明显的证据表明，在英国政府于 1861 年至 1941 年间招募的 85 名殖民地官员中，绝大多数官员都精通粤语（Tsang 2007：22）；在 20 世纪初的英国公务员考试中，梵语和阿拉伯语成绩在总成绩中所占的比例很高（Waterhouse 1920：11），殖民地官员在得到正式任命前都必须通过语言考试（Kirk-Greene 2006：50，89）；为使殖民地官员能够与印度居民顺利沟通，当地行政部门甚至创造出一种复合形式的印度斯坦语（Pupavac 2012）；新任命的殖民地官员上任后，就会仔细巡视当地，与所遇到的所有居民交谈："官员来到这里后，在几位信使的陪同下，一连几周都在外面出差，拜访当地的首领和村民，并与他们交谈……看似在旅游，实际上是在工作中学习"（Kirk-Greene 2006：127）。英国人在这一帝国背景下采用的知识框架是一种广义上的人类学框架，即通过仔细解读殖民地人民的行为来理解和统治他们。在这个过程中，对殖民地区的认识很大程度上取决于对其语言的认识。一些殖民地区地处偏远，社会规范也与英国相去甚远。因此，在出发前往这些地区前，骨干官员都会熟练掌握相关语言，从而为实地生活做好准备。

如果说英国精英阶层对工业革命带来的文化冲击感到不安，从而在英国文化与非欧洲国家文化的浪漫邂逅中寻求某种形式的文化活力（Cannadine 2002），那么英国与欧洲邻国的关系显然是建立在截然不同的假设之上的。与英国相比，欧洲各国语言众多，风俗习惯也略有不同，但同属广义上的欧洲文明，也通常能够包容彼此的文化差异。虽然培养一批熟悉殖民地语言和文化的官员有助于在当地实现良好的治理，但若把殖民地换成欧洲大陆西部的国家，英国就显然缺乏培养类似官员的动力了。因此，英国政府在备战未来的任何欧洲战争时，为确保外国文化知识储备而采取的措施远不如在帝国时期为扩张殖民地而采取的措施那样全面。

第一次世界大战后，当英国人认识到自身与其他国家存在明显的文化鸿沟时，其所提出的补救措施往往是临时性的，也仅仅是个人倡议的结果。例如，1923 年，皇家军事学院（Royal Military College）的一位讲师以法语编写并出版了一本关于军事和官方对话的手册，其明确目的是确保未来毕业的军官们不再陷入一战（1914–1918）期间英军遭遇的窘境——完全听不懂盟友所说的话。书中描述道："他们如果能与盟友沟通自如，那么在大小问题上就能更快地达成共识与合作，在编写官方战争史时也就会犯更少的错误"（Gettins 1923：iii）。第一次世界大战期间，英国军队在外国战场发展了一种固有的工作模式，即通过聘用熟悉地形和平民的当地人员来克服军队在文化理解上的局限性（Heimburger 2012）。总的来说，在两次世界大战之间，英国军队所采取的策略是：培养少量在需要时能充当语言中介的军官，这些军官志愿学习军队所需的外语，并需通过部队的口译员考试（分为一级和二级）来获得资格认证。这项志愿制度虽然得到了财政资助，但取得的成效却十分有限：以英国皇家空军为例，只有 3 名现役军官取得了法语资格认证，取得了德语资格认证的也只有 3 名军官，取得了意大利语、西班牙语和俄语资格认证的分别只有一名军官（Muckle 2008：99）。

　　如上所述，英国培养了一批受过语言训练的殖民地官员。在欧洲饱受战争蹂躏时，英国政府由于缺乏受过类似训练的官员，因此无法随时将这类语言中介布署到战场。虽然如此，政府至少可以依靠英国与欧洲大陆已经关联起来的丰富的文化网络和教育资源，来掌握事关战争成败的基本外国文化知识。然而，这些文化网络所储备的文化知识还停留在近代史层面，并主要由文化机构、中小学和大学课程构成。在英国政府需要了解欧洲各国情况时，这些网络课程所提供的资源水平十分不均衡。以英国与法国的联系为例，第一次世界大战使英吉利海峡两岸的广大英法民众产生了丰富的联系。英国有好几个城镇资助了饱受战火摧残的法国城市，这些英国城镇包括纽卡斯尔（资助阿拉斯）；谢菲尔德（资助巴波姆）；兰迪德诺（资助马梅斯）；以及伯明翰（资助阿尔贝）（Tombs 和 Tombs 2006：497）。当时，英国的大学远征军在法国的大学留下了丰富的民间记忆，如今仍有许多英国游客前往佛兰德斯和皮卡迪悼念死者。从更官方的角度看，1918 年，英国设立了法语教授职位，如牛津大学的"福煦元帅"（Marshall Foch）职位；法国设立了英语教授职位，如巴黎大学的"海格元帅"(Field Marshal Haig) 职位，明确旨在为两国"未来几年的知识协约"（intellectual entente of the coming years）做好准备（《泰晤士报》，1918 年 11 月 21 日）。两国还分别设立了伦敦大学巴黎学院（British Institute in Paris）、法国文化协会（Alliance Française）、法国对外文化教育局英国分局（Institut Français du Royaume-Uni）和法国 - 英国协会（Association France-Grande Bretagne）等机构，建立了两国之间丰富的机构间文化交流网络；[1] 英国政府于 1904 年应法国政府邀请启动的"语言助理"计划（"language assistants"scheme）也在两次世界大战之间持续进行，尽管所涉及的交流数量确实不多。[2]

相较于与法国的联系，英国与其他欧洲国家建立的官方文化联系则相对有限。以英国与德国的联系为例，英德学术局(Anglo-German Academic Bureau）是两国之间唯一的重要双边文化交流机构，这所机构在两次世界大战之间一直致力于发展两国的学术和教育联系，例如，与德国的学术交流中心（Akademischer Austauschdienst）和英国的英德委员会（Anglo-German Board）合作举办两国学生或教师间的交流活动。[3] 同样，以英国与意大利的联系为例，英意协会（Anglo-Italian Society）也是唯一在两国关系中起到关键作用的机构。该协会促进了英国人对意大利文化的认识和理解，并与佛罗伦萨英国研究所（British Institute in Florence）合作，在协会的伦敦办事处以及部分民宅举办了一些关于意大利文学、艺术、音乐和当代社会的讲座。[4] 说到英国与苏联的联系，在两次世界大战之间，英国与苏联显然不可能建立上述这种联系。因此，即使是英国驻莫斯科大使馆，也不得不通过间接渠道来了解苏联的态度和行为（见第八章）。

如果说英国与法国建立的文化交流网络明显比与其他欧洲国家建立的更发达，那么可以说英国在向其他国家提供的教育资源方面也是如此。当时，法语在英国学校开设的外语课程中占了绝大多数。

表 1.1　初中学历证书（School Certificate）和高中学历证书
（Higher School Certificate）考试报名人数（1938）　　单位：人

	初中学历证书考试	高中学历证书考试
法语	72466	4752
德语	9935	899
西班牙语	1338	138
意大利语	245	2
俄语	4	0
其他现代语言	15	103（包括威尔士语）

资料来源：Hawkins（1987：66，67）。

如表 1.1 所示，在英国初中学历证书（相当于 GCSE 证书）和高中学历证书（相当于 A-Level 证书）的公共考试阶段，参加法语考试的学生人数分别约为参加德语考试的学生人数的 8 倍和 4 倍。即使是像斯托（Stowe）学校这样的公立学校也只向少数学生教授德语，并且只聘用了一名显然"几乎不懂德语"的德语教师（Ramsden 2007：151）。在这种情况下，即使英国的学龄儿童与欧洲国家的学龄儿童之间存在交流，这种交流也很可能仅限于英法两国之间。因此，现代语言协会（Modern Language Association）推行"笔友计划"（pen friend scheme）后，英国学校与法国学校之间先后建立了共 5700 多个合作关系，而与德国学校之间只建立了 50 个。[5] 这种在教育资源水平上的巨大差异所造成的后果是显而易见的，既表现为英国在不同外语专业上取得高级证书的人数不平衡，也表现为英国与不同国家进行文化交流时的总体活跃程度不平衡。在 20 世纪 30 年代，从英国大学毕业并取得德语单专业本科学位（Single Honours Degree）的学生不到90 人。英国移民学者恩斯特·贡布里希（Ernst Gombrich）发现，英国人总体上不太了解德国文化，即使是曾受过高等教育的英国人也是如此："他们所有人都懂法语，都懂意大利语，也都懂古典语言，就是不懂德语"[6]。实际上，到 1922 年，意大利语也已经从英国中学教育课程中几乎消失了，俄语也只在少数学校中幸存（Muckle 2008：94）。1920 年至 1939 年间，伦敦大学学院斯拉夫东欧研究院（SSEES）的俄语专业毕业生总数不超过 10 人。如表 1.2 所示，在商业性脱产学习班和夜间学习班中，法语课程的报名人数也是最多的。但至少在学习班中，商业需求和个人选择是影响报名情况的重要因素，因此，可以看出德语课程在学习班中比在中学教育中更受欢迎。

表 1.2 商业性脱产学习班和夜间学习班报名人数（1932-1933）单位：人

法语	47410
德语	20387
西班牙语	8673
意大利语	1969
俄语	463
丹麦语	103
葡萄牙语	102
荷兰语	97
瑞典语	88

资料来源：NA ED 12/227，英国商业和工业教育协会。

因此，在发生战争时，英国政府能够从法国取得的文化知识资源较为丰富，但能够从德国、意大利和苏联取得的这类资源却十分稀少。英国当时在推行殖民语言教学时，通常是直接访问殖民地，但与欧洲各国之间进行的文化交流则通常是间接交流（至少在传统的中等和高等教育体系内是如此），一般表现为学习各国近几个世纪以来的经典文学作品。例如，一项针对 1935 年法语考试大纲的调查显示，除了英国北方大学入学考试联合委员会（Northern Universities JMB board）制定的大纲外，其余大学的考试大纲都只关注古典或浪漫主义时期的文学。[7] 虽然剑桥大学在推广现代语言方面成就显著，即在其学位考试（Tripos）中将"现代语言 II"（Modern Languages Part II）这门课程的考试范围延伸至 1900 年以后的历史，也就是将范围从截止 19 世纪延伸至 1789–1914 年，[8] 但在两次世界大战之间，多数大学的外语系教学仍主要关注早期的法国文学和语言学："大部分……花在学习古法语、法语语法的历史和法国文学史上"[9]。几位评论家认为，教授这类历史文化知识无法实现某种理想的外语教学，这种理想更接近于让人们学习"一个当代民族的现行语言……相应国家的特征"[10]。有 31 位教授和读者联名上书，呼吁各大学开始研究"外国民族的风俗、制度和社会总体情况"[11]。有人认为，英国人现在是时候"退出历史，走向未来"（walk backwards towards the future）了，并且要认识到仅凭学习一个欧洲国家过去的文学作品是不可能理解其当代状况的。类似的呼吁越发迫切，到 1937 年，已经有人用近乎宣告世界末日的语言将其表达出来："许多人相信，我们正处于一个文明的末期。如果我们对生命采取一成不变的'原地踏步'的态度，就意味着我们在堕落。无论如何，我们都必须找到信念和勇气，重新振作起来。"[12] 随着战争的爆发，英国人所构造的外国文化知识框架开始显现其局限性：

我们终于开始认识到，我们在处理外交事务，尤其是在与外国人民往来时，必须让真正认识和理解这些国家思想文化的人参与进来，逐渐加强他们的指挥作用，并赋予他们最终决策权（Boyd 1941：74）。

语言技能的性别化特征

在两次世界大战之间，学习外语的英国人主要集中在占人口极少数的社会精英阶层中。整个英国教育体系呈现高度等级化，代表了统治阶级的意志，而统治阶级的成员主要来自以少数中小学和大学组成的集团（Savage 1983：262）：在英国公务员中，有大约 60% 的人毕业于牛津大学或剑桥大学，其中有一半曾就读于克拉伦登（Clarendon）的九所精英公学，即伊顿（Eton）、温彻斯特（Winchester）、威斯敏斯特（Westminster）、查特豪斯（Charterhouse）、圣保罗（St Paul's）、麦钱特泰勒斯（Merchant Taylors'）、哈罗（Harrow）、拉格比（Rugby）和舒兹伯利（Shrewsbury）公学。一些不属于这个私立学校集团的学校，例如文法学校以及新成立并接受政府"直接资助"的独立学校也都只为少数学生提供教育，这些学生也大多来自相对富裕的家庭。其余大多数（至少三分之二）英国儿童能够上小学，而在上小学的这群儿童中，也只有相对较少（不超过 14.3%）的人能够升入中学，继续接受更高层次的教育。虽然在两次世界大战之间，英国接受高等教育的人数确实有所增长，从 4.2 万人（1924–1925）增长为 5 万人（1938–1939），但实际上占

人口的比例仍十分有限，例如，1938 年，在 19 岁的青年中，只有 2%
的人接受了大学教育（Stevenson 1984）。

在两次世界大战之间，人们在教育上普遍认为只有少数精英
才应该学习外语："教这么多孩子说外语是没有什么用的，因为
其中只有不到 1% 的孩子将来会出国旅行，然后有机会用到外语，
或听到别人说外语"[13]。1924 年，主题为"青少年教育"（The
Education of the Adolescent）的《哈多报告书》（*Hadow Report*）指
出，全国所有 11 至 14 岁的儿童都可以从学习外语中获益（Hadow
1926：211），但实际上，在学校层面，绝大部分外语教学都是由私
立学校和精英学校提供的。在二战前夕，韦克菲尔德（Wakefield）
教育局局长调查了整个英国教育体系，尤其关注那些为"英国大多
数儿童"开办的学校的外语教学情况。他当时发现，在受访学校中，
有 38% 的学校根本没有开展外语教学，这其中还有 56% 的学校认为，
向除少数精英外的广泛社会群体提供外语教学带来的收益不大。[14]
部分非精英学校也确实开设了外语课程，但只面向未能进入学术性
精英学校（selective academic schools）且能力较强的"A"级学生：
"真正具有语言天赋的孩子可能会放弃奖学金，选择进入中央和现
代学校，并享受那里自由的学习氛围。"（Moore 1940：121）这类"非
学术性"的学生会接受三到四年的外语教学，但一般不会参加学术
考试。

因此，即使是出于备战未来战争的需要，英国政府也很难从社
会上招募到合适的外语专家，因为这类人才资源极其稀缺。这类人
才本身就处于语言技能等级化的背景下，即只有具备非常特殊的语
言技能的人才能获得地位和声望。鉴于一直存在"关于现代语言教

育价值的大量争议"（Breul 1909：4），莱瑟斯爵士在《第一次世界大战的战后报告》（*Post-First-World-War Report*）中指出，若要在英国教育体系中鼓励更多人学习外语，最佳方式是提高外语学科的文化价值，要实现这一点，应该将外语与古典文学密切关联起来，后者是当时英国最负盛名的人文学科。至此，外语被界定为一种理想的人文学科，可以让人发展出"更高的才能、想象力、审美能力和理解力，以及清晰的视野、和谐的心灵、公正的分寸感和更好的觉悟"（Leathes 1928：47）。在两次世界大战之间，英国中小学和大学在实行外语教学时，其基本模式几乎完全参照了上述支持古典文学教学的传统自由主义观点。鉴于这种观点的存在，拉丁文和希腊文确实被纳入了 1914 年以前的大学和公务员考试体系中，而政府正是依靠这类体系来选拔和奖励参与执政的精英：

在过去，大多数最有才干的学生都读过古典文学。文学专业中最有天赋的学生也都会学习古典文学。正是我们的民族习惯、观念和制度造就了他们，而我们是很难改变这些因素的（Bulloch 1920：16）。

因此，在两次世界大战之间，公立中学和精英中学的外语教学课程和教学方法主要参照一种古典文学的教学模式，教师以拉丁语为主要教学语言："有一次，一位法语教师被建议去拜访他的同事（一名拉丁语教师），以便学习如何用拉丁语有效教授一门外语"（Hawkins 1987：141）。甚至到 1943 年，一名曾在伊顿公学工作的教师还在不合时宜地将外语教师的工作与他所在古典文学系的工作相比较：

（古典文学）教师将教学工作组织得井井有条，但现代外语教师的教学却让人煞费苦心。就像与一群猎狗去打猎时，猎狗总会忘记追逐野兔，而去追逐家兔。[15]

这种古典文学的教学模式公开表现为一种考试制度，该制度将外语写作和阅读能力置于首位，而将口语和听力能力置于末位：期末考试试卷有三分之二的篇幅是散文翻译题，其余三分之一是写作题。[16]与之类似，在初中学历证书考试中，口试最初完全是可选择的考试，考生往往需要额外支付费用才能参加。尽管到1938年，期末考试成绩中增加了口试成绩，但其所占比例仍然很低——根据入学考试联合委员会的规定，口试成绩（包含口语测试和听写）占总成绩的16%；根据牛津大学和剑桥大学联合考试委员会的规定，口试成绩（只含听写，不含非必要的朗读和口语测试）占9.5%（Hawkins 1987：149，150）。20世纪30年代，对外语教育持批评态度的人得出了一项正确的结论，即现代语言在很大程度上被当作古典语言来教授，其教学大纲也只针对非常特殊的少数群体：

> 与古典文学教学相关的文学传统已经影响并仍然影响着太多事物……它不仅影响着现代外语的教学，而且影响着公众对现代外语的态度。大多时候，学习现代外语往往只不过是参加针对语法的智力测试，在后来则演变为学习文学（通常是过时甚至老旧的文学），只有相对较少的聪明人才会真正对此感兴趣（Goodenough 1931：76）。

然而，一些课程改革举措（如减少外语考试中的散文翻译篇幅，并为考生提供更多讲外语的机会）失败了，因为人们认为，如果外语学科的教学模式脱离了拉丁语和希腊语，这门学科的整体专业地位就很可能岌岌可危，更何况这门学科本来就很难立足，教职员工可能会被降级，整个学科也会被去专业化：

过去 15 年来，一场改革运动使越来越多的外语教师得到聘用，也使许多学校的法语教学质量有了显著提高……但如果我们只需要让学生学会翻译法语材料，那么聘用如此之多的专家就必然是奢侈的，同时我们也将倒退到糟糕的过去，甚至比之更糟的时代。（Ewert 1935：106）。

作为整个教育体系的顶点，大学对中小学课程的教学内容有相当大的决定权，也塑造着下一代的外语教师。在这一时期，大学的学位教育也同样遵循古典文学的教学模式，主要关注语言学（philology）和 20 世纪前的文学。与在中小学教育体系中一样，口语能力在大学教育中根本不受重视。而在外语专业学位要求中，旅居国外（或直接访问外国）不是强制性要求，甚至不是广大学生所期待的。如果教育委员会（Board of Education）硬性要求从事外语教学工作的毕业生应有半年的国外旅居经历，那么实际上，大多数学生只需要将多次短假出国旅游的经历拼接起来，就能满足这一要求。[17] 正如国际联盟现代语言小组教育委员会（League of Nations Modern Language Panel Education Committee）于 1939 年评论所说，外语专业毕业生如果被迫要在指定国家度过一段时间，那必然会有一些经济上的损失，这对他们来说是不幸的事情。[18]

鉴于这种考试奖惩制度，由这种大学教育体系培养出来的教师往往会对在自己的课堂上真正开口说外语感到不安，这也是不足为奇的。1938 年，一份关于留声机在外语教学中的使用情况的调查报告指出：“当教师本身口音不标准或接受的培训不足时，留声机最为有效”，并希望“仅通过机械手段来弥补教学能力的缺陷……取代糟糕教学的需求”会逐渐降低。[19]

英语学习者具备听说能力并不代表其文化水平高，这一现象与英国的传统男性气质密切相关。自 18 世纪以来，英国人认为英国男性气质的特点为沉默寡言，与之相比，"外国人"总是喋喋不休，例如，法国男人总用"许多花哨的措词来表达自己的暗示"，不像英国人措词"强硬而直爽"（Cohen 2011：81）。在这个观念上，英国男性的沉默寡言与其他人群的谈吐轻浮形成了鲜明的对比，这种轻浮主要描述的是那些经常闲聊的人。流利地说一门语言，尤其是流利地说一门外语，被贬为具有一种地位较低的特质。人们认为这种技能只不过是依靠本能或模仿形成的，而不是经过思考或分析形成的。在这种观念下，"男性只适合学习那些既无需通过对话来学习，也无需学习如何对话的语言"（Cohen 1996：105），因此，拉丁语和希腊语被赋予较高的地位，随后，外语的语法和写作也得到更多的重视。正如约翰·穆勒（J. S. Mill）在《在圣安德鲁大学的就职演说》中所指出的那样，男孩所学的语法是"语言的科学"，而女孩所学的则是符合语言规则的问答（Cohen 1996：103）。进一步证实这种态度的是某些本质主义观点，即认为男女之间存在所谓的智力差异，据说这种差异是基于生理因素，表现为女孩的直觉和情感功能更发达，也因此更偏爱语言和艺术（Hunt 1987：17）。

在 19 世纪与 20 世纪之交的英国，人们认为不说外语是可以接受的，并认为这象征着一种男性气质。典型的英国绅士是这样一种人：他"用一种带有骄傲和轻蔑的语气宣称，自己对（法语）的发音没有兴趣，会在学习法语时跳过所有关于发音的章节"（Palmer 1968：166）。到了 1939 年，即使是像国际联盟协会现代语言小组（Modern Language Panel of the League of Nations Union Education

Committee）这样表面上的自由主义团体，也深感英国男孩们特别抵触关于"说外语"的任何想法：

他们是英国人……在对待外语（尤指与英语渊源不同的外语，如果允许我们这么说的话）的态度上，他们中的某些人，尤其是男孩，可能会把一种相当嘲讽的态度带到课堂上，这种态度表现为故意念错外语词汇的发音，以嘲笑之。[20]

虽然工商界人士可能会强调，说一门外语以及从外国获得一手信息是十分重要的，但"如果没有在一个国家真正生活过，就不可能充分了解那里的语言、生活和条件"[21]。英国的教育体系建立了全面的奖励和福利制度，其中，外语技能具有明显的等级化和性别化特征：说外语是一种多见于女性的低级思维活动，而用外语写作、研究其语法和文学则是男性批判性思维的表现。

"外国人"的地位

英国社会对外语的态度基于一种传统的大众迷信，这种迷信将英国与外国划清了界限。在两次世界大战之间，在英国流行的间谍/惊悚小说所创造的外国人形象中，英国人通常被描绘成与刻板的邪恶反派做斗争的角色，而无论这群反派来自哪个国家或使用何种语言，他们都通常只被描绘成一群无差别的"异类"（otherness）："他可能是法国人，也可能是意大利人、西班牙人、匈牙利人，或者是除英国人以外的什么人，但无论他到底是不是个坏人，他看起来都肯定坏透了。"在一款 20 世纪 30 年代的儿童纸牌游戏《塞克斯顿·布莱克：最伟大的纸牌游戏》（*Sexton Blake: Greatest of All Card Games*）中，互相对决的角色包括英国英雄（价值 120 分）、"黄祸"

（Yellow Peril）（价值110分）、闪米特白人奴隶贩子的经纪人（价值60分）、狡诈的金融家（价值100分），以及意大利刺客塞萨尔·邦姆斯基（Cesar Bombski）（价值20分）（Kushner 1993：88）。尽管英国媒体、舆论和政界的立场不断变化，使大众迷信中的外国假想敌（例如犹太人、无政府主义者和德国间谍）在不同时期略有不同，但在所有时期保持不变的是，所有外国文化都与某种英国观念之间有着明确的界限，这种观念的具体例子便是作家厄斯本所称的"俱乐部英雄"（Clubland Heroes），这些"俱乐部英雄"们基于其文化身份，显然不可能说英语以外的语言："一个男人要么与你'图腾'（totem）相同，要么不同。'图腾'相同的男人们会加入同一个俱乐部，他们说着同样的语言，不会为彼此的政治观点分歧而争吵"（Usborne 1983：98）。

耐人寻味的是，这种将"外国人"从英国主流生活中剔除的做法也同样存在于外语教学的核心。在第一次世界大战之前，除了俄语（Muckle 2008：97）以外，英国各大学的外语系主要是由外国公民创立的。外语随后被确立为一门成熟学科，在地位上等同于古典文学学科。然而，外语学科地位的上升迅速导致了教学人员的英国化，即以英语为母语的本土讲师取代了大部分以外语为母语的外籍讲师。利物浦大学的一位知名西班牙语教授埃里森·皮尔斯（Allison Peers）认为，聘用以英语为母语的教师是一个可喜的迹象，表明外语终于成为了一门受人尊敬的学科：

在过去，杰出的西班牙人不遗余力地推动了西班牙语复兴，人们对此感到非常感激。但如今人们普遍认识到，只有建立起一支强大的教师队伍才能确保未来有更多的人学习西班牙语。这支教师队伍需要与学生们说相同的母语，这样才能理解这些学生在初学西班牙语时，或是在面临更艰巨的学习任务（如深刻理解西班牙的思想和文化）时必须克服的困难（Allison Peers 1929：viii）。

当外语学科的地位开始上升时，聘用外国教授的举措似乎已经被人们广泛接受了。然而，目前，"英国的现代语言教学不断进步，达到了过去无可比拟的程度……对于外国教授来说，现在与过去不同了。在我们的大学里，现代语言教学不再是一个新兴行业了"[22]。这一切的背后是一种自私的信念，即英国人认为只有自身才能真正欣赏和理解英国大学的文化："只有我们才了解自己的教育方法和要求，而几乎没有外国人通晓这些知识"[23]。至少在某种程度上，这种明显的民族偏好反映了欧洲大陆各国缺乏互利往来，例如，法国和德国的大学几乎不可能聘用英国人担任教职。然而，从根本上说，这其中还隐含了一种可能，即在英国的大学里，一个人是否以外语为母语，与其是否能从事严谨的外语学术研究几乎没有什么联系。以英语为母语的应聘者往往需要"精通法语、德语、意大利语或西班牙语"，而"以外语为母语的外籍人士……明明会说自己的语言，但其职业却往往是历史学家、凯尔特学者或诸如此类的专家（在过去，我们可能还会加上'长号手'或'舞蹈大师'）"[24]。在这种观念下，任何完全由"外国人"组成的院系"在这个国家相当于开展一项灾难性的实验"，最好的办法是只聘用"一定数量的外籍讲师，但所有院系……均以英语教授和讲师为主"[25]。

如果说英国人在文化迷信中将自身与外国人隔离开来，甚至将"外国人"驱逐出英国教育体系，使其不能在英国教授自己的母语，那么可以说第二次世界大战初期所发生的一切导致"外国人"

在英国社会中的地位出现了更明显的边缘化。二战爆发时，英国有约 18000 名意大利人，约 55000 名犹太难民（Sponza 2000：25；Kushner 1993：44）。随着各国正式宣战，无论是英国公众还是个人都对在本国居住的外国人产生了明显更大的敌意。这群如今被称为"敌国异族"（enemy aliens）的"外国人"在当时不仅被称为"异类"（other），而且被视为对英国人抱有敌意的外来者。他们在英国人眼里显得太过可疑，以至于其住所必须与本土英国人的社区隔离开来。在假战争（phoney war，战争时期并未真正交战的对峙状态）初期，英国政府对这类"异族"的政策是由内政部（Home Office）制定的。内政部正式建立了一个法庭制度，让"外国人"在受到拘留威胁时，有机会解释自己所处的特殊情况。然而，1940 年春，英国发生了内阁危机，安全部取得了内政部在针对外国人的政策上的决定权，这从根本上改变了这一政策争论的走向。一场受民众支持的新闻战迅速爆发，各家报刊纷纷强调这些外国难民可能带来的危险。许多英国媒体将德国人一致描绘成嫌疑犯，不管这些德国人的背景如何，也不管他们最初来到英国的原因是什么："每个德国人都是间谍""我要把我的德国朋友关起来"（Kushner 1993：87）。即使这群难民设法与当地居民建立了密切的个人联系，后者仍然怀疑他们是外国间谍："我听说有一半的难民是危险分子——间谍、纳粹和诸如此类的人，我们永远不应该允许他们在这个国家自由活动"（Kushner 1989：118）。

　　甚至在墨索里尼宣布意大利正式参战之前，英国民众就已经对意大利移民明显持有类似的敌意了。《大众观察》（*Mass Observation*）在 1940 年 6 月的《关于民众对意大利态度的报告》（*Report on*

Attitudes to Italy）中记录了诸如"南蛮子"（wops）、"恶心的人渣——甚至不配被扔进垃圾桶"（lousy scum – not even fit for the dustbin）、"黄种人（yellow）"[26]等描述。新闻部部长达夫·库珀（Duff Cooper）还强调意大利军队在第一次世界大战中的糟糕战绩，有意地煽动了这波反意情绪的浪潮。他的言论得到了大众媒体的热烈响应：

> 许多英国人想到意大利时，会立刻本能地联想到卡波雷托（Caporetto）战役，那是一场我们必须挽回的可耻溃败……（意大利人）在战斗时疲惫不堪，毫无斗志。他们唯一出众的是撤退速度……（意大利人的）历史是一部黑帮战争史。从历史上看，意大利人普遍具有背信弃义的劣根性（Sponza 2000：90）。

在这种新出现并不断恶化的紧张局势中，一个人如果说意大利语，就会被认为具有背信弃义的倾向，或对英国持有敌对态度。1940 年 6 月 10 日和 11 日，在英国意侨的房产附近发生了骚乱和抢劫事件。面对这些事件，许多意侨商人的第一反应是从自己的商店中去除所有明显的意大利文标语，改用英文标语。乔治·奥威尔（George Orwell）在伦敦苏豪区（Soho）闲逛时注意到：

> 大多数（意大利商店）都匆忙给自己贴上"英国"的标签：意大利杂货店根纳利（Gennari's）里外都贴满了印有"这家店完全是英国人开的"标语；意大利面馆……改名为"英国食品店"；还有一家餐厅宣称自己是瑞士餐厅，甚至一家法国餐厅也给自己贴上了英国的标签（Sponza 2000：80）。

一些难民在被英国政府拘留后提出上诉。难民组织在为他们提供支持时，也极力建议他们要讲尽可能流利的英语，以此证明自己已经完全融入了英国生活，同时也要说明自己欣赏英国文化的精髓，如体育锻炼和活动（Kushner 1993：85）。

1940 年 5- 6 月，一项针对难民的大规模拘留政策取代了最初的选择性拘留政策，结果是大约三分之一的敌国"异族"人口以及六分之一的意大利社区都从英国公众视野中消失了。这些难民无论身份或政治派别是什么，都未能逃过一劫。例如，许多被拘留的意大利人实际上是在英国出生的，或者是已在英国长期生活的已被归化的英籍人民（Sponza 1993：127）。在马恩岛的一个拘留营中，80% 以上的被拘留者都是犹太难民，他们显然是为了逃避本国的迫害才逃到英国的。更具讽刺意味的是，鉴于掌握外语技能的人才日益稀缺，一些拘留营让大量被关押的知识分子和教授讲授外语课程，这些课程令人印象十分深刻："不仅有汉语课程，还有任何人都可以学习的所有语言课程"（Godshaw 2004）。然而，英国政府很快意识到，这种全国性的大规模拘留政策实属不明智之举，结果也适得其反。一位议员称之为"完全不符合英国作风"[27]的政策。被拘留者最早于 1940 年 8 月开始获释，到 1941 年 2 月，已有 10000 多名外籍人员获释。尽管如此，这些以外语为母语的人（也就是"真正的"外国人）确实曾遭受了不公正的待遇。他们卑微的地位注定是第二次世界大战语言史研究中一个经久不衰的主题。在英国人的文化迷信下，这些"外国人"被英国社会驱逐，不得从事与自己母语相关的教学工作。他们被视为重要的外语人才资源，但更被怀疑为可能为英国带来严重安全风险的危险人物。

总结

1939 年，战争在即，英国需要准备应对随之而来的语言沟通难题，但手头资源相对有限。英国进行殖民扩张的传统是将外国文化知识与外语专业知识相结合。与此不同，英国政府在备战欧洲战争时，为了应对语言问题，临时准备了一支训练有素的专业人员队伍，但这一举措基本上是无组织的。因此，在战争期间，英国若想要汲取关于盟国和敌国的文化知识，就必须依靠在两次世界大战之间发展壮大的文化交流网络和教育资源。然而，总体而言，在英国所掌握的外国文化知识中，占主导地位的是与法国有关的知识，而英国与德国、意大利和苏联的联系较为薄弱，相关的资源也较为稀缺。英国教育体系中的涉及外国文化知识的课程及其教学方法往往不鼓励学生直接访问外国，而普遍要求学生通过学习 20 世纪前的经典文学来了解欧洲各国文化。

英国的教育体系呈现高度等级化，有机会学习外语的人只占总人口的极少数。在英国的社会和经济奖励体系中，拉丁语和希腊语是在外国文化和知识教育中占主导地位的语言，这使外语学科似乎成为了古典文学学科的分支。外语学科只有当被视为拉丁语或希腊语的同系学科来实行教学和考试时，才能获得人们的认可——因此，在重要的公共考试体系中，语法学、语言学和古典文学都属于外语考试范围。一个人即使会说一门外语，或者在对应国家有过直接的生活经历，也无法得到奖励或鼓励。英国大众普遍接受了一种带有明显性别化特征的语言技能等级观念，而只有未接受过传统教育的人才可能会对这种等级观念提出异议。在这样的背景下，能够说一口流利外语或在国外有过成功生活经验的人能够得到的报酬很少，地位也较低。矛盾的是，在英国的教育体系中，外语师资已经被本土化和英国化了，而以外语为母语的人在英国几乎无法涉足大学外语系的管理层和领导层。在英国外语教学系统的核心，外国人被边缘化了，这与英国人所持有的"异类"（otherness）观念相呼应。英国人在与"外国人"打交道时创造的许多流行语也都与"异类"这一观念有关。1939 年，在英国居住的外国人无论是归化公民还是来自法西斯国家的政治难民都被当成了"异族"。为此，英国政府曾竭力将他们与本国人民隔离开来。

　　1939 年初，英国劳动部开始编制一份外语人才总名单，以便在战争爆发后召集战时语言服务人员：

　　　　出生于英国并且值得信赖的人可能会希望加入这份名单……欧洲主要语言的人才资源确实重要，但也许更重要的是，把懂一门或多门小语种的人才召集起来。我们也许应该考虑两类人选：（a）妇女和不适合服兵役的男子……他们可以从事本质上属于文职的工作；（b）适合服兵役，并且希望将自己的外语知识用于特定用途的男子。[28]

　　随着战争的爆发，英国当局对外语人才的需求日益增加，在选用人才时也会反复权衡以下因素：民族身份（"出生于英国"）与外国血统，以及情报安全（"值得信赖"）与对敌国文化的深入了解。随着时间的推移，英国对欧洲各国会产生各类军事作战或外交事务方面的需求，欧洲"大语种"和"小语种"的定义也将因此而发生变化。在军队中，女性和男性（包括现役军人和非现役人员）所承担语言任务的差异也将是影响军队外语人才招募和奖励制度的一个长期因素。如果说在 1939 年，英国政府还未了解到外语知识的"特定用途"，那么当英国开始经历这场国际战争的各个阶段（收集情报、实行政治宣传、会见解放区和占领区的平民等）时，外语知识的作用可以说就显而易见了。

第二章

情报译中求：刺探敌情

战争与对话

外语和英国在欧洲的战争活动

（1940-1947）

随着国际局势日益紧张，英国必须从潜在的敌国收集尽可能多的信息，从而了解其思想、活动和计划。情报活动——既包括情报收集的手段，也包括情报收集的产物（即情报本身）——被提上了国家议程。当战事迫在眉睫时，掌握敌情，进而先发制敌，就成为英国战时工作的主要任务。关于英国情报机构尤其是布莱切利园（Bletchley Park，即政府密码学校，后者简称 GCCS）在战争中的作用，已经有很多相关著述（可参阅：Hinsley 1979 - 90；Lewin 1978；Welchman 1982；Hinsley 和 Stripp 1994；Patterson 2008）。然而，其中没有任何文献谈到了笔者所提及的情报的"外来性"，即大多数情报最初都是用外语编写的，必须翻译成英文才能成为有用的情报材料。例如，沿英国海岸线分布的监听站通常会截获外语信息，并对其进行准确记录和翻译，但正如某监听员早前所述：

我们终于监听到了德国飞行员与地面站之间的无线电通话信息，正准备为此感到振奋时，却因为部队里没有个人的德语能够达到听懂通话内容的水平而心灰意冷（Clayton 1980：29）。

布莱切利园本身就是一个庞大的翻译机构。1944 年春，仅其海军情报部平均每月就要翻译 18000 份情报，每值班八小时就要翻译约 433 份情报。[1] 陆军 / 空军情报小组配员约 550 人，专门处理经过加密的外语材料，每天连续 24 小时轮班工作（上午 8 点至下午 4 点、下午 4 点至晚上 12 点、晚上 12 点至上午 8 点）。此外，战俘审讯工作也产出了不少文件和报告，使需要翻译的材料变得越来越多。海军情报部门需要处理的德语文件数量从 1943 年 1 月的 1000 份增加到了 1944 年 7 月的 10000 份，意大利语文件数量从 1943 年 1 月的约 500 份增加到了 1944 年夏季的 4000 多份。[2] 法国解放后，新增需要处理和翻译的德语文件重达十吨。因此，翻译对于理解无线电情报、分析破译后的信息，以及从截获文件和审讯报告中提炼信息等情报活动都是至关重要的。掌握敌情必然意味着理解敌人在说什么，然后将其翻译成英语。

　　然而，翻译既无法自动完成，也并非一个透明的过程。在原文和译文之间，隔着语言学家所称的"翻译区"（the Translation Zone）（Apter 2006）。这块区域不但难以处理，还会在情报和国家安全方面引起一些特别敏感的问题。有哪些值得信赖的人员能够接触这些机密的情报材料？他们又如何将其翻译成英语，从而让其他人清楚地理解情报的含义，获得情报的价值？翻译是一个将外国文本转换成"我们的"文本的过程，这个过程归化了文本的"外来性"（foreignness），剔除了其本质上具有的"异类"（otherness）特征，因此可以说是在提倡某种文化狭隘主义（Venuti 2008），而不是在关注我们未知的（或者用情报行话来说，难以预测的）问题，即敌方可能开展哪些战争活动。情报翻译与情报分析之间的界限是不断变化且模糊的，比乍看起来更难界定。本章着眼于战时情报活动的两个领域（这两个领域都依赖于翻译）：一是开源情报，二是来自"Y 站"（Y stations）和布莱切利园的信号情报。本章还考察了战争期间情报机构招募译员的方式，这类译员作为语言中介的工作经验，以及情报翻译与情报分析之间的关系。

开源情报

在战争爆发之前，英国广播公司（BBC）成立了一个监听处（Monitoring Service），负责对敌国、中立国和盟国电台的公开广播进行监听、翻译和报道。随着敌国开始行动，这项监听工作对盟军情报活动显得越发重要。1939 年末，监听处每天截获总长约 25 万单词的广播信息，并向军情七处（负责审查、监听外国媒体并分析其宣传信息）、军情九处（负责援助法国抵抗运动、制定撤离计划）、军情五处（负责反间谍活动）以及外交部、信息部、海军部、空军部等部委报告。在这项工作的早期，外国广播是情报信息的绝佳来源：

当时，处理广播信息是一项不错的工作，因为我们可以从完全公开的来源中搜集到很多有价值的信息，完全不需要破译……就是单纯地从大量公开发布的长文或者短文的字里行间中提取有用的事实（Renier 和 Rubinstein 1986：43）。

战争接近尾声时，监听处每天可以截获到共约 125 万单词的信息，涉及英语、德语、法语、意大利语、俄语、葡萄牙语、瑞典语、挪威语、丹麦语、荷兰语、芬兰语、阿拉伯语、波兰语、罗马尼亚语、匈牙利语等 30 种不同语言（Calkins 2011：1‑22），每天将约30 万单词的信息翻译并抄录成英语（Goodman 2009：119）。高峰时期，在负责监听、记录和翻译广播信息的监听处，仅信息接收部门（Reception Department）就聘用了约 350 名员工，每年经费支出约为 15 万英镑（Calkins 2011：7）。据曾经在此部门担任打字员的埃尔西·布雷克（Elsie Blake）回忆，她每天要装订 150 份资料摘要，分发给相关政府部门和机构。[3]

为了招募更多人员来工作，监听处甚至专门投放了广告，寻求外语专家。当时刚从伦敦经济学院（London School of Economics）毕业的贝蒂·诺特（Bettie Knott）就是根据英国大学招募局（Universities Appointment Bureau）刊登的一则广告前去应聘的，这则广告要求应聘者具备大学学位、双语能力和打字技能。她回忆说，面试官当时请她坐在一台打字机前，先是给她读了一段法语新闻，然后又读了一段德语新闻："他一边读，我一边打字，然后他要求我把打字的内容翻译出来"（Renier 和 Rubinstein 1986：16）。对于从事监听工作的人而言，最重要的是要能够理解各类主题的外语信息，并将其用英语呈现出来："不言而喻，只有那些对相关国家的语言和传统具备所谓'深厚背景'的人，才能达到这样的理想标准"（Renier 和 Rubinstein 1986: 82）。除了对特定频段进行监听，监听员也在"放哨"，也就是在尝试捕捉随时可能播出的任何内容。监听员就像巡回监听器一样，不断调频，以期意外发现有电台正在广播有价值的内容。例如，马丁·埃斯林（Martin Esslin）曾经调到一个当时正在播报德国高级司令部每日公报的电台（Renier 和 Rubinstein 1986: 69）。监听员的工作条件艰辛，他们需要长时间不间断地收听广播，并且总是在有静电和其他干扰的环境下工作，这些都使他们的工作更加困难。一份内部备忘录就提到了新员工所面临的压力：

前提条件是，第一……要相信情报是能够被监听到的……第二，要树立志在必得的信念……必须要有背水一战的顽强意志，坚信这项工作肯定行得通……监听到的音节数量越少，出错的几率就越大。

如果只监听出 6 到 10 个音节，那针对这些信息可能会有很多种推测；而如果监听出三四十个音节，那出错的可能性就小得多了……这份工作是令人痛苦的，但也有其吸引力（Renier 和 Rubinstein 1986：78，79）。

在这种高压下监听广播是一项十分艰巨的挑战。不久之后，大多数英籍新员工在这项语言挑战下都显得无力招架，尽管他们在应聘时都表现出了熟练的语言技能。从广播监听活动中得到的情报属于开源情报，而不属于秘密或隐蔽的情报。因此，与在信号情报活动中相比，在这类活动中聘用外籍人员所产生的安全隐患要低得多。于是，监听处开始聘用外籍人员，这些人员主要来自 20 世纪 30 年代因纳粹迫害而逃到英国的难民群体。外籍应聘人员首先要接受安全审查，之后接受测试，以确定其是否适合从事监听工作。例如，马丁·埃斯林（Martin Esslin）是一名出生于匈牙利的犹太难民，于 1938 年从奥地利来到英国。他记得自己曾被聘为西班牙语广播的监听员，虽然他实际上坚持认为，与德语、法语、匈牙利语和意大利语相比，西班牙语是他学得最差的语言。他认为，他的西班牙语考试成绩最好是因为当时的西班牙语考试被安排在第二天，而在当天考试之前，他整整一上午都在收听欧洲新闻台（European Service）的简报，于是已经能把当天的新闻背下来了（Renier 和 Rubinstein 1986：60）。随着在监听处工作的外籍人员越来越多，像贝蒂·诺特这样土生土长的英国人通常会有工作上的调动，即从负责直接监听广播调到负责编辑由外籍监听员翻译而成的英语文件。

监听处最先设于伊夫舍姆（Evesham），随后迁至凯文舍姆（Caversham）。随着时间的推移，监听员们调侃道，监听处仿佛变成了一支由外国人组成的"杂牌军",周边居民对此也逐渐司空见惯:"只要看到了一群奇怪的人在驻足等待,很快就能看到车站的标志"(Renier 和 Rubinstein 1986:92,97)。当地英国人对于在监听处工作的外国难民通常是抱以惊奇的态度,会对他们奇怪的轮班时间和定期洗澡的奇怪癖好议论纷纷,但并不会带有排外情绪。恩斯特·贡布里希(Ernst Gombrich)曾怀疑道:"当地警员似乎偶尔会来找我们的房东,小心地询问我们是否与希特勒有过通讯。"[4]

监听员的工作是监听、抄录并翻译新闻简报和谈话。鉴于手头材料的体量较大,他们只能重点筛选出与情报特别相关的发言或事件,总结要点,然后立即转送汇报。在这种情况下,监听员本身就充当了一手情报的筛选员和分析员。他们使用一种"闪记"(flash)监听技术,即把所听到的内容即时地在脑中翻译出来,然后把可能最关键的要点速记下来(Renier 和 Rubinstein 1986:63)。

勒克斯·富特米勒(Lux Furtmiller)将 BBC 监听处描述为一个"学习社区"(Renier 和 Rubinstein 1986:92)。毫无疑问,这种学习在一定程度上是指所有参与这项工作的人对翻译问题的学习和认识。对于这些负责监听和翻译情报的语言中介而言,关键在于他们是否用概括性的英语译文传达了广播原文的意思,而这一点通常存在争议。这些译文最终都是面向英语国家读者的。那么语言中介除了向读者提供译文本身,还应在多大程度上向读者传达原文的表达方式,以及有助于读者理解敌军态度和思维方式的细节信息?有的监听员"并不赞同译文'平铺直叙',主张更多关注重要广播中的修辞风格,这些人也在建议书中提出了自己的观点"(Renier 和 Rubinstein 1986:80)。恩斯特·贡布里希认为,理想情况下,监听员应该充当一线情报的分析员，并根据尽可能广泛的背景信息来决定所监听到的情报最终是否会对情报收集人员有用：

> 情报信息是否以一种比较简洁并且适合引用的表述传达了人们本身就熟悉的观点？……对于不常接触纳粹思想相关表述的读者，这些情报信息能否让他们形成对纳粹思想的清晰认识（Renier 和 Rubinstein 1986：10）？

人们感觉到，情报接收方在阅读经过筛选和翻译的情报信息时，通常并不怎么理解这些情报是如何被翻译出来的："在英语编辑和行政人员中，有些人不太懂外语。他们必须明白的是，'一字不落'地翻译并不等于单纯逐字地翻译。如果真如他们所想的那样，那译员不过是一部会走路的词典"（Renier 和 Rubinstein 1986：92）。

开源情报涉及多种外语，而且源自收听效果较差的外语电台，这使监听处难以聘用到大量英国本土人员。鉴于需要收集的情报材料并非机密，因此当局开始招募外籍人员，即以外语为母语的人员。这项举措并没有带来多大的安全风险。贡布里希回忆说，当时只有一名德籍监听员被拘留，因为"据称有人看见他在画我们监听室的草图"[5]。该起案件的安全隐患明显很小，所以这名监听员很快就被释放了。

信号情报

相比于开源情报，信号情报给当局带来的人才招募问题更为敏感。对于沿英国海岸线设立的监听站，以及布莱切利园的密码破译机构而言，情报安全是首要的要求，其次才会兼顾工作效率。英国当局需要考虑"外来性"带来的问题，即应在多大程度上相信这些会说敌国语言、熟知敌国文化的情报人员是对英国忠诚的。这个问题取决于这些人做了多少可被英国人接受的努力，从而使自身的差异得到包容。由此产生的用人模式既反映了两次世界大战之间英国教育体系的等级化现象，也反映了外语技能在教育体系下产生的隐性等级化和性别化现象（见第一章）。

早在第一次世界大战期间，英国军方就已经实现用无线电拦截敌方的通信信号。到1939年，每个军种都具备了监听能力，这得益于各地业余无线电操作员的自愿支持，这些技术员一般在自家安装的设备上使用。监听站（又称"Y站"）沿英国海岸线分布，随时准备监听敌机和敌舰与其同伙或总部之间的通信。战争打响之初，英国其实已经预料到德国会实施无线电静默（只接收信号而不发出信号）。然而，随着轴心国军队入侵的欧洲地区越来越多，监听站监听到的敌方无线电通信也越来越多，这些通信显然都是用外语进行的。1940年初，由于福克斯通（Folkestone）的一个监听站收到了德语信息，英国皇家空军不得不在全站匆忙搜索，希望找到可以真正理解这些德语信息的人（Clayton 1980：29）。起初，由于缺乏称职的外语专家，英国采用了各种临时措施来填补这一空缺。弗雷迪·马歇尔（Freddie Marshall）是为数不多懂德语的海军军官之一。在战争爆发后的最初几个月里，他一直独自处理德语无线电通信，偶尔会得到几位临时应征入伍的新兵的帮助——三名剑桥大学本科生，以及一名已入籍英国但英语不太流利的瑞士人。[6]

直到1940年3月，英国陆军还在提出对外语专家的迫切需求，尽管在此阶段，他们对所需语言专家的语言技能的界定仍然很模糊——只是表示需要"具备渊博学识和丰富想象力，尤其是能听懂德国人为了反监听而进行的暗语交流"的军官（Skillen 1990：5）。不过，不久之后，由于德语专家需要在无线电台工作，军方开始形成更明确的语言技能需求，从关注学识和想象力转变为格外重视接收语言信息的能力和监听无线电通信的能力。监听站的海军人员在上岗前需要接受为期两周的培训，旨在让这些德语人才练习使用无线电接收器，以及理解英语和德语的航海术语。军方还设立了模拟Y站（mock Y station），学员在其中通过耳机收听来自控制室的信号，从而熟悉未来在Y站的工作：

> 我们先是听到了歌德作品的朗诵……又听到弗雷迪·马歇尔上尉用低沉的男中音喊道："Achtung! Achtung! Feindliche Zerstörer an Steuerborg!（注意！注意！施特尔堡的敌方驱逐舰！）"前后内容好像毫无干系。马歇尔上尉告诉我们，这就是我们可能在英国海岸附近听到的德军鱼雷快艇（E-boat）发出的信号，我们需要将其截获，然后发送到最近的情报中心。[7]

应聘人员既要具备出色的听辨能力，又要具备德语能力，事实也的确如此。偶尔会有完全不懂德语的候选人通过层层选拔，完成大部分培训课程，直到需要翻译自己记下的文字时才被淘汰："我在 W/T（Wireless Transcription，无线电抄录）方面具备训练有素的听力……因为德语单词的拼写总是与发音对应，所以把听到的内容记下来完全不是问题。"[8]军方对这群外语专家的定位是无线电操作员，希望他们能监听并抄录各种无线电通信信息。因此，外语技能实际上是无线电监听所需的多项技能之一，因为他们要先监听，然后再准确复述通信内容。鉴于通信的信息量大，当务之急是找到既具备语言技能，又能获得当局信赖的候选人。要招到符合安全审查要求的人员，最快的方法是从已经应征入伍并且会讲德语的英籍现役军人中进行筛选。然而，到 1940 年夏天，符合要求的男性军人都被征召到前线执行作战任务了。退而求其次的办法是在不直接参与作战的现役军人，即女兵当中寻找外语专家。因此，英国当局排查了她们的人事档案，寻找目前派驻其他岗位但可以被迅速调回的女性德语人才。位于密德萨斯市（Middlesex）瑞斯利普镇（Ruislip）的英国皇家空军档案办公室（RAF records office）就从英国空军女子辅助部队（WAAF）遴选了一批可能胜任该职位的德语人才。1940 年 6 月 13 日，她们接受了一名外语专家的正式面试（Clayton 1980：29）。第一批来自英国皇家海军女子服务队（WRNS）的外语专家则于 1940 夏初到达 Y 站。当然，难免有些德语人才在第一次排查被遗漏掉了，她们后来由于机缘巧合而受到招募。例如，达芙妮·贝克（Daphne Baker）当时是皇家海军女子服务队的一名密码官员，正当她因为耳部感染而在疗养院接受康复治疗时，一名海军大副走进病房，神情焦虑地问道："这里有人会讲德语吗？"[9]

然而，监听站对外语专家的需求增长速度太快，已经无法仅仅依靠现役女兵群体得到满足。于是，军方开展了第二轮招募，即在报纸和广播电台上投放广告，极力鼓励具备军方所需语言技能的女兵尽快加入。1941 年，第三批从全国招募的 21 周岁至 30 周岁的女兵走上了监听岗位。因此，一些女兵会感觉，军方在发现她们拥有高等德语能力证书后，就将她们"劫持"到了外语工作岗位上："如果我能说一口流利的德语，WRNS 就会来招募我。"[10] 最后，当现役女兵中的外语专家资源近乎枯竭时，当局才确实考虑招募德国难民或说德语的外国人。但是，这一举措的实施显然就谨慎得多——军方设置了繁杂的安全审查程序，并降低了非英籍人员的安全权限，使其无法接触高度机密信息（Bonsall 2008：828）。然而，部分非英籍人员，比如波兰人、奥地利人、德国人、希腊人、捷克人、法国人和比利时人都获准在英国皇家空军的监听站工作（Clayton 1980：56）。

外语专家被选中后，除了要通过至关重要的安全审查，还应能说一口流利的当代德语。而要达到军方所要求的流利程度，他们通常需要有战前在德国长期居住的经历。因此，第一批监听站新兵大多在英国境外受过教育，家境富裕，并且具有国际背景，例如有些人曾在瑞士的德语寄宿学校上学，或自出生以来大部分时间都在国外生活。[11] 但是，随着战事的推进，陆续入伍的第二批新兵，也就是上述的年轻女性，都不太可能有在德国的生活经历。与第一批不同的是，她们一般拥有正式的德语学历，并且往往大学毕业后就来到了 Y 站工作。[12]

总体而言，英国军方通过征召现役女兵的方式，很好地解决了外语专家的短缺问题，因为这些女兵既熟知敌国语言和文化，又能够在从事情报工作上得到当局的充分信赖。这些女性所具备的必要语言技能离不开她们较高的学历背景，因此，她们在背景上与负责招募工作的男性军官几乎相差无几，她们在阶级和气质上也较为接近当代英国军官。1940 年，担任外语专家这一职位的女性实际上极为少见，但很少人了解这一事实，一是因为这些女性本身是军队人员，二是因为她们所负责的情报任务大多是被动的、非战斗性的，并且已经融入流水作业般的无线电监听活动中了。

与在布莱切利园工作的情报人员不同，这些女性在 Y 站工作时能够直接接触到外语口语，并监听到敌方军人相互交流或与总部沟通的真实声音："在晚上人少的时候，德国飞行员偶尔会聊聊自己的女朋友，聊下班后要做什么事，去哪个城镇"（Flanders 2004）。女性监听员们在以这样一种直接而秘密的方式接触她们在战前就十分熟悉的外国人时，可能会不知所措："一年前，当我还在德国留学时，我根本不会相信，第二年夏天我就会以这样秘密的方式接触到曾与我共舞的年轻德国空军士官，并且站在他的对立面"（Clayton 1980：32）。达玛·法兰德斯（Dalma Flanders, 2004）回忆，当她警告我军喷火式战斗机（Spitfire）和飓风式战斗机（Hurricane）的机组人员准备迎击即将到来的德国梅塞施密特战斗机（Messerschmitts）时，心里是十分矛盾的："我觉得这真是太荒谬了，因为我有德国朋友站在敌人一边，与我当前的朋友战斗是很难以让人接受的。"

在制度层面上，监听站的工作人员（绝大多数是女性）基本上是被忽视的存在。最初，WRNS 的无线电监听员连参加军官培训课程的权利都要艰难争取。WAAF 的外语专家则发现其军衔和薪资通常低于从事非语言类密码工作的同事。WAAF 中非英籍的外语专家甚至根本没有机会成为军官。在工作环境中，这些语言工作者的定位也与众不同，与他们所属的情报系统并不相匹配。几乎可以说，语言能力在赋予他们工作机会的同时，也赋予了他们一种准外国身份。在当时盛行的情报和军事文化下，这种身份有时会让身边的人们感到不安。例如，当弗雷迪·马歇尔上尉首次开始翻译截获的德语信息时，他就观察到上司"完全不信任我，甚至指控我是间谍"[13]。一位出生于英国的高级外语专家经常参加

Y 站员工选拔委员会的工作，她也发现只要她在场，WAAF 的队长就会感到局促不安，怀疑她是否是纯正的英国人："你不是英国人吗？你的口音也太重了"，然后说："我觉得我作为队长，不会容许队里有'外国人'。"（Clayton 1980：55）。

实际上，Y 站的外语专家们似乎在内部形成了对这个团体的认同，这在一定程度上是因为她们所有人的工作都涉及敌国的语言和文化。正如一名外语专家对她的同事所说："这项特种任务的最大好处……在于，我们都是学过德语的人，大多具有相同的背景。"[14]"在本就封闭的情报界，他们的运作方式更像一个内部秘密组织。"负责培训 Y 站情报员的弗雷迪·马歇尔上尉说，"他们是海军情报部的一支'秘密部队'"[15]。Y 站情报员由于性别多为女性，且具备的外语听说能力在战前教育中不如书面能力受到重视（见第一章），因此他们的官方地位和声望在战争期间和战后都比较低。

布莱切利园情报人员的境遇则大不相同。相比于在战争爆发初期仓促设立的 Y 站，布莱切利园即政府密码学校（GCCS）早在1937 年就开始招兵买马，因为他们预测战争必然会爆发。当时，英国特勤局局长、海军上将休·辛克莱（Hugh Sinclair）爵士发布了指示，要求"征召合适的人才"（Andrew 2002：5）。剑桥大学德语讲师伦纳德·福斯特（Leonard Forster）就是准备入职 GCCS 的候选人之一，在复活节假期参加了预备课程[16]。GCCS 的校长曾通过联络剑桥大学国王学院（King's College Cambridge）的两名研究员，寻求"教授级的人才"[17]。这两位研究员一位是古代史教授弗兰克·阿德科克（Frank Adcock），另一位是历史学家弗兰克·伯奇（Frank Birch），他们都曾在第一次世界大战信号情报局（Signals

Intelligence Agency）任职。果不其然，这两位研究员从他们最熟悉的地方招募到了新人：他们从剑桥大学国王学院招募了至少12名大学教师去 GCCS 工作。这些第一批招进来的新人擅长的学科范围很广，涵盖物理、数学、历史、古典文学和外语。但当局看重的不是他们具体所学专业，而是他们的情报水平和思考能力："他们需要具备良好的基本情报能力，能够整理和权衡证据，并且以易懂的方式呈现结论。"[18] 军方当局需要的是思维敏捷、意志坚定，并且能够解决问题的人。因此，在这项工作上，可以说任何具备上述品质的人，无论其专业背景如何，都能与有外语背景的人相媲美。虽然Y 站要求其工作人员必须具备德语听说技能，但布莱切利园的招募人员并不重视这些技能，他们认为外语与古典希腊语或拉丁语并无二致——无论候选人学了什么外语，只要他们具备基本的情报能力和解决难题的能力即可——这个观点得到了他们所接触的大学外语系教师的大力拥护和支持（见第一章）。他们要求应聘者应具备的语言技能是阅读能力——"德语要足够好，但只要能读懂（不用说也不用写）"——并且只有在应聘者确实具备其他素质（例如智力、精力、常识）的前提下，才对其阅读能力有所要求。[19]

在这种情报安全第一的背景下，为了招募既具备语言能力又值得信赖的情报人员，英国当局还是从久经考验的社会选拔体系中寻找人才。长期以来，英国统治阶级都是从这些体系中脱颖而出的，这个体系包括公立学校、高校，以及伦敦的精英俱乐部。一个人如果能成为其中的一员，就代表其对英国体制是忠诚的。因此，当局最初就是依据这些体系中外语专家的口碑，以及通过个人引荐的方式，寻找到合适的情报人才。几位大学德语教师如伦纳德·福斯特

（来自剑桥大学）、特雷弗·琼斯（Trevor Jones，来自剑桥大学），以及弗雷德里克·诺曼（Frederick Norman，来自剑桥大学国王学院）被招募到布莱切利园工作后，他们的学生有一部分也被悄悄地叫到一起，受邀加入情报工作。战争爆发后的第二天，伦敦大学学生爱德华·托马斯（Edward Thomas）收到通知："你是诺曼教授的学生，我认为你可以为我们效力"（Thomas 1994：41）。少数外语专家则通过家庭关系进入情报工作圈。通过个人引荐入职的过程一般非常曲折。例如，布莱切利园一位高级密码官员的妹妹当时负责联系纽纳姆学院（Newnham College）符合要求的毕业生，这名官员曾在纽纳姆学院任职（Calvocoressi 1980：12）。所有在布莱切利园工作的人员，包括外语专家，都必须是在英国出生的。不过在极少数情况下也会有例外，比如有的外籍人员才能出众，并且已经很好地融入了英国的关键社会体系中。例如，犹太难民沃尔特·埃廷豪森·伊坦（Walter Ettinghausen/Eytan）声称，他和他的兄弟由于在德国出生而被禁止在美国从事情报活动，但 1940 年夏，他们在牛津大学任职时受邀为英国情报局效力（Eytan 1994）。

随着战事推进，布莱切利园的翻译部门的组织结构变得越来越复杂。1940 年 1 月，在其陆军 / 皇家空军情报部中，负责翻译工作的是"3 号房"（Hut 3）小组，当时仅仅是一个小团队，其中包括一名文职人员、三四名打字员和一名不太懂德语的现役军官。[20] 到了 1941 年，"3 号房"已经设有一系列专业部门，每个部门都需要高素质人员，一般包括一名部门主管、两名高级文职人员、一名现役军官和六名助理。为了支持翻译工作，当局又征召了第二批外语专家，负责以下工作：制定词汇表索引、抄录并打印接收到的德语信息记录，并对源源不断的截获文件进行翻译和分类。在这种情况下，语言技能起到的是辅助性、支持性的作用。当局更重视的是秘书类型的技能，而非关键的情报能力，认为语言技能可以辅助其他实用技能，并且往往可以与其他技能相互替代："我们意识到，我们可能永远都招不到会说德语的打字员……教外语专家打字，要比教打字员学德语容易得多。"[21] 这些外语专家的任务就可以被视为后勤保障工作，加上男性人才的匮乏，当局再次开始从现役女兵中寻找候选人，例如通过将精通外语的 WRNS 队员从 Y 站抽调过来。[22] 随着战火的绵延，Y 站的人才资源逐渐枯竭，因此当局将越来越多的大学女毕业生招募到语言支持领域："几乎所有的索引编辑都是至少具备一定德语知识的大学毕业生"[23] 在观察员看来，布莱切利园的翻译部门类似于一系列专业部门，每个部门由一名教授负责管理，并"由几名高技能的下属提供支持（教授是男性，其下属大多是女性）"（Jackson 2002：ii）。这种由男性文职人员担任部门领导，女性担任辅助人员的组合方式反映了当时 GCCS 的整体组织情况：在约一万名员工中，大约三分之一是文职人员，大约四分之三是女性（Hill 2004）。

与 Y 站的外语专家不同，布莱切利园的情报人员很少有机会直接接触敌军声音。陆军 / 皇家空军情报部和海军情报部的译员收到的德语信息都是从原始密码破译后得到的二手信息。这些译员在处理外语材料时并非各自为政，而是在一个组织严密的体系中工作。有人将这个体系描述为"大规模工厂中的一条流水生产线"[24]。经破译的原始信息到达生产线的一端，经过一系列加工流程后，在另一端转化为最终产品，即面向英语读者的情报材料。据知情人士表示，加工流程包含15个阶段，平均每个阶段耗时24分钟。[25]威廉·米尔沃德（William Millward）于1942年4月开始在情报部门工作，他将流程中的关键阶段概括为校对、翻译、评价、批注，以及信号起草（Hinsley和Stripp 1994：20）。破译后的信息送达3号房时，仍是由以五个字母为一组的词组构成的句子，印在胶带上。因此，外语专家在进行第一阶段即校对处理时，会将词组划分为德语单词和数字，并尽量更正拼写遗漏或有误的单词，从而获得便于翻译的德语文本。外语专家拿到的德语材料本身就经过了高度加工，即经过了很多人处理：原始情报的起草人、原始信号的监听员，以及布莱切利园的密码破译员和打字员——他们接收信息后将其继续传递下去。由于无线电监听条件较差，因此收到的信息中通常有许多单词是错的，有时甚至整个句子都是错的，需要进行更正或补充（Freedman 2000：53）。布莱切利园的情报人员并不像Y站监听员那样能直接听取敌军的声音，而是以一种类似于玩拼图游戏的方式去接触敌方文化。其中，他们会接触到很多在不同的时间出现的、互不相关的碎片化信息，这必然会使他们对敌方文化产生疏离感："我面前堆放着一堆枯燥、零散，还让人费解的碎片化信息，要么是关于天气的，要么是讲纳粹德国空军的轶闻琐事……所有信息都充斥着词典上查不到的词。"[26]

因此，情报翻译演变成一个处理语义残缺文本的多方面问题的过程，要求译员在更广泛的语境下将文本中的大量未知信息补全，好比先检查每一块拼图，然后将其嵌入整幅拼图中。布莱切利园的译员认为，自身工作的难点并不在于寻找外语文本在英语中的对应含义，而在于克服文本的一系列晦涩难懂之处，力求在翻译之前理顺外语文本。除了原文的问题之外，德语情报还采用了特殊结构来掩盖含义，以免被刺探："首要任务……就是要从这些省略、缩写和专业术语中得出可靠且易于理解的文本，然后将其翻译成英语。"[27]

鉴于外语文本在翻译之前必须进行重组，并且翻译工作的强度每小时都在增加，译员认为，他们的首要任务是开发一套能够在混乱的文本中创造语言秩序的系统。他们必须建立一个共享的语言记忆库，收录情报中的德语单词和对应的英语单词，以及尚未解决的翻译难点："首要要求是确保译文的一致性，尽量做到正确，但一定要保证一致。"[28]要实现这个目标，第一步就是编制一套便于查阅的索引卡，按字母顺序记录彼此对应的德语单词与英语单词，以及缩略语。在日常工作中，译员发现特别难的单词和表达时，需要用绿色铅笔在文本上注明。海军情报部为每种语言编制了一个"未决问题索引"，其中包含尚未解决的翻译问题记录表、问题进展情况，以及首次出现该问题的原始文本的一份复印件。1943年10月底，他们发布了一份每周更新的翻译指南，命名为"威德西斯（Widsith）"，这份指南可以提醒译员当前的语言难点，并让其注意术语的最新译法。[29]实际上，这些译员已经构建了一个组织严密的大型语言基础设施，能够在情报信息经常变动且语义模糊的情况下保持译文的一致性和连贯性。到战争结束时，陆军/皇家空军情报部的德语索引已增加到16000对单词和10000个缩略语；海军情报部的德语索引已增加到13000对单词和6000个缩略语，意大利语索引增加到2500对单词和100个缩略语。[30]

对于译员而言，要将支离破碎的文本与其所处的整个语境关联起来尤其困难："他们必须一边工作，一边学习新遇到的方言；然后将手头的只言片语补全成符合其背景的语句"[31]。很快，他们便找到了将这些背景未知的信息补全的最好方式，即设立专业小组，研究可能与其专业相关的情报：雷达／科学研究、敌方地形、铁路、空中情报、陆军情报、海军情报、化名代号等。"3号房（陆军／皇家空军情报部）……已经成为各领域专家云集的机构。"[32] 每个小组都会根据已翻译的信息以及其他有用的参考材料，编制好与其专业相关的详细词汇索引。正如一名索引编制员所述："我们有一张大桌子，上面放着几千个棕色纸板鞋盒，里面都装满了索引卡……我负责编制的索引卡片包含所有信号情报中提及的意大利所有军官以及其他军人的姓名……我们还要处理意大利报刊的剪报，以及没完没了的意大利空军授勋名单"（Hill 2004：42-43）。彼得·卡尔沃科雷西（Peter Calvocoressi）认为，这些词汇索引才是情报工作的真正支柱：

这些索引卡大小约5×9英寸，堆叠在专门设计的架子上。这些架子顺着长长的房间排成几列。随着战事继续推进，索引卡的存量也在不断增加，后来就成为一个庞大的知识库。记忆力再好的人也无法记全其中的内容（Calvocoressi 1980：62）。[33]

随着外语专家工作的深入，其工作性质也变得与学术界的工作极为相似："他们可以说掌握了学术界的编辑所需要具备的所有技能，尽管工作存在一个极为不利的条件，那就是大部分工作都不得不匆忙完成。"[34] 大学外语研究人员由于熟悉专业研究方法，可以毫不费力地转型为情报工作者："我们这群人当中，对情报工作最驾轻就熟的都是那些已经熟悉其他领域研究方法的人，这种现象非常明显。"[35] 对这些外语专家来说，他们越是了解敌国文化，就越难以在对本国文化的忠诚上获得身份认同。于是，他们不再执着于身份认同，而是逐渐执着于追求更广阔的职业目标和品质，即他们在战前活动中就秉持的信念——对知识以及"学者看待问题的方式"的公正追求。[36] 他们对事业持有的共同信念培养出了彼此间的默契："我们在工作时，一想到有人在用与自己类似的方法圆满完成了类似的工作，就会倍感振奋。"[37] 这个由外语专家组成的翻译系统有着远大的目标：把敌国语言的词汇都编纂起来——"这个词库会不断扩充，而且随时随地都会有人在使用。我们的任务是要尽我们所能扩充其体量。"[38] 这些专家战前在大学工作时就有着努力不懈的求知精神，如今他们把这种精神迁移到了战时情报工作中："做研究就像滚雪球。知道的越多，发现自己不懂的也越多。"[39] 正如特雷弗·琼斯所总结的，他们是以自己的方式"在知识的宇宙中遨游"。[40]

在这种专业背景下进行翻译，意味着译员会将自己的主观态度加入背景信息以及文本的相互关联之中，而这似乎不符合传统情报工作的理念。根据情报界的公认理念，布莱切利园的译员应该将他们处理的每份文本视为独立的实体，这些文本不能受到其他参考文本或外部背景材料的"污染"："我们的工作就仅限于破译、解密和翻译"[41]。20 世纪 40 年代初的情报正统理念认为，原始情报与对其分析和解释应该区分开来，情报分析工作应由情报专业人员单独进行。然而，鉴于译员需要处理的情报文本存在很多问题，而且他们又强烈需要将每份文本与其整体语境联系起来，因此他们很快就对这种正统方法嗤之以鼻。

布莱切利园的外语专家与布莱切利园官方展开了一场旷日持久

的斗争——这是一场消耗战，相关人员戏谑地称其为"抢书大战"（the Battle of the Books）。外语专家要求官方取消对他们的信息封锁，要求进行翻译时必须获得相关的参考材料，而官方却对此予以否决。例如，他们多次请求英国驻斯德哥尔摩使馆的海军事务官为他们代购一批德语书籍，结果却只收到了其中一本技术词典——随附的一份说明解释说，其余书籍由于已经保存在伦敦的某个海军部门，因此不会再寄给布莱切利园。[42] 译员就连《牛津英语词典》这样的基本工具书也拿不到："整整一年我们都在争取……拿到一套意大利百科全书。尽管英国的各大图书馆都有这套书，但不知何故，外交部就是不愿意借一套。"随后，当译员们终于在伦敦的一家公共图书馆中找到这套书时，这书却"据称……出于安全性考虑，外交部不得将其从图书馆借出"[43]。秉持情报理念的官方人员与从事翻译工作的译员之间有着很深的误解：有一次，译员需要紧急处理一些西班牙海军材料，于是请求海军情报部提供一份西班牙海军入门手册；他们收到的答复是："你们的意思是西班牙海军会有比我们先进的航海和炮击技术吗？"[44] 在这种情况下，译员为了弥补参考书籍的空缺，只能自己亲自前往伦敦查令十字路（Charing Cross Road）的旧书集散地碰碰运气，或者随手借阅在朋友家书架上碰巧发现的合适书籍（如《迈耶德国百科全书》，Meyers Lexikon）。[45] 正如一位译员总结道："实际上，无论英语书还是外语书，我们都会参考，只不过我们完全不是按照这些书的原本用途来参考的。"[46]

在布莱切利园译员发展出的这种翻译模式中，将原始情报与对原始情报的评估区分开来已经显得没有必要了。对破译后德语情报进行重构，并通过参考各个领域的词汇索引来提炼其完整语义，意味着情报翻译与情报分析这两个过程其实已经合二为一："译员在对破译情报进行校对和翻译后，就已经掌握了情报的所有要点了。"[47]1941年，布莱切利园爆发了一场争论，事关由谁来真正掌控日益复杂的翻译 / 情报系统：官方是否能允许"只懂翻译的人"在没有专职情报人员密切监督的情况下工作。对于译员而言，当时的冲突只是一场闹剧："这场争议……本不该发生……随着我们的工作日益复杂，分工越来越细，我们……实际上就是在做情报工作。" 情报翻译与情报分析已经变得密不可分："耐人寻味的是，要想完整而准确地理解一份情报，例如分辨这份情报表示的是德国的水雷（mine）还是鱼雷（torpedo），是舰队的命令还是岸上部队的电话号码簿，往往需要依赖语言学方面的知识，即准确定义和使用术语。"[48]

毫无疑问，作为一个情报组织，3 号房取得成功的因素之一在于认识到情报翻译活动与情报评估和分析活动是分不开的，并且将翻译视为情报系统整体不可或缺的一部分：

3 号房情报组织……与英国政府的情报单位相比，在效率上遥遥领先。政府情报单位的军官及其上级可能会对此心生不悦，但事实摆在面前……3 号房凭借其不断扩大的索引库、研究设施、技术专家队伍以及"幕后"专业小组……在固步自封的英国军事机构……当中……已经成为了一个前所未有的存在（Freedman 2000：55）。

后来，历史学家也认为，布莱切利园之所以取得了成功，正是因为其开创了这样一个环环相扣的情报工作流程："密码分析员、译员、情报分析员三方联动，不但提高了他们自身的工作效能，也为二战期间英国的通信情报工作带来了一个巨大优势"（Headrick 1991：227）。

总结

二战期间，开源情报和信号情报的翻译活动挑战了传统情报工作的正统理念。在监听处和布莱切利园工作的外语专家发现，情报的读者往往并不了解情报翻译的具体过程。可以肯定的是，情报翻译与情报分析之间的界限变得越来越模糊了。在伊夫舍姆监听处工作的监听员经常需要从外国广播中筛选关键信息，从而提供即时情报。他们明确表示，自己不仅仅是"会走路的词典"，即不仅仅是机械地翻译他们所听到的广播内容。相反，他们认为自己的工作实际上是情报分析的第一道关，负责判断收到的情报是否有用，以及这些情报如果有用的话，应该用什么样的语境来解读。在布莱切利园，译员和情报分析员之间曾爆发过一场争论，其焦点在于，如果将情报信息与其背后的整体文化和政治局势背景区分开来，这些信息还能否得到正确解读。译员表示，翻译和分析是难以区分的。翻译的过程比单纯地将一个词转换为另一个词复杂得多。只有建立起严密的语言基础设施，才能得出准确的情报："如果一份情报的译文读起来合乎语法，但出自缺乏背景知识的译员之手，那比没有译文还要糟糕……因为这可能会产生很危险的后果。"[49]

情报活动越具有保密性，当局就越倾向于聘用出生在英国的语言中介。虽然在获取开源情报时，监听处可以招募外籍人士，但是在进行信号拦截和密码破译时则另当别论。Y 站或布莱切利园的大多数员工都是具备必要语言技能的英国国民。由于两次世界大战期间英国的语言教育具有精英主义性质（见第一章），因此当局招募的员工主要来自英国中产阶级，而且一般来自中产阶级群体中的特殊群体或教育体系。在传统观念上，外语技能具有等级化特征：读写技能的地位较高，听说技能的地位较低。这种特征也广泛地体现在从事不同情报活动的外语专家所具有的差异上，即 Y 站的女性外语专家与布莱切利园的男性外语专家之间的地位差异。在战时情报组织中，女性外语专家所擅长的听说技能很难获得认可，而男性外语专家则可以说找到了牛津和剑桥大学中的学术氛围，并发现自己往往因具备很强的外语理解和翻译能力而得到重视："我们能够不断处理德语文件，这使我们的竞争力倍增。"[50]

第三章

战时角色扮演：人力情报人员

战争与对话

外语和英国在欧洲的战争活动

（1940-1947）

与开源情报和信号情报不同，在人力情报活动中，情报人员通过与敌国或敌占区的人民面谈来获取信息，这要求他们要以某种形式与外国人进行面对面的直接接触。在这一背景下，人力情报人员会发现，无论是给予他们指示的人（英国当局），还是他们将要接触的人（敌国或敌占区的军民），都与他们产生了复杂的联系。一方面，任何参与情报工作的人员都必须通过安全审查，证明自己绝对忠于英国王室。另一方面，为了顺利完成人力情报工作，情报人员需要深谙敌国／敌占区的语言和文化，从而让当地人相信他们是土生土长的母语人士，哪怕只是给人留下短暂的印象。从某种意义上说，这些情报人员都是在英语环境下受命的，但他们的任务是在外国人面前扮演成一个说外语的角色。开源情报和信号情报活动主要依靠翻译获取信息，而人力情报活动则是依靠个人表演。人力情报活动的核心在于扮演角色、以假乱真、获取观众的信任，同时又游刃有余地避免受到制作人和导演（英国当局）的怀疑。语言则是这场表演的关键要素。

本章探讨了人力情报的两项典型任务：审讯外国难民和潜在敌人，以及执行特别行动处（Special Operations Executive，SOE）的秘密行动。这两项工作的关键都在于，人力情报人员需要通过自己的实际工作表现来塑造自己的身份。基于朱迪思·巴特勒（Judith

Butler，1990）关于性别的开创性研究，理查德·谢赫纳（Richard Schechner，2002)提出，民族身份和文化身份本身就具有"表演性质"，都是人类为了实现特定目标而人为构建的理念，并且都是通过表演的方式得以构建和实施。人力情报人员的表演与任何类似的表演一样，都是根据特定观众的性质决定的。

审讯通常在英占区的建筑内进行，这些建筑有的位于英国控制区域的前线，有的是英国/德国的陆军审讯中心。观众既有外国人（接受审讯的人）又有英国人（即特别行动处官员，他们亲自出席或暗中监控审讯现场）。在执行审讯任务时，情报人员与审讯对象通常是一对一，但由于审讯在英占区进行，英国当局也会密切参与其中，因此也可以说是多对一。但是在执行特别行动处的任务时，情报人员则需要远赴英国之外，在可能数不清的外国观众面前表演。因为没有英国当局在场，情报人员只能依赖观众对表演的反馈来判断局势。罗德瑞克·基德沃德（Roderick Kedward）把人力情报人员这种不同身份之间的复杂交织称为"人格的对话"（1999：139）。他们在执行上述两项任务时，其身份所体现的复杂性也不完全相同。

审讯

根据英国战备机构的要求，典型的审讯员要能够发自内心地表现出对敌人的憎恨。比如，终身致力于审讯工作、绰号"锡眼"的罗宾·斯蒂芬斯中校（Lt Col Robin "Tin Eye" Stephens）就认为自己是一名天生就善于"打破僵局"的审讯员，而不是靠后天培养造就的（Hoare 2000：18；Macintyre 2006）。他认为，实地审讯员最重要的特质就是憎恨敌人的能力："他们首先必须有一种内在特质，就是对敌人持有不共戴天的憎恨之情……任何审讯员都必须将每个间谍视为独立的个体，视为与自己结下私仇的人（Hoare 2000：7）。"斯蒂芬斯本人既具有这种憎恨敌人的能力，还具有远超英国人平均水平的外语能力。他出生于埃及亚历山大港，游历广泛，会说多门外语（流利程度不一）：法语、德语、意大利语、乌尔都语、阿拉伯语、索马里语和阿姆哈拉语。在军情五处工作时，斯蒂芬斯协助建立了一个长期专用于审讯的营地——020营。在他的指挥下，该审讯营于1940年7月开始运作。

其他某些英籍人员在从事人力情报工作之前就已经具备良好的外语能力。例如，约翰（John）[1]几乎是一名"天生的"外语专家，在二战期间担任情报官员，负责审讯战俘。约翰出生于德国，母亲是德国人，四岁时和家人回到英国。在二战爆发前，他曾在一家专利局担任技术翻译。除德语外，他还会讲法语和西班牙语。他于1940年参军，入伍后不久就被招募到英国情报局[2]。约翰由于已经具备了必要的语言技能，因此能够直接开始接受情报和审讯的培训，培训内容主要包括特定课程、工作观摩和"在职"实践培训。当时，情报课程在多个不同的场所（包括军情五处和军情六处）[3]开展，主要是技能培训：了解德国军队，识别德军制服和军衔，处理战地安全事务，以及应对敌军或外国平民。有一部分课程的授课地点位于剑桥大学情报培训中心（Intelligence Training Centre in Cambridge）[4]，内容包括一门审讯课程和专用德语进修课程[5]。在这些课程中，参训人员会拿到几份很长的术语表，上面是重要的德语术语以及相应的英语翻译和解释，其主题都与他们在情报局工作中可能会遇到的问题相关。1943年，约翰被派往开罗接受实践培训："我们共 15 个人的团队对整个德军非洲军团的战俘进行了审讯，这是一次效果极好的训练。我们在那里待了大约一周，总之这次实践培训棒极了！"[6]

　　然而，当局招募的其他审讯员的语言技能水平则要低得多。吉姆（Jim）于 1943 年加入步兵部队，但在二战结束前一直驻扎在英格兰。在英国占领德国几个月后，他被派往德国。在德国，他通过与一位"年轻女士"[7]恋爱，自学掌握了基本的德语知识。尽管"当局在帮助人们学习德语方面几乎无所作为"[8]，但他受邀为同事讲授一些德语，在这个过程中，他本人的德语水平也得到了提高。一段时间后，他得知英国情报局正在招募德语人才来开设情报课程，于是就提出了申请，随后与大约 30 人一起被聘用。对此他说道："情报局默认我们会说德语，没有安排任何考试。"[9]

　　越来越多的非英籍军人也加入了审讯员的队伍：

不仅英国军官参加了这次培训，还有两名波兰人，两三名挪威军官、南非人……有些英国军官也不一定是英国人……有好些是德国犹太人……当然，他们的语言能力可能比大多数英国军官都要好。[10]

　　这些新招募的审讯员很多都是难民。当时，有 1 万多名难民像他们一样加入英军，为战胜纳粹德国贡献力量。这些外国人宣誓效忠英国，被称为"最忠于英国国王的敌国侨民"（Fry 2007：199–223）。弗雷德·佩里肯（Fred Pelican）是一名德国犹太人，在二战爆发后设法逃到了英格兰，并加入了皇家轻工兵部队（Pioneer Corps）（Pelican，1986）。1945 年 5 月之后，他被派去参加情报和法律的强化课程，课程内容涉及如何开展宣誓以及审讯工作：

我上了一门侦查课，学会了如何处理审讯过程中必须留意的重要细节，例如审讯时绝不能打开吊灯，而只能打开台灯，这样你就可以立即看到受审讯者反光的正脸，并根据其表情立即判断出他是在说实话还是在说谎。当局对我很友善，因为他们看到了我的潜力。他们给我发了一台用来拍照的照相机。课上并没有直接谈到暴力审讯的问题。[11]

英军主导的审讯工作主要在三种场合进行：军事作战前线、战后德国监狱，以及二战期间位于英国和国外的专门审讯中心（主要用于获取相关安全情报）。人力情报人员的典型工作情境之一就是审讯被俘虏的敌人，即战俘。在盟军朝西北欧和地中海战场推进的过程中，战俘审讯工作就在紧接战场前线的后方进行。这项工作要求审讯员从战俘那里收集信息，迅速评估信息的价值，撰写具有战略意义的报告，然后处理战俘。这项工作通常由特别招募且训练有素的情报局军官负责，偶尔也会由具备必要技能的士兵（主要是步兵）负责，这些士兵除了履行正常职责外，偶尔也会受命参与审讯。在战争全面爆发后，审讯工作主要由情报局开展，并由其统一仔细规划人员分工。从事这些情报工作的人员通常需要具备外语能力，但前提是具备良好的军事基础技能。

这些在前线工作的审讯员是最先与新战俘对话的人。他们的职责非常具体：从战俘身上获取关于敌军的任何可能具有军事价值的战略信息。此外，他们还要负责筛查被俘的敌军军官，找出可能的战犯，并将其与其他因犯隔离开来，送往专门的审讯室进行进一步审讯。在每一种情况下，审讯员都必须快速获取这些外语信息，并在尽可能短的时间内评估这些信息。在前线，获取信息的速度至关重要，而外语能力则被视为能够达成这些目的所需的专业技能。

约翰在前线的工作经历就是这种在战场上快速审讯的范例。约翰曾跟随前线部队到达意大利。1944 年 5 月，卡西诺（Cassino）战役的最后一战结束后，他与第 19 师一起被派遣到罗马的一个审讯中心。

我当时在第 19 师总部工作，但是我所在的审讯基地位置有点靠前，在前线后方一英里。战俘被捕后，会被直接押送到我这里。我把他们关在一个牢房里，逐个进行审讯。

我审讯的目的主要是了解前方有哪些德军部队，也就是我们在与哪些部队交战。我很容易就能得知这些德军部队的名称，因为战俘的薪资簿上有相应的代码，而我知道如何破解这些代码（他们还以为这是鲜为人知的秘密）。我还必须找出德军军官的姓名，了解他们是长期还是短期驻扎在这些部队，以及在为哪些部队待命。战俘们不愿意告诉我他们的行进方向……我将所有人审讯完毕后，便申请了一辆卡车，将他们押送到情报局总部进行二次审讯——情报局的另一名官员在收到我的审讯报告后，会再次对他们进行审讯。[12]

随着战争的推进，约翰被调往更靠北的战区。在里米尼（Rimini）附近，他发现他审讯的都是比自己级别更高的军官：

我在里乔内（Riccione）郊外的一个营地里审问了德军的高级军官，包括陆军中校、上校和将军。我的工作是找出犯有或者目击了战争罪的战犯……审讯时间长短取决于我与战俘相处得如何。审讯报告通常只有一页，因为我们只记录准确的信息。[13]

约翰后来从里米尼被调往奥地利的战俘营以及格拉茨（Graz）

的 英 国 联 合 审 讯 中 心（Combined Services Detailed Interrogation Centre，CSDIC）开展审讯工作。无论在哪，他的首要任务都是查明受审讯者中是否有高级别的纳粹军官：

> 首先要弄清楚他们是否曾经是纳粹党卫军。这很容易辨别，因为党卫军是精锐部队，其成员在腋下纹有自己的血型。有些人会用香烟把纹身烧掉，这是个非常痛苦的过程。但他们只要腋下有疤痕，就是党卫军。[14]

在二战后期，随着当局与敌军个体的交流需求增加，以及当局越发意识到部队里有大量可能以德语为母语的人，外语和跨文化交际的重要性在审讯中就显得更加突出了。在这一阶段，德语审讯员的职责与前线审讯员的职责大不相同。他们的职责不再只是为了撰写具有战略意义的报告而提问题、收集信息和迅速评估信息的价值。这些会说外语的审讯员所负责审讯的程序更加复杂。他们需要侦查战俘是否涉嫌战争罪，为此收集证据，并为日后的审判准备立案材料。

战争罪的侦查、起诉和审判工作由设于德国英占区内巴特恩豪森（Bad Oeynhausen）的战争罪侦查中心（War Crimes Investigation Unit，WCIU）等机构负责，该中心隶属于英国莱茵河集团军（British Army of the Rhine，BAOR）。战争罪侦查中心的指挥官安东尼·萨默霍夫（Anthony Somerhough）上尉是一名受过正规培训的大律师（barrister），他"个子高大、性格开朗，有着敏锐的直觉和愤世嫉俗的智慧"（Helm 2005：218-19），向英国莱茵河集团军的军法署副署长（Deputy Judge Advocate General，DJAG）报告工作。战争罪侦查中心搜查科的工作人员是"一群干劲十足的纳粹猎人，大多是德国或奥地利来的难民，犹太人居多，他们自愿在这里工作，有着'大海捞针'的本领"（Helm 2005：202-3）。

在战争罪侦查中心工作的外语审讯员固然比在前线工作的审讯员地位更高，但是也肩负着更多的个人和情感负担。维拉·阿特金斯（Vera Atkins）是一名罗马尼亚裔女性，曾在法国学习现代语言，随后移居英国，并成为英国特别行动处法国分部的领导。战争结束后，她加入了德国英占区的战争罪侦查中心，着手调查由她派往法国后行踪不明的特工下落。她参与了一些审讯，根据她的描述，处理审讯工作中发现的信息是十分困难的事情。在审讯鲁道夫·霍斯（Rudolf Höss）时，阿特金斯担任口译员，她后来写道：

> 他不再否认他的身份。当时他被指控参与指挥屠杀 150 万人，但他说那只是计算出来的数字，实际数字超过了 200 万人，差不多是 230 万人。我们当时为此沉默了好久。[15]

随后，她在兰茨贝格（Landsberg）监狱审讯了布鲁诺·特施（Bruno Tesch）。布鲁诺参与发明出了齐克隆 B（Zyklon B）毒气，这种毒气在所有集中营中都有使用。尽管阿特金斯在特别行动处总部有着丰富的审讯经验，但她还是深受这次经历的影响：

> 当我走进这个人的牢房时，我感到自己快要晕厥了，想要马上离开。他阐述了齐克隆 B 的技术细节以及尸体的处置方法。他有大量的人类骨灰，并决定试着用这些骨灰来种植烟草。[16]

随着战争罪案件数量不断增加——1946 年 1 月，已知的战争罪案件数量达 3678 起，战争罪侦查中心拘留的嫌疑人达 1281 名（Bower 1995：205-229）——显然，中心已经很难找到足够的德语审讯员来确保所有案件得到及时审判了。因此，聘用来自德国、奥地利，以及以德语为母语的难民来中心工作就显得非常必要。例如，弗雷德·佩里肯在接受侦查员和审讯员培训后仅两周，就被送回巴特恩豪森的战争罪侦查中心。最初，他与一名不会外语但比他更有资历的侦查员共事，因此他的工作任务主要限于口译。然而，几周后，他被单独派去开展侦查工作，并获得了几乎无限的权力。他的职责包括侦查和审讯被指控的战犯。在每次案件结束，下次案件开始之前，他通常会在巴特恩豪森的办公室逗留，在那里翻译特殊审判所需的准备文件。[17]

某些审讯员的犹太亲属很可能曾在受审讯者的手下遭受折磨，对这些审讯员来说，这项工作显然会带来更大的压力。例如，在侦查布鲁诺·特施案的过程中，弗雷德·佩里不得不面对特施的私人日记：

他详细记述了他性生活的方方面面，这卷胶卷是记录特施和他妻子在花园里进行性活动的照片，可能是由第三者拍摄的。这些照片令人作呕……在我看来，这个男人的脑子有病，令我震惊的是这个人可能还掌握着我成百上千名兄弟姐妹们的命运。[18]

除了在前线和战争罪侦查中心外，审讯工作还在当局设立的特别审讯设施里进行，主要涉及来到英国的难民以及战争罪犯或间谍嫌疑人。这些设施包括接待中心，如维多利亚皇家爱国学校（Royal Victoria Patriotic School，RVPS）；位于肯辛顿宫花园的闻名遐迩的（或者说臭名昭著的）伦敦监狱（London District Cage）；由斯蒂芬斯中校于 1940 年在西伦敦郊区的拉奇米尔故居（Latchmere House）建立的 020 营；以及英国联合审讯中心（CSDIC）的特定审讯中心。维多利亚皇家爱国学校位于旺兹沃思（Wandsworth）的场地由英国内政部的拘留营部门接管，并于 1941 年 1 月 8 日开始运营。新设立这个接待中心的目的是确保安全部门能够彻底检查入境英国的"外国人"，确定哪些人可能是间谍，并把这些间谍送到其他中心进行更详细的审讯，从而获取情报。来自欧洲大陆的入境人员必须提供有价值的情报并通过安全审查，随后才能得到入境协助，并被送往英国各个对应部门。

战争爆发后，英国入境口岸的安全管制员负责从入境英国的外国人身上收集军事情报。1940 年，轴心国控制了欧洲大部分地区，在此之后，任何从敌国或者敌占领土来到英国的人都有可能携带有价值的情报。但是，在口岸收集这些信息很快就被证明是不可能的："这些报告杂乱无章，对情报部门毫无价值。"[19] 难民到达口岸后，通常都被关在监狱里，直到第一班火车发车开往伦敦（Atkin 2003：45）。随后，他们会被直接送到维多利亚皇家爱国学校接受第一轮审讯。维多利亚皇家爱国学校也被称为伦敦接待中心（London Reception Centre，LRC），当时负责"审讯外国难民和流亡人士，收集必要情报并传播难民情报"[20]。截至 1941 年 8 月 12 日，伦敦接待中心或者说维多利亚皇家爱国学校已经运营了两个多月，并已经根据从难民和流离失所者身上收集的情报撰写了 172 份审讯报告。在中心运营早期，从挪威逃到英国的流亡人士源源不断，来自其他国家的则相对少一些："这些男性，有时候也有妇女和儿童，冒着生命危险坐小船来到这里。他们的素质都很高，带来了很多有价值的情报。"[21]

当局曾预测难民会从诺曼底滩头涌向英国，然而这一局面并没有出现。只有少数难民到来，并且都已经接受了当地部队的审讯。因此，到 1944 年底，伦敦接待中心有望精简人员。1945 年 1 月之后，中心有许多官员和职员被派遣到其他地方从事更重要的工作。1945年5月31日，伦敦接待中心最终解散，自成立以来共审讯了大约22000名难民。1941年5月25日至1945年5月31日期间，伦敦接待中心共撰写了2641份情报报告，加上其他补充报告，报告总数共计3768份。这些报告都是多人共同撰写的，通常是基于几次审讯，并与其他部门（海军部、陆军部或者民事部门，甚至还有流亡的外国政府）协商后起草的。相关人员根据详细的受审讯者索引卡，对审讯报告进行了仔细的交叉核对。审讯工作是以受审讯者的母语进行的（审讯员通常会说受审讯者的母语），但是审讯报告是用英语撰写的，并且通常附有补充材料，例如在难民身上找到的草图、地图或文件。审讯报告在定稿之前还涉及大量文书工作。官方文件没有提到审讯工作涉及任何口译/笔译过程。实际上，当局当时聘用了具备多语能力的审讯官，他们可以轻松地用受审讯者的母语进行审讯——这么做或是为了进行安全审查，或是为了收集情报：

> 审讯官应该是年纪稍长的男性，除具有语言资历外，还应该对难民所属国家有充分的了解，如果可能的话，还应该具有不同的职业和专业背景。[22]

这些审讯官受命运用《战争情报》（*War Intelligence*）和《德语审讯》（*German Interrogation*）课程中所讲授的技巧进行审讯，但这些技巧显然是为审讯敌方战俘而设计的。一份关于维多利亚皇家爱国学校的战后报告也指出："显然，审讯员在面对一个态度友好并且乐于提供情报的难民时，必然应该采取与面对有抵抗意志的德国战犯时完全不同的审讯方法。"[23] 为了有效赢得受审讯者的信任和善意，抵消敌人宣传的影响，他们为受审讯者提供了丰盛的食物、良好的住宿环境、热情的协调人员，以及来自其本国政府和英国首相的问候语。一定程度的外语能力显然是成为审讯员的必备条件：

> 外语知识是必不可少的。审讯员不必精通一门外语，毕竟受审讯者知道负责审讯的是英国官员。但审讯员应该确保能够用外语简洁明了地提问。他们即使无法用习语或方言来表达自己的想法，也应该能够正确理解这些习语或方言与官方语言的细微差异。[24]

随着战争的推进，战俘审讯逐渐从整个审讯机制中独立出来，专门在英国联合审讯中心（CSDIC）开展。联合审讯中心的章程规定，其目的是"将特殊的海军、陆军和空军战俘或拘留犯移交至有专门资质的官员处接受全面审讯"[25]。1944 年，预计战俘人数不断增加，军方当局开始考虑如何处理这些战俘以及与之相关的审讯工作。联合审讯中心自 1942 年以来就在英国运营，到欧洲战争结束时，仍然在审讯包括敌军高级军官在内的特殊战俘。第二次世界大战欧洲战争期间，英国当局还在海外各地建立了其他审讯中心以及一些机动审讯小组，地点包括：北非战场（开罗）、地中海战场（起初在那不勒斯，后来在罗马），以及反攻欧洲期间的奥地利格拉茨和比利时迪斯特（Diest）附近。战争结束后，在英国陆军部的支持和军情五处的协作下，英国当局还在德国英占区的巴特嫩多夫（Bad Nenndorf）建立了另外一个审讯中心。该审讯中心一直运营至 1947 年，仿照军情五处的 020 营建立。实际上，020 营的司令官"锡眼"斯蒂芬斯和他手下的一些要员都被调到了巴特嫩多夫，负责运营这个新中心。

在这些新设立的审讯中心里，人力情报人员的工作与前线审讯、接待中心审讯和战争罪侦查完全不同。约翰后来被派往位于奥地利格拉茨附近拉斯尼茨赫厄（Lassnitzhöhe）的联合审讯中心工作，如其所述：

> 在拉斯尼茨赫厄，我们审讯的都是可疑分子，其中大多数都是在流离失所者的营地被抓获的。许多人被查明仅仅是想靠自己的力量回家的士兵，他们可能已经受不了苦等官方来接走自己了。有些人要靠犯罪来获取交通费用。有些人是前党卫军成员，害怕被逮捕后会被无限期地拘留（Oswald 2004）。[26]

这类审讯的关键在于审讯员和嫌疑人之间直接会面的性质。一名审讯员认为，无论被告来自何方、职级高低或是否犯有纳粹的战争罪，要想从他们那里获得人力情报，唯一的方法就是表示友好："审讯技巧就是与他人相处的技巧，让他们觉得你是个好人……我记得，在我整个职业生涯中，只有四名囚犯没有把我想知道的信息告诉我。"[27] 德国或奥地利的犹太难民已经发誓为英国效忠，而且能说一口流利的德语，深谙德国文化，还对德国深恶痛绝，因此他们之中也有越来越多的人能够被聘用为审讯员："我印象中，培训课上只有一两位同学的母语不是德语。"[28]

在审讯期间，审讯员常常很难把握合理获取情报与暴力虐待战俘之间的界限。1948 年，巴特嫩多夫的审讯员理查德·奥利弗·朗厄姆中尉（Lt Richard Oliver Langham）因被指控虐待囚犯和"可耻的残忍行径"而被送上军事法庭（《泰晤士报》，1948 年 3 月 3 日），但最后被判无罪（《泰晤士报》，1948 年 4 月 1 日）。侦查期间，他在接受法庭调查的审问时，如此描述了他的工作方式：

> 我当时收到的指令是，审讯员可以在明确的既定规则内自行决定所采取的审讯方法。我不能使用任何暴力手段，不能干预他们的

生活配给，因为这些都在我的权限之外。我不能私自惩罚囚犯，这方面要经过部门主管授权。[29]

　　在随后的几十年里，联合审讯中心在其审讯系统中广泛采用的另一个特殊方案是监听囚犯间的对话，方法是在牢房的灯具中安装监听用的麦克风。这类监听任务通常由以母语为德语的德国人或奥地利人来进行，他们可以分辨出囚犯的口音和方言，确定每个囚犯来自哪里。在审讯中心，比起对审讯员说实话，囚犯与囚犯之间坦诚相待的可能性更高。因此，监听成为了联合审讯中心的典型方法，也突显出其战略效能。要监听牢房传出的信息，语言中介是必要的角色。这些语言中介实际上是归化的外国人，但其扮演的角色与审讯员和侦查员完全不同。监听员并不与敌人进行涉及情绪的面对面接触，而是隐秘地监听他们的对话，并直接用另一种语言起草报告。富有经验的监听主管会检查这些对话的抄录本和录音，并将其转交给中心的官员进行评估。这些官员决定特定囚犯的命运，或是挑选出需要交给上级部门的信息。

　　每位监听员一次监听两到三间牢房。他们一旦听到有意义的对话便会将其记录下来。有一位监听员是来自柏林的难民，被英国陆军部和军情五处招募来从事监听工作，他先是在英国拉迪默（Latimer）和威尔顿公园（Wilton Park）的联合审讯中心工作，后被调往德国巴特嫩多夫的审讯中心。正如其所述：

　　没有培训……（我的同事们）之前都是难民，他们的母语是德语……在1943年英国当局大量招募新监听员之前，监听员的母语不一定是德语，大多是会说德语的英国军官，但1943年，英国当局意识到部队里加入了许多母语是德语的人，当局可以招募他们是因为他们的德语比英国人要好得多……我们只有在囚犯接受完审讯后才对他们进行监听，这么做收获颇丰。[30]

这位曾是难民的监听员晋升为中士后，被调去负责监督同事的工作，检查囚犯对话的抄录本，然后将这些记录交由一位级别更高的军官检查。这些军官会删除所有不重要的信息，纠正其中的错误，只留下对英国情报部门有用的信息："确实，所有人都能从这份工作中学到知识，但只有那些被认为有能力胜任这份工作的人才会得到晋升。"[31] 如果抄录本中有任何涉及战争罪的内容，其录音就会被标记起来，放到一个特殊的档案室："随后，其他普通军事情报的录音会被销毁，而所有涉及敌军暴行的录音都会被保留下来。"[32]

与在前线不同，在德国和奥地利的英占区开展人力情报工作需要越来越多母语为德语的人员，符合条件的人选大多曾是难民，来到英国后加入了英国陆军。在这些情况下，这些审讯员发现自己在其英国同事和需要审讯的敌方囚犯之间扮演着一种角色。他们实际上是经过归化的英国国民，不再属于敌国，因此语言是塑造他们新身份的一个关键因素：

又是监听囚犯的任务……与在英格兰时相同……与德国人交谈太奇怪了，因为他们假称德国没有纳粹……我们与德国人交谈时，故意带了英国口音，因为我们不想暴露自己的身份。[33]

实际上，不同人力情报工作的性质是由其环境决定的。在战场前线，情报人员需要迅速获取特定的信息；在战争罪侦查中，他们需要为刑事案件收集证据并立案；在审讯中心，他们需要通过面对面的审讯或者隐秘的窃听，辨别出战俘中潜藏的间谍或罪犯。上述各种工作环境所需的语言技能也略有不同，分别是：了解专业/军事术语、具备广泛的德国文化和历史背景，以及具备优秀的听说能力。不同环境对这些外语审讯员所产生的潜在影响也不同。在前线，审讯员与战俘的一对一交流往往是匆忙的、例行公事的，既简短又没有人情味。在战争罪侦查中，审讯工作往往会揭露出滔天罪行，这使得直接接触这些信息的人很难不带有个人情绪去面对正在接受调查的敌人。在审讯中心，审讯员需要在类似监狱的环境下用尽手段从战俘身上获取信息，这可能会营造出一种鼓励暴力和伤害的氛围。

除了语言之外，审讯员需要具备的另一个素质就是对英国当局忠诚。这些外国审讯员必须对祖国文化有着母语人士级别的了解，并且即使在密切接触祖国同胞的情况下，也要能坚定执行英军的命令。在二战期间，越来越多的审讯员来自德国和奥地利难民群体。这些难民通过加入英军共同对抗纳粹，表现出了自己对英国的忠诚之心。他们当时被称为"最忠于英国国王的外国人"（Fry 2007）。这一称谓恰到好处地描述了他们的双重身份——他们离开了自己的祖国，但仍未完全融入新的东道主国。这些难民的母语是英国敌对国家的语言，但正是因为这一点才受到英国当局重视，并被招募到英国的战争机器中从事专门的审讯工作。这也是二战期间英国人力情报工作中的一个矛盾现象。

特别行动处

审讯员主要在英军严密管控的组织内工作，与之相比，特工通常在敌占区"实地"工作，并且常常会遇到一系列截然不同的问题。1940 年夏，英国特别行动处（Special Operations Executive，SOE）成立，旨在"以颠覆和破坏的方式，开展所有针对敌人的海外行动"[34]。

特别行动处以国家为单位实施管理，在每个国家都有相应的分部和专门的员工。以这种方式派遣到敌国领土的特工通常都是一群特殊人才：被选为特工的人必须能够在相应国家以当地人的身份"蒙混过关"（Pattinson 2011：15），同时还要保证忠于盟军，并获得英国当局的信任。要实现"蒙混过关"，最重要的是找到能扮演好相应外国人身份的候选人。特别行动处法国分部负责人莫里斯·巴克马斯特（Maurice Buckmaster）强调，语言能力是这些特工需要具备的首要且关键条件："语言自然是第一道难关……如果我们的面试官认为某些候选人不会被法国人当成法国人，那么有必要从一开始就淘汰掉他们（Buckmaster 1958：26，27）。"法国在伦敦的流亡政府中有不少法语母语人士，但仅仅靠招募这群人并不能解决特工短缺的问题。英国特别行动处与其他国家的流亡侨民之间通常处于非常紧张的关系之中。正如 M·R·D·富特（M. R. D. Foot）（2001：43）所指出："特别行动处的全球工作日志中多次提到，英国人对外国人往往持有一种不信任感，觉得他们的言行也不检点……正如英国人不太相信荷兰人和比利时人，比利时人和荷兰人也不太相信英国人。"就法国而言，特别行动处法语分部完全没有受到法国政府戴高乐主义运动的影响。根据特别行动处与法国政府之间的协议，特别行动处不得招募法国人，只得招募英国人或者加拿大、毛里求斯等英联邦国家的公民。

以特别行动处法国分部的工作为例，当局最初在英国公民中寻求人才，要求其法语口语必须好到足以让他们在法国敌占区畅通无阻。因此，当局对候选人的面试是用法语进行的，时长约为20分钟：

　　在说了一两句英语后，他（面试官）便改说法语，切换过程非常熟练自然，因为他默认所有参加面试的人都精通法语（这在英国人中其实相当罕见）。他非常熟练地询问面试者，他们是如何把法语说得这么好的，最了解法国的哪些地方，以及法国最负盛名的地方是哪里。如果面试者的法语不够好，没有希望扮演法国人进入法国，他就会礼貌地结束面试（Foot 1999：71）。

面试者只有通过了第一轮测试，才有资格参加进一步的面试和考核。但实际上，有些外语一般或达不到母语水平的人也有机会进入下一轮的培训，正如巴克马斯特（Buckmaster）所言："客观来说，我本不应该把罗杰（Roger）招进来。……他的法语有一点口音，词汇量也有限，更重要的是，他看起来和走起来像个英国人"（Buckmaster 1958：115）。哈里·瑞（Harry Rée）的法语词汇量很大，虽然有明显的英国口音，但他仍然认为自己有资格申请加入特别行动处："我们的法语水平比某些来应聘的人要好得多。"[35] 然而，特工如果不具备高水平的外语能力，就可能会危及其自身行动和他人的生命。军情五处在审查特别行动处人员造成的一次安全漏洞事件时，坚持认为这些特工在一开始就不应该被招募进来："代号'骑士'（KNIGHT）一开始就不应该被派去法国，他完全不可靠，对法语一窍不通，给其他在法国为我们的事业而奋斗的人带来了极大的风险"（Murphy 2006：118）。

除了会说法语的特工外，会说其他外语的特工少得可怜。塞尔温·杰普森（Selwyn Jepson）曾负责面试法国分部的特工候选人，他回忆道："在英国，会说意大利语的人比会说法语的人要少，会说其他外语的人更是少得可怜……其他部门都倾向于在外国直接招募特工。"[36] 在这种情况下，当局将目光投向了从外国逃到英国的

难民，其中有不少人懂外语。然而，当局在马恩岛（Isle of Man）的
被拘留者中寻找意大利特工的人选，或是在前西班牙共和国的难民
中寻找讲西班牙语的人时，也曾遭遇挫折。这些候选人的动机似乎
很复杂："他接受这份工作纯粹是为了确保自己能从拘留所获释，
之后就不愿为这份工作再做努力了"（Murphy 2006：28）。还有的
时候，当局完全找不到任何会说所需外语的特工。埃德加·哈格里
夫斯（Edgar Hargreaves）于1942–1943年在南斯拉夫执行任务，他
完全不会说南斯拉夫语，空降至南斯拉夫时只带了一本常用语手册，
深切地渴望能碰上一个能说英语的人。[37]

当局除了看重特工的语言能力外，还必须确保他们是可信的，
即忠于英国王室，而不是为自己祖国未来的自由和解放而战。正如
杰普森（Jepson）所言：

他们忠于法国是没错的，因为这表示他们会反抗占领其祖国的
德国人。但总的来说，我想要他们忠于英国。这样的忠诚最安全，
因为……法国当时处于分裂状态……他们若是仅仅对法国忠诚，对
我们来说并不安全。[38]

与布莱切利园的招募工作类似（见第二章），当局通过在英国
统治阶级的传统关系网中寻求经过口头推荐的候选人，初步解决了
特工的可信度问题：

招募部门多次发布日常招聘启事，在这些人中寻求外语说得好
的人……成功招到了符合条件的新成员。更常见、安全、快捷的方
式是招募老员工认识的人（Foot 1999：64）。

在这种情况下，特别行动处如同一个排外的英国俱乐部，"因
为是会员邀请制"（Foot 2004：41）。虽然杰普森也赞同，当局对

外语水平的要求往往会造成特工在社会阶层上的同质化，就像信号情报人员群体那样——"工人阶级……不太可能达到知识和语言方面的岗位标准"[39]——实际上，很多特工在简历上出彩的地方在于他们具备各种复杂的背景，这是布莱切利园的员工完全不具备的，在当时英国中产阶级中也很少见。比如，代号桑塞姆（Sansom）的特工奥德特·华勒斯（Odette Hallowes）是法国人，嫁给了英国人。罗伯特·博伊特·伯德特（Robert Boiteux-Burdett）的父母都是法国人[40]。正如帕丁森（Pattinson）所说，新招募的特工有各种宗教信仰：犹太教、天主教、佛教、贵格会教和苏菲派教（Pattinson 2011：29）。即使法语是英国学校教授的主要外语（见第一章），为了招募外语水平极高的特工，特别行动处也不得不在英国当局的常规招募模式之外另辟蹊径：

能说一口无可挑剔的法语的英国人非常少，这是赴法特工招募工作中最大的困难。正是因为这种语言上的难题，特别行动处才不得不以高比例聘用父母至少有一方是法国人的特工，或者在法国生活多年、能够完全用法语表达自己的特工（Foot 2004：51）。

特别行动处还不顾反对招募了女性，这一举动在当时是非同寻常的：在空降至法国的 480 名特工中，有 39 名是女性。正如杰普森所述，这些女性有着令人钦佩的"沉着冷静以及勇于面对孤独的品质"[41]。然而，特别行动处招募这些女性特工并不是仅仅因为她们有着这些品质，还因为其中一部分人是嫁给英国人的法国女性，她们有着特殊的身份。根据《1914 年英国国籍和外国人身份法案》（*1914 British Nationality and Status of Aliens Act*），这些女性在法律上被视为英国国民，因此有资格成为特工候选人。

要将新成员培训成为能够执行任务的秘密特工，当局需要向他们传授特工相关技能，鼓励他们不断磨练演技，从而更好地融入他们将被派往的国家。培训的目标是让特工将自己扮演的外国人身份自然地融入自己性格中，而外语能力则是实现这一目标的首要条件。通过面试的候选人会参加为期 3 周的培训课程，学习基本军队知识以及武器和摩斯密码的基本技能。通过组织这些培训，英国当局也有机会观察候选人在不同环境中的表现。对于将被派往某些国家的候选人，英国当局可能是直接以该国语言开展培训课程的："我们仿佛回到了以前的课堂,唯一不同的就是教学语言总是法语"（Buckmaster 1958：30）。英国当局官员也会研究学生能否在社交场合出神入化地扮演外国人，也会观察他们在睡梦中或突然醒来时是否会说英语："他们晚上会走进我们的房间，叫醒我们，拍拍我们的肩膀，看我们有何反应"（Pattinson 2011：55）。实际上，英国当局在整个培训期间都设立了语言督察的角色："学员由所在国别部门的指挥官陪同训练，这些指挥官会讲该国语言，试图与学员交朋友，并且非常细心地倾听学员的问题"（Foot 1999：83）。这些特工候选人日后将被派往不同国家，因此都是在对应的外语小组接受培训，然而，他们并不总是能够通过外语来学会新知识技能："学员们在上课时，往往要一边用眼睛观察老师在做什么，一边用耳朵听口译员在说什么"（Foot 2004：53）。

一部分人成功通过了上述第一阶段培训，接下来还要接受为期 3 周至 5 周艰苦的准军事训练。但是对英国当局来说，在第一阶段培训中被淘汰的人产生了一定的问题。显然，那些未能通过第一阶段的特工候选人已经掌握了有关英国战争战略的秘密信息，这些信息可能对敌军势力大有用处。对于无法被遣返回作战部队的人（通常是非英国公民），当局的解决方案是将他们从本国居民中分离出来，隔离在一个地处偏远的特殊基地。该基地位于因弗内斯郡（Inverness-shire）的因弗莱尔（Inverlair），被称为"牢房"（the Cooler），由军情五处的安全部门为特别行动处设立，主要是用来接收被特别行动处淘汰的外国国民："'各种外国人'还有'中途退出'的人都被送往因弗莱尔，'以确保他们……把我们颠覆敌国的秘密事业忘掉'"（Murphy 2006：35）。来自因弗莱尔的报告表明，这个基地就像一个由不同国籍国民组成的火药桶。当局必须判断，何时把这些被淘汰的人送回社会才是安全的。当局如果让这些被淘汰的外国特工重新回到其本国流亡人士聚集的社区，将会面临很大的麻烦："他们如果重获人身自由，那么迟早会和聚居在伦敦的意大利人接触。在我看来，那些人一定会对这些学员议论纷纷，或是对他们现在所从事的工作浮想联翩"（Murphy 2006：45）。即使撇开安全方面的考虑，有些被淘汰的候选人也由于英语极其糟糕，很难在因弗莱尔以外的地方找到固定工作。实际上，直到1944年11月，还有第一批外国居民住在部分"牢房"里。

候选人成功通过所有培训后，就需要为开展行动做好准备，就像演员为登上舞台做好准备一样。这时，英国当局会重点关注特工的穿着打扮，确保他们在被派往国外后看起来不那么引人注目，符合为他们设计好的身份。特工们的衣着要尽可能真实自然——"我们改了衣服，让特工们穿起来更合身。我们还拿掉了所有看起来像是英国人用的东西"（Pattinson 2007：79）——新的衣物要故意"弄脏"，这样在实施衣物配给制的地区就不会引起注意。特别行动处的新特工空降至国外后，就必须围绕为其专门设计好的角色开展工作。他们要想顺利完成任务，关键在于扮演好新身份。正如弗朗西斯·卡默茨（Francis Cammaerts）所言："你曾过着某种生活，曾是某种身份，但你现在需要成为一个不同的人"（Pattinson 2007：113）。无论在日常生活中还是在被敌人俘虏时，会说当地语言都是生存的关键。一名特工曾被盖世太保怀疑为特别行动处效力，她记得，负责审讯她的人所采取的主要策略之一就是试图通过说英语来让她露馅（Pattinson 2007：158）。这些特工要想在外国存活下来，取决于他们是否愿意扮演好为其专门设计好的外国人角色，并且让自己完全且本能地融入这一角色。

人力情报部门通常在英军管控的场合工作，并且与英国当局有着密切联系。与此不同，特别行动处的特工需要在外国开展行动，只能偶尔通过无线电和加密信息和英国上级进行通信。这种通信必然困难重重。特别行动处总部的员工要能发现所收到信息中的任何细微异常，因为这些信息可能表明，有特工处于危险之中，或者在最坏的情况下，已经被敌人俘获并"策反"。有的特工采用了在英国较为小众的外语进行通信。实践证明，特别行动处伦敦总部员工在解读这些通信时，由于外语能力有限，既可能正确解读出特工的实际遭遇，也有可能会产生误解。在"英格兰斯皮尔事件"（Englandspiel affair）这场发生于低地国家①的灾难中，德国人不仅

---

① 译者注：低地国家（荷兰语：de Nederlanden，法语：les Pays-Bas），又译低地诸国（英语：Low Countries），是对欧洲西北沿海地区的称呼，广义包括荷兰、比利时、卢森堡，以及法国北部与德国西部；狭义上则仅指荷兰、比利时、卢森堡三国，合称"比荷卢"（Benelux）或"荷比卢"。

渗透了特别行动处的组织网络，还逮捕了超过 27 名特别行动处的特工，并控制部分组织直到 1942 年。这一事件以严重的形式显示出，语言表达与情报安全息息相关。例如，利奥·马克斯(Leo Marks)认为，特别行动处伦敦总部荷兰分部迟迟未发现德国人已完全控制了被派往荷兰特工的组织网络，部分原因在于总部严重缺乏荷兰语人才：

"如果荷兰分部的人今天仍然在岗，他们会要求被派往荷兰的特工做例行汇报，但特工一定不会用荷兰语回答，因为总部只有一名成员会说荷兰语"(Marks 1990: 131)。尽管 M.R.D. 富特（M.R.D.Foot）否认了这一事实，指出有的特工会用荷兰语传讯，但很明显，如果那些在低地国家执行任务的特工遭遇任何不测，他们会通过语言表达上的细微异常来为总部敲响第一个警钟。在一名特工传回的信息中，荷兰语"Prijs"（价格）一词被拼成了德语的"Preis"。总部尽管注意到了这一点，但显然没有放在心上。同样，这名特工在荷兰语中用"slagwoord"来表示"密码"一词，这在以荷兰语为母语的人中很少使用，更像是"从德语'Schlagwort'一词直译过来的"（Foot 2001: 174 ）。特别行动处对敌人的渗透反应迟钝，因而在低地国家的行动中受挫。酿成这场悲剧的原因之一显然是伦敦总部的外语人才有限（见 Murphy 2006），还有一个原因是，在语言以及密码和解密等安全事务上，伦敦总部未能与其派往国外的特工达成共识，因而未能建立有效联系。

总结

特别行动处的特工需要精通外语，完美扮演外国人角色，还要能够在外国以当地居民的身份"蒙混过关"。要招募符合这样条件的特工，英国当局即使在英国中产阶级的传统社会和政治圈中也很难找到合适的人选，只得另辟蹊径。英国信号情报部门的成员则大多来自受过良好教育的英国中产阶级（见第二章）。对于接受英式传统教育的人而言，流利地说一口接近母语水平的外语无疑是一个极为苛刻的要求（见第一章）。实际上，特别行动处聘用的特工有一个典型特征，就是具备多元化的经历。这些特工虽然有一部分也具备媲美信号情报人员的教育和社会背景，但是这些人大部分都处于中产阶级的边缘——有的是嫁给英国人的外国女性，有的是在英国生活过的外国男性，还有的是流亡人士或曾被拘留的人。即使是少数来自英国上流阶层的特工，他们在战前从事的也都是当时对英国人而言比较罕见的工作——巴克马斯特（Buckmaster）毕业于伊顿公学，战前曾在法国担任福特汽车公司的总经理，为期四年，还当过法国报纸《晨报》（Le Matin）的记者。[42] 用布迪厄（Bourdieu 1977，1993）的话说，以外国人的身份"蒙混过关"，伪装成敌人或在敌军占领的盟国伪装当地人，都意味着特工需要形成外国人的"习性"，这是一个依靠本能而非意识的过程，也不是能被教会的。能够成功做到这一点的人往往没有接受过英式传统教育，并且具有多元化的社会背景、教育背景和经历。他们通常要独立完成这场关乎外国语言和文化的表演，虽然不受英国当局全盘控制，但也得不到当局的日常支持。

相比之下，审讯员则在当局控制的区域内——英国领土或英军占领的领土上——履行明确的职责。在战场前线的快速审讯工作中，外语技能十分重要。出于可信任度考虑，英国当局为此聘用的是懂外语的英籍审讯员。然而，随着战争的推进，英国当局与敌人的接触日益增加，需要针对战俘和战争罪嫌疑犯进行更长时间的审讯，即进行更多持续性的交流，从而获取重要情报。在这种情况下，英国当局越来越倾向于聘用以外语为母语的难民。这些难民也加入了英军，被称为"效忠英国的外国人"，这一称谓也体现出他们在情报组织中的地位仍然是边缘化的。他们既不完全属于自己的祖国，也不完全属于新的东道国，而是扮演着双重的角色。对于英国来说，他们仅仅在情报部门扮演着外语审讯员的角色，而从未完全成为英国社会的一员。有些审讯员是曾被拘留的德国人，他们在情报部门扮演的角色是恰好会说德语的"英国人"。他们尽管将自己与德国同胞区别开来，并重新取了英国名字，但仍然不可避免地保留着德国的印迹。正如一位难民说道："（我们）永远都是难民，永远都是移民。即使能把英语学得很好……也无法用英语写诗……对语言有着与英国人完全不同的态度。我们永远不会失去记忆。正如说话会有口音……我们会记得，记得自己是谁。"[43]

第四章

口舌之战：以外语发动心理战

战争与对话

外语和英国在欧洲的战争活动

（1940-1947）

自战争爆发之初，英国当局就有一项关键任务——发动心理战，即说服西欧敌占区的人民继续斗争下去，告诉他们虽然当时的局势对盟军不利，但敌人尚未取得决定性胜利。抵制敌军向敌占区人民思想灌输，宣传盟军思想，以及通过"当面沟通"的方式来赢得民心，这些都是提振士气的重要举措，对于赢得战争胜利具有不可替代的战略意义。这场特殊的战争涉及政治宣传和说服民众，以语言为主要武器，必将是一场"口舌之战"（war of words）（Briggs 1995：3）。

本章从语言层面探讨了这一心理战的两种表现形式：首先，如何解读英国当局从欧洲大陆以外向欧洲敌占区播送的广播？其次，盟军在开展解放和占领欧洲的军事行动时是如何发动心理战的？

截至 1945 年年中，英国广播公司（BBC）运营的广播语言数量达 45 种，每周广播时长达 850 小时（Mansell 1982：123）。以 BBC 法国广播为例，1940 年 9 月，每周广播时长仅为 17.5 小时，1941 年 9 月增至 28 小时，1942 年 9 月增至 35.5 小时，1943 年 9 月增至 39.5 小时，1944 年 9 月增至 43.75 小时（Brooks 2007：53）。外语广播基本上随着西欧和北欧的战事进展而发展。每当有新的国家被直接卷入战火，BBC 就会新增该国语言的广播节目。因此，荷兰语的每日新闻简报是在低地国家被入侵前一个月才新增的。到 1940 年末，比利时人能每隔一晚收听到佛拉芒语和法语的广播，阿尔巴尼亚人能每天收听到时长为 5 分钟的广播，冰岛人和马耳他人能每周收听到新闻通讯（Mansell 1982：104）。那么这场声势浩大的外语广播活动是如何策划出来的？外语本身又在其中扮演了怎样的角色？

当时，欧洲这场"口舌之战"主要由海峡对岸的英国发起。然而，随着欧洲大陆逐渐得到解放，战场前线的盟军也开始制定心理战的相关政策和指令，直接面向持续收听 BBC 定期广播的欧洲听众开展心理战。本章针对盟军占领和解放意大利期间所开展的"实地"心理战进行了案例研究。随着盟军向意大利北部逐渐推进，战线逐渐前移，盟军在行动期间持续发动的心理战产生了什么样的效果？意大利战役从最初就显示出两个典型特征：心理战是盟军占领 / 解放行动的基本组成部分；在这场心理战中，发挥最大作用的传播媒介既包括广播（口头语言），也包括分发给民众的传单（书面语言）。

"口舌之战"既可能是由英国发起的，也可能是由战场前线的盟军直接发起的，但有一点是肯定的：发起者无论是何方，都有必要研究如何与听众实现有效沟通。为了更好地与"异国人士"（the other）沟通，英国当局会选择哪些语言，或者说会将英国的声音翻译成哪些语言？在开展说服民众和政治宣传的行动中，无论是 BBC 这样的跨国广播公司，还是意大利战场前线的本地广播组织，其首要任务都是决定用哪些语言来向欧洲人民传递声音。

外语和广播

位于伦敦的英国当局如果要用外语播送广播，就会引发很多错综复杂的政治问题，涉及权力、管控以及真实性等方面。英国当局需要用哪种语言，又需要传递谁的声音？ 1940 年，敌方政府（纳粹政府或其扶持的傀儡政府）在欧洲敌占区以各种方式侵蚀或吞并了当地语言。在这种情况下，敌占区国家的母语在某种程度上已经被敌方扭曲，使其与当地民族和文化的传统背道而驰。早在1940年8月，参与法国抵抗运动的让·特克西耶（Jean Texcier）就指出，他和同胞们在报纸上读到的以及在广播中听到的法语都带有明显的外语色彩，这种法语是由那些仅仅名字像法国人的敌方统治者捏造出来的："如果有人想学习正规的法语，他们最好别去读报纸。现在情况变得更糟了，巴黎的报纸甚至都不是用法语起草的（Texcier 1940）"[1]。因此，盟军用法语进行广播，在某种意义上是为了改变法语的处境，将法语从敌方的话语体系中解放出来。然而，英国当局面临的问题是，即使其采用了代表盟军意志的"新"法语进行广播，这种法语也必然会带有粉饰，成为英国为其想要传达的信息包裹的外壳，毕竟英国对于法国而言也是外国（尽管是盟国）。在心理战中，伦敦的盟军控制了广播媒介（无线电发射设备）和所有广播信息。但广播节目必须要以各国的语言进行播送，并且要达到完全说服对应国家听众的效果，塑造出一种真实可信的声音，从而对抗敌方政府所主导的政治宣传。因此，BBC试图通过广播在敌占区人民心中创造出一个与其实际祖国平行的国家，即"理想国度"（imagined community）（Gorham 2003：4；Anderson 2006），以此鼓励敌占区人民认同一套全新的价值观和期望。

　　盟军在构建上述理想国度时，无论如何都需要在一个被各种语言高度渗透的区域播送广播。在这个过程中，欧洲敌占区的听众既有可能收听某种语言的广播，也有可能改为收听另一种语言的广播。"拨动转盘"，以及"交叉收听"和"窃听"其他国家的频道都是很常见的现象（Briggs 1995：163）。英国当局认为，欧洲大陆上有许多人都懂不止一种语言，例如，在中欧国家，有很多人既懂德语也懂法语（Mansell 1982：91）。一份丹麦方面的调查报告表明，懂英语的丹麦人收听了 BBC 的英国国内频道，其中许多人也收听了瑞典语的广播（Bennett 1966：51, 178）。英国政治战指挥部（Political Warfare Executive，PWE）则表示，"很多比利时人收听了 BBC 向法国和荷兰播送的节目"。[2] 显然，交叉收听的确切范围是很难量化的，因为这需要先对欧洲各国人民的外语能力进行评估。为了进一步了解这一现象，欧洲情报局（European Intelligence Department）向到达英国的外国人询问了他们收听其他国家广播的情况。例如，欧洲情报局向到达英国的法国人问了以下问题："你们之中大部分人收听 BBC 在以下哪个地区播送的英语广播：a）英国国内；b）欧洲地区；c）其他海外地区；是否有某些特定阶层（请具体指明）比起收听 BBC 的法语广播，更喜欢收听英语广播？如果是，原因是什么？"（Cornick 1994：351）。1941 年，一份法国方面的报告指出，阿尔萨斯人主要收听 BBC 的德语广播，法国东南部人民主要收听意大利语广播，布列塔尼人偶尔会收听以威尔士语播送的英国国内广播（Brooks 2007：123）。

英国当局当时尚不确定有多少法国人能听懂英语广播。据估计，法国学校每年向大约 13 万名学生提供实用英语教学，这表明"有大量潜在的听众能够听懂我们播送的英语广播"（Brooks 2007：123）。但是，1942 年的一项研究得出的结论是："法国人对于学习外语并无热情。在 4200 万法国人中，能听懂英语广播的人可能只占 1.5%"。1944 年 4 月，一项重复研究得出的结论是，德语广播的交叉收听率约为 4.5%，意大利语广播约为 2.5%，威尔士语广播约为 0.5%（Brooks 2007：123）。然而无论确切的数字是多少，人们存在交叉收听电台广播的行为，这说明广播的受众是多语的。英国当局如果要在这种情况下播送广播，就必须遵循欧洲大陆的多语制："如果一些较小的同盟国在 BBC 没有相应语言的广播……这些国家的人民就无法从这些广播中感受到国际联盟（United Nations）的纽带。[3]

英国当局在制定心理战策略时需要遵循多语制。然而，应该广播什么内容，以及由谁来把控广播内容才是真正棘手的问题，这一点从参与其中的英国机构范围之广就可见一斑。正如蒂姆·布鲁克斯（Tim Brooks）（2007）所说，心理战初期，英国信息部（Ministry of Information）、外交部（the Foreign Office）、秘密情报局（Secret Intelligence Service）和 BBC 之间都在不断内斗，试图争夺整个宣传组织的领导权。随着政治战指挥部（PWE）于 1941 年 9 月成立，尤其是 PWE 于 1942 年 3 月搬进 BBC 所在的布什大厦（Bush House）后，各方在心理战政策的制定方向上逐渐达成一致。尽管心理战组织的架构变得更加精简了，但 PWE 制定的政策仍然无法明确地为实际的广播内容制作提供明确指导。PWE 理事会并不参与直接管理 BBC 欧洲广播联盟理事会，即无法确保其所发布的政策、指南和指令得到了 BBC 方面的落实。此外，BBC 欧洲理事会根据 PWE 的指令制定各语种广播的总指导方针后，该方针却经常受到实际负责特定地区广播工作的分部工作人员的质疑和反对。BBC 欧洲新闻编辑诺埃尔·纽瑟姆（Noel Newsome）把各地区分部形容为"毫无凝聚力的散兵游勇，完全按各自制定的计划和目标行事"（Brooks 2007：

28）。随着战事的推进，不同分部从未听从任何统一指挥，各分部之间的关系很大程度上取决于各分部负责人的性格，以及各分部之间的联络方式（Briggs 1995：386）。

英国当局除了要处理决策过程中的内部纷争之外，在面向敌占区播送外语广播时，还需要处理同盟国之间的敏感关系，特别是那些在伦敦的各国流亡政府的诉求——这些政府完全有理由参与制定给其祖国传递的信息。PWE 在规划针对荷兰的政治战时，最初就意识到：

在荷兰政府同意与我们在政治战计划上达成合作之前，我们需要非常妥善地处理与荷兰政府的关系。我们应该妥善安排各项事宜，让荷兰政府信服。[4]

挪威政府似乎认为："挪威境内所有情报、政治宣传和政治战活动都完全应由其负责"[5]，因此，在协商期间，PWE 必须将其在挪威的相关活动描述为与未来的盟军解放行动直接相关，"以此来消除所有认为 PWE……试图在挪威开展'外国政治宣传'的疑虑"[6]。

另一方面，BBC 也意识到，由于许多外国听众的政治观点不明确、不稳定，有必要确保这些听众不至于误信 BBC 的"外语广播是由流亡人士运营的……服务于流亡人士而非英国当局"（Mansell 1982：107）。例如，一份丹麦方面的早期情报报告记录道，丹麦听众因听到太多关于丹麦解放运动（Free Danish movement）的内容而感到不满："这不仅引起了不满，还让人感觉 BBC 的丹麦部门被丹麦解放组织'控制'了，如同少数流亡海的外丹麦群体的口舌。"（Bennett 1966：35）在发动政治战的过程中，BBC 和流亡群体之间往往会产生较为紧张的关系。最著名的例子就是，BBC 的法语分部并不会听命于流亡伦敦的自由法国（Free French）政府，其中，来自英国的法语编辑达西·吉莉（Darsie Gillie）甚至删减了戴高乐将军某期广播节目的一部分（Mansell 1982：108）。就挪威流亡政府而言，挪威国家广播管理局（Norwegian State Broadcasting Authority）要员到达伦敦后，关于其是否应全权接管对挪威的广播，双方产生了争议。最后达成的折衷方案是，将挪威广播新闻部（Norwegian Radio News Department）负责人临时调派到BBC，而其工资则继续由挪威流亡政府支付（Mansell 1982：112）。

　　然而，无论英国政府与流亡伦敦的各国政府之间是官方还是半官方关系，广播内容都必定要经由英国政府起草并审批，之后才能用外语传递出去。在这种情况下，这些广播可以说是以欧洲大陆各国语言为面具，掩盖了其实质——由欧洲大陆之外的英国势力传递出的信息。英国政府的意志与充当其面具的外语之间是存在着矛盾的，这体现在外语播音员的选择问题上。显然，播音员在播报外语广播时必须听起来像母语人士，尽管他们播报的内容都是经英国当局审核后从英语翻译成外语的。外语水平能达到要求的英国播音员只占少数，例如，威廉·皮克尔斯（William Pickles），曾主持一档面向法国工人的早间节目；J.G.魏特曼（J. G. Weightman），曾担任法语播音员；以及埃德加·亚当斯（Edgar Adams），"带有爱尔兰和勃艮第的混合口音"（Mansell 1982: 134），曾担任体育节目播音员。从听众的反馈中，英国当局很快就发现播音员有口音，或广播内容存在翻译问题，这些问题有时可能会影响广播的真实性："一位听众写道，'您的法语其实不错'，同时指出新闻简报中一处反复出现的严重误译……听众的反馈里通常是对电台播音员的赞美，但有

时候也会指出他们在连诵（liasions）时的错误。"（Cornick 1994）

因此，大多数播音员都是以外语为母语的人士。但是，他们在某种意义上必须要能够融入英国的战争机器之中，并且要安全可靠。这群播音员通常都来自 20 世纪 30 年代逃难到英国的难民群体，并且在战争爆发之初都曾被当局扣押。例如，埃利奥·尼西姆（Elio Nissim）是一名犹太律师，于 1938 年离开意大利，1939 年被英国归类为敌国侨民，并被押送至马恩岛，1942 年获释后被分配至 BBC 意大利语分部的谈判部门工作（Adamo 1996）。在 20 世纪 40 年代以后到达英国的外国人也可能被聘用为播音员。例如，米歇尔·圣丹尼斯（Michel Saint-Denis）曾是英国远征军（British Expeditionary Force）的联络员，到英国后摇身一变成为播音员，化名为雅克·杜切斯尼（Jacques Duchesne）。当时，他在韦茅斯（Weymouth）等待被遣返回法国，随后 BBC 法语分部的高级谈判助理联系上了他，邀请他加入 BBC（Mansell 1982：125）。最终，BBC 外语广播业务所在地布什大厦（Bush House）变成了一个独特的多语机构，其中，以外语为母语的人士大多被分配到相对独立的国别小组中，与特定的英国同事一起工作。

尽管如此，英国当局仍然规定，外语播音员仅能播报经英国当局起草并审核通过的信息。每则外语新闻简报在播出之前，都需要由当天的政策编辑（policy editor）核查和盖章。首先，外语播音员和译员会被分到一组，并在一名轮值审查员的监督下工作。这些审查员是"公认可靠的英籍外语专家，工作是确保翻译准确，以及广播内容与文稿一致"（Mansell 1982：81）。BBC 欧洲分部的广播实际上并不是什么秘密，因为英国人只要愿意就可以收听这些广播。

尽管如此，即使是国会议员也很难获得广播稿及其译稿："这其实意味着，如果不实时收听广播或不懂这门外语，就无法得知广播的内容。"（Brooks 2007：53）

从听众的角度来看，广播是否具有真实性并不取决于广播是否用他们的语言播送，而取决于广播内容的基调。PWE 和 BBC 最初采取的策略是选择普适性的主题进行广播，以此表达希望，展望更美好的未来。例如，在比利时（广播内容需要翻译成两种外语），PWE 决定：

最好的补救方法是不再播报历史，因为过去的问题太复杂了。我们应该让比利时人相信，我们充分认识到并且赞赏他们在与我们并肩作战时所发挥的作用，并相信他们未来将发挥更大的作用。[7]

因此，在政治宣传的主题中，45% 和希望相关，40% 和仇恨相关，10% 和个人利益相关，剩下 5% 和自尊相关。[8] 在荷兰，PWE 再次把政治宣传的重点放在了未来以及荷兰人将可能发挥的积极作用上：35% 的主题是盟军必胜，20% 是对德国人的仇恨，20% 是荷兰人如何坚决斗争，10% 是盟军胜利会给荷兰带来怎样的未来，剩下 15% 是荷兰本土人民能为盟军更快赢得战争胜利做些什么。[9]

其次，新闻广播的内容必须特别准确可信。英国各机构在就此进行讨论时，花了很多精力来让 PWE 官员相信，播报源自秘密或来历不明的新闻实为不明智之举："很快我们就知道……新闻的受众越广，我们就越要保持谨慎，确保内容真实可靠。看似无意为之的报道失实，或是立场上的有失偏颇，都造成了十分严重的影响"（Mansell 1982：90）。早在 1940 年 7 月，从法国方面的反馈中得出结论：BBC 新闻最受人尊敬的地方就是其准确性："BBC 新闻能够得到赞赏，本质上是因为与法国电台相比，其提供的新闻更多，'加工'更少……在 BBC 这种实事求是精神的影响下……收听敌台的人们明显减少了"（Cornick 1994：349）。1945 年 5 月，一份关于法国"白色宣传"结果的调查报告总结道，BBC 法语新闻的反响最好，"因为不论局势好坏，其报道都始终保持准确"。受访者举出的典型例子是黎巴嫩危机时期的 BBC 广播："因为当时的广播观点坦率，没有经过删减，提供了法英双方的观点。"[10]

此外，广播内容必须完全基于欧洲敌占区各国的国情。例如，在 BBC 丹麦语分部，对于播报的新闻应该包含多少丹麦听众熟悉的内容，部门内部当时有很大的分歧。1944 年春，在一份矛头直指 BBC 的报告中，相关人员在斯德哥尔摩监测了 BBC 的丹麦语新闻，并指出在某一天（1944 年 3 月 10 日），BBC 丹麦语分部当时尽管显然有 7 则丹麦本地新闻可以播报，但全天只播报了一则与丹麦相关的新闻（Bennett 1966：180，181）。一份针对 1943 年 12 月所有 BBC 广播的分析报告表明，在 BBC 丹麦语分部所有广播中，本地新闻只占 11.36%，而在挪威语分部中，这一数字是 20%，荷兰语分部中为 21%，比利时语分部中为 40%（Bennett 1966：188，189）。不过截至 1944 年底，丹麦本地新闻在所有丹麦语广播中的占比上升至 29% 左右（Bennett 1966：197）。

显然，要播报真实的本地新闻，BBC 需要了解各国情况，这只能依赖于可靠的情报渠道。在这个领域，BBC 的欧洲情报部发挥了至关重要的作用。该情报部的人员监测着法国、法属地区、比利时、荷兰、卢森堡、西班牙、葡萄牙、巴尔干半岛国家、捷克斯洛伐克、德国、波兰、斯堪的纳维亚半岛国家，以及苏联的情况。情报人员通过阅读上述各国的报纸来监测这些国家的舆情，获得原始情报——例如，英国驻里斯本大使馆会将法语报纸制成缩微胶片，然后传到 BBC。同时，情报人员还会广泛监测敌占区的无线电广播。他们每天监测的新闻简报涵盖 30 个语种、约 250 个电台；1941 年，每天从监测信息中摘录下来的文本已达约 10 万字（Mansell 1982：99）。

BBC 还可以通过采访刚从外国回到英国的人来了解相应国家的实况，这也是另一个主要的信息来源。随着时间的推移，英国信息部开始为 BBC 提供这些抵达者的名单。他们在通过安全审查（可能会持续数月）后，会受到相关人员的追踪和采访，并根据要求填写一份详细的问卷：

请指明您离开法国的日期，并具体说明您在离开前曾到达法国哪个或哪些地区。请指明您在以下每个或所有回答中所提及的法国人的职业或社会属性（农民、工人、小资产阶级、上流资产阶级、专业技术人员、知识分子、青年、妇女等），不胜感激（Cornick 1994：351）。

1940 年至 1944 年，共 511 位从法国抵达英国的人受到采访，这些人包括被遣返英国的人、布列塔尼渔民、爱尔兰牧师、英国学生、外交官和作家。

BBC 之所以能够以其报道真实性响彻人心，还有一个重要原因，BBC 与远在敌占区的听众之间建立了一种互相认可的互动关系。以法国为例，法国听众可以给 BBC 写信，对所听到的内容做出反馈。在法国沦陷前后（1940 年 5 月至 6 月），BBC 在广播上呼吁听众尤其是农民和工人来信，随后收到了 853 封信件。直到 1940 年德法停战前，来信的听众都收到了以 BBC 为抬头的回信。截至一年后，即 1941 年 7 月，BBC 收到了 193 封来信。这些来信不仅可能包含有用的情报，还使得 BBC 与听众之间建立起一种互动关系。BBC 在随后的广播中对部分来信表达了感谢。BBC 法语分部后来还推出一个名为《法国的来信》（Courrier de France）的短节目，在节目中，播音员会宣读听众的来信并予以回应（Cornick 1994：322）。

　　这场心理战的核心特征在于，英语与其他语言所代表的权力是明显不对称的。BBC 欧洲广播局（BBC European Broadcasts）局长曾指出，BBC 的广播中"各种不同语言的声音不甚嘈杂，几乎没有共同灵感"[11]。而事实恰恰相反，BBC 在所有外语广播中都试图传达出共同且一致的信息，因为这些信息最初都是以英语构思并起草的（基于一份英语模板），随后才被翻译成外语。这一过程本身就很复杂。每日新闻的文本需要先以英语编写好，并在经过英国各相关机构（外交部、信息部、PWE）讨论并达成一致意见后，才会被翻译成其他语言。正如助理主任所述：

　　英语版本（的新闻报道）被送到各语种分部……（编辑）随后会从中挑选出特定的材料，复印后交给译员。具体来说，广播开始前一个小时左右，编辑会从英语版本的新闻报道中摘录出新闻简报的内容……并送至翻译室。译员会将材料翻译好，制成一份（外语）副本，然后在广播开始前五分钟，将这份副本送至播音室。[12]

　　BBC 欧洲理事会与各语种分部（以法语分部为典型）之间的关键博弈之一在于，在这些用英语构思、从英语翻译过来的新闻稿之上，各语种分部有多大的自由发挥空间。对于 BBC 欧洲理事会来说，任何带有过多他们所谓"地方色彩"的内容都涉嫌宣传"地方政治"

（parish politics）："法语广播在定位上必须是整个欧洲的广播……也就是用法语播送……的欧洲新闻。因此，法语广播必须充分传达英国政府计划对欧洲各国传达的政治宣传路线。"[13] 所有广播的共同主题被称为"欧洲"，但 BBC 的骨干员工则认为主题其实是英国："各方面的'英国投射'（Projection of Britain）必须在主题中逐渐占主导地位……必须通过广播来证明，伦敦是欧洲思想和文化的中心。"[14] 而对于法语分部的员工而言，最重要的是让听众感受到"陌生感中的一丝熟悉感"（Launchbury 2012：169），让"家人或朋友共享美好时光，形成聚在一起听电台的怀旧回忆"（Luneau 2005：300）。

在实践中，管控所有语种的广播内容对于 BBC 而言是一个巨大的语言挑战。首先，鉴于很少英国人的外语技能可达到 BBC 播音工作的要求（BBC 欧洲理事会主任曾说这类人是"凤毛麟角"），所以 BBC 的大多数播音员都是外国人。在 BBC 法语分部，虽然主要管理职位（编辑、经理、谈判官员、副编辑、语言主管、语言情报主管）都由英国人担任，但外界的批评指出，这群英国人似乎越来越"本土化"了，因为他们"逐渐掩盖了英国之声（the Voice of Britain）……所传达的信息具有过于明显的地域色彩，完全看不出有任何英国的痕迹……大多数分部的部长和编辑都更为'地域化'，甚至与我们共事的外国人都比他们更像英国人"[15]。BBC 法语分部（以BBC 最独立的分部著称）似乎并没有传达真实的"英国之声"，而是在"以法国人的角度解读"[16]。在诺曼底登陆前的几个月里，这场争论愈演愈烈，BBC 欧洲广播局的局长甚至威胁说要辞职，除非让 BBC 法语分部改变其公然倒向法国的立场，而他认为，实现这一目标的唯一方法就是成立另一个能够与之抗衡的法语广播部门，并令该部门的广播内容完全服从英语稿件的原意，从而"向法国传达英国的观点……而原法语分部在这方面不尽如人意"。

BBC 欧洲广播局局长等人认为，要确保欧洲人民在战争中能听到真实的英国声音，唯一方法就是确保这些广播是由英国人用英语起草的："法国人可以描述我们在闪电战中的表现，但只有我们才能表达我们在其中的感受。"[17] 他们认为，广播文稿最好先用英语撰写，然后再翻译成法语，进行播送：

我认为，在许多情况下，由英国人撰写、法国人朗读的演讲稿比由法国人撰写的演讲稿更能塑造英国的形象。出色的译者可以保留原文本的精髓，而出色的读者则可以从文本中充分解读出作者的特色。[18]

1943 年 10 月 4 日，这项新的"欧洲法语广播分部"即将上线，主要播报欧洲人民共同关切的更广泛、更宏观的问题，并且融入了英国的观点，明确与当时具有法国特色的 BBC 法语分部（法国当地新闻将继续由成立多年的 BBC 法语分部播报）区分开来：

我们将启动这项涵盖新闻、信息和评论的广播服务。如此一来，欧洲大陆各国说法语、懂法语但不懂英语的人都会有机会了解英国对欧洲各项问题的看法。[19]

在外语广播应具备多少"外国"色彩的问题上，英国与其欧洲盟国的决定权是不平等的。根据 PWE 的讨论结果，新闻原稿在采用英语构思并起草时，应该涵盖富有"希望"的主题、准确的新闻以及各国或各地区的故事，随后再翻译成外语，由以外语为母语的播音员播报。但某些播音员认为，更好的做法是撰写更符合其国家文化背景的新闻稿，或者将英语新闻稿按照其母语的风格稍作修饰，使新闻稿读起来更能抑扬顿挫，如此才能确保广播所传达的"理想国度"是根据其独立祖国的形象而不是英国的形象塑造出来的。欧洲大陆解放后，PWE在评估BBC的广播对法国的影响时，承认BBC的法国员工经常不愿意遵循这些用英语构思的新闻稿：

> 杜切斯尼（Duchesne）领导的法国团队十分出色……似乎不愿意站出来为我们歌功颂德。这当然不是因为他们不喜欢英国，而是因为他们不太确定自己在法国民众中的地位，担心自己表现得过于亲英。[20]

不论BBC的广播看起来多么成功，其工作都不涉及与正经历着战火和解放的欧洲人民直接打交道的问题。随着盟军登陆欧洲的日期迫近，心理战必须转移到真实战场上，直接面向外国民众，解决在欧洲大陆解放过程中将要产生的一系列问题。在这个过程中，欧洲各国的人民会更仔细地审视盟军的行动和言辞。正如PWE在1944年春所警告的那样："盟军把政治理念带到了荷兰，而没有带去食物，荷兰政府对此表示严重关切……"[21]

"实地"心理战

意大利心理战在许多方面都可被称为欧洲战场心理战中最复杂的案例之一。盟军在成功驱逐占领法国、比利时和荷兰的纳粹军队和傀儡政府后，让各国战时流亡政府回国，并在其基础上建立了盟军地方办事处，上述国家因而成为了"被（盟军）解放"的国家。德国和奥地利显然是"被（盟军）占领"的国家，战后最初由盟军军政府（Allied Military Governments）管理，随后交由盟军管制委员会（Allied Control Commissions）管理。但意大利的情况则完全不同：首先，作为轴心国之一，意大利本应是"被（盟军）占领"的国家，但是在盟军攻入意大利后不到两个月，意大利就与盟军签署了停战协议，成为战时盟国（co-belligerent）之一。基于这个原因，盟军与意大利当地抵抗组织之间也建立了合作关系，因此盟军将意大利也视为"被（盟军）解放"的国家（Ellwood 1985：49–67）。[22] 意大利是盟军在欧洲大陆上进攻的第一个敌国，因此在很大程度上是随后的心理战和政治宣传行动的试验田。盟军解放和占领法国与德国的过程都相对迅速，而解放和占领意大利的过程则缓慢而艰难——从盟军第一批部队踏上西西里岛到德国士兵最终投降花了几乎两年的时间——因此，盟军必须根据战线推进的情况，因地制宜地开展心理战。

盟军计划对欧洲的"软肋"即意大利发动袭击，行动代号为"赫斯基行动"（Operation Husky）。在赫斯基行动前夕，准备登陆西西里岛的北非盟军部队收到了两份文件，并且接到命令，即在行动期间必须随身携带这些文件，并分发给西西里岛的意大利民众。其中一份文件是《一号宣言》（*Proclamation No.1*），该文件宣布了盟军军政府（最初称为盟军占领区军政府，Allied Military Government of Occupied Territories，AMGOT；后简称为盟军军政府，AMG）的成立；另一份文件是一本小册子，上面是盟军欧洲总司令德怀特·D. 艾森豪威尔（Dwight D. Eisenhower）致意大利人民的信。这封信是美英两国联名发出的，也是盟军攻入意大利后两年内开展的大规模政治宣传运动的形式之一，并为盟军随后在意大利全境开展政治宣传运动奠定了核心主题：意大利人民应该接受盟军对意大利的进攻，认可盟军即将在意大利建立的盟军军政府；盟军会将意大利从法西斯和德国的暴政中解放出来，并在战后将其重建为一个自由的国家。

1943 年 7 月，盟军登陆西西里岛后，迎接他们的是举着"史蒂文斯上校万岁"（Viva il Colonnello Stevens）标语的当地民众（Briggs 1995：396）。尽管许多士兵不知道史蒂文斯是谁，但民众提到这个名字就确切地表明，伦敦 BBC 的广播在意大利产生了较大的影响力。史蒂文斯上校自 1939 年以来就一直在 BBC 的伦敦电台（Radio Londra）节目中发表演讲（Piccialuti Caprioli 1979：13），并成为了整个二战期间深受意大利观众欢迎的人物，以其带有明显英国口音的意大利语以及镇定朴素的言行举止而闻名。史蒂文斯的新闻评论节目每晚播出，他总是以一句简单的"晚安"（buonasera）作为节目的开场白和结束语。虽然史蒂文斯在广播中表现得深谙意大利语言和文化，似乎完美诠释了意大利百姓心目中的典型英国人形象（Piccialuti Caprioli 1979：15–16），但其广播内容实际上是由伦敦电台幕后的知识分子团队策划的，这些知识分子由反法西斯的意大利难民组成。在多年后的一次采访中，伦敦电台的一位撰稿人鲁杰罗·奥兰多（Ruggero Orlando）回忆道，BBC 就像是一个国际俱乐部，来自欧洲大陆的人们能够在那里与熟知欧洲文化的英国人畅所欲言。另一位撰稿人翁贝托·卡洛索（Umberto Calosso）是一位社会主义者，曾为安东尼奥·葛兰西（Antonio Gramsci）创办的《新秩序》（Ordine Nuovo）周刊撰稿，后来加入反法西斯团体"正义与自由"（Giustizia e Libertà）。[23] 卡洛索曾在西班牙内战期间参与对抗佛朗哥的军队，在二战期间来到伦敦。他的广播节目以引经据典而闻名，曾将法西斯政权萨罗共和国（Salò Republic）的支持者称为"小共和党员"（repubblichini）[24]，这一绰号至今仍然被广泛使用。伦敦电台聘用了许多像卡洛索一样的意大利自由派知识分子。在盟军登陆意大利半岛后，随着战线的推进，这项聘用当地知识分子的政策在心理战行动中得到了延续和推广。

然而，与在伦敦通过外语广播发动心理战相比，在进攻和解放意大利期间发动心理战有着不同的背景。首先，英国曾存在各大机构为心理战争夺掌控权的难题，而在意大利这扩展成了盟国之间争夺掌控权的难题，其中，英国的政治宣传行动必须与其美国盟友相协调。英美两国在最初占领敌方领土（北非，1942–1943）后，首次在政治宣传领域开展合作。当时，两国联合创立了心理战指挥部（Psychological Warfare Branch，PWB），以此管控所有大众传播手段。PWB也负责内容审查工作。从1943年7月到1945年12月，该部门管控了意大利解放区/占领区所有出版和广播活动，涉及的机构包括广播电台、出版机构和电影院（Pizarroso Quintero 1989：27–31）。因此，盟军在漫长的意大利解放/占领及内战期间，都通过PWB与意大利民众沟通。

1943年10月，即停战协议签订不久后，PWB最初根据战略研究处（Office of Strategic Studies，OSS）编写的意大利心理战"一般性建议"，就如何向意大利民众致辞的问题提出了明确的建议。其中最重要一条建议是，盟军在开展心理战时，应避免让意大利民众认为在意大利播出的新闻是由外国人编写并管控的。尽管盟军在意大利有驻军，但当地的新闻必须听起来和读起来都像是真正的意大利新闻。要做到这一点，最好的方法是任用意大利语的母语人士，即"真正的意大利自由主义者"（Pizarroso Quintero 1989：39）。

OSS 编写的报告还包含对意大利语言问题的建议。意大利不仅在政治上四分五裂，在语言上也五花八门，不同地区使用着不同的方言。法西斯政权一直试图在整个半岛上强制推行"意大利化"，其中包括推行意大利语，挑起了一场针对小语种和方言的战争。法西斯政权在南蒂罗尔（Sud Tirolo）和瓦莱达奥斯塔（Valle D'Aosta）等地区废除了所有双语学校，并于 1934 年禁止在学校中使用方言。在那之前，意大利学校允许使用非官方语言，促进了双语教学制度的广泛普及，正如乔凡尼·金泰勒（Giovanni Gentile）所设想的那样，双语制度实际上本来是一种以较小代价来推行官方语言的方式（Klein 1986）。

在意大利法西斯政权统一推行意大利语的斗争中，其于 1934 年实行的政策是一个决定性的转折点。该政策的实行意味着只会说本地方言的儿童突然需要学会说意大利语，而他们之中有许多人完全不懂这门语言（De Mauro 1970：341）。但具有讽刺意味的是，在法西斯时期，各种方言的诗歌和文学作品实际上得到了蓬勃发展。尽管 OSS 的研究员们意识到了这种语言多样性的存在，但是出于政治宣传的目的，他们仍然建议 PWB 使用标准意大利语，不建议其使用方言（Pizarroso Quintero 1989：39）——考虑到意大利的实际情况，这是一种明智的做法，因为广播和新闻所使用的都是标准意大利语，并且大多数意大利人都至少懂一点标准意大利语。实际上，PWB 本身就很难做到通过各种方言来开展政治宣传（编写传单、小册子和其他出版物，以及播送广播节目），何况 PWB 还要随着盟军北进，奔赴前线开展心理战工作。

盟军针对包括大众媒体在内各个方面实行的内容管控最初都

是由在新解放地区成立的盟军军政府负责。随后，盟军在当地的权力逐渐通过盟军管制委员会移交给战时盟国——意大利南方王国（Kingdom of the South）政府（见 Harris 1957 和 Ellwood 1985）。1943 年 7 月 10 日至 1945 年 12 月 31 日，盟军总部（Allied Force Headquarters，AFHQ）下属的 PWB 以各种形式管控了意大利解放区 / 占领区所有的大众传播系统，其总体目标不仅包括赢得战争，还包括巩固一个为盟军尤其是英国所接受的、尽可能支持君主制的战后政权。要想在意大利民众中成功开展政治宣传，关键在于要像伦敦的 BBC 广播一样，在民众中建立起公信力（Herz 1949：485-6）。例如，伦敦电台此前就通过让意大利难民参与到广播工作中，使广播风格得到了意大利听众的认可和信任，从而建立起公信力。

由于 PWB 是盟军总部的直接下属机构，因此其开展的心理战行动与盟军的军事行动有着非常紧密的联系。英美两国在意大利都分别有自主管理的媒体，如伦敦电台和美国之音（Voice of America）。这两个电台当时都与盟军的军事信息系统共同运营。在登陆西西里岛后，盟军直接通过 PWB 控制了意大利的新闻和广播，PWB 成为了意大利境内唯一的新闻机构。同时，当地的意大利广播收听局（Ente Italiano Audizioni Radiofoniche，EIAR）也很快就被纳入了盟军的政治宣传系统，这是至关重要的一步，让解放区 / 占领区的意大利南方民众以及前线后方的北方民众都可以收听到广播节目。PWB 以新闻机构的名义运作，通过电缆、广播和邮件，从路透社、美联社和塔斯社等多个国际新闻机构收集新闻。这些新闻随后会被发送到 PWB 的意大利语部门进行筛选，去除重复的内容以及可能会对意大利民众产生负面或颠覆影响的新闻。经过筛选的新闻会被翻译成意大利语，并免费发送给那些已经清除法西斯主义、由 PWB 控制的意大利报纸。PWB 不仅在意大利解放区实地收集新闻，还采取了更直接的政治宣传行动，即直接面向意大利民众组织实地活动，例如派遣装有扩音器的卡车到新解放的城镇和村庄，向当地居民发出指示，并播放预先录制好的广播节目。PWB 还开设了所谓的"宣传品商店"（prop-shops），民众可以在其中购买指挥部出版的小册子、传单和文章，以及海报和标语（Pizarroso Quintero 1989：45‑6）。

在说服意大利民众支持盟军行动的过程中，PWB 也面临着很多后勤方面的挑战。随着战线迅速前移，通信区域和作战基地也随之频繁迁移。为了应付这种情况，PWB 采取了一系列措施，其中最重要的一项是聘用精通意大利语且熟悉前线地区文化的人。意大利每个地区的文化都截然不同，也在不同程度上受到了二十多年独裁统治的影响。尽管 BBC 意大利语分部当时已经在聘用流亡的意大利知识分子，并让他们在当局的监管下参与到广播工作中，但 PWB 由于工作环境更为特殊，因此需要从长远、灵活的角度考虑人员聘用问题。在实际工作中，PWB 招募了三种不同类型的人员：第一种是英籍军官，他们因其教育背景或战前的旅行经历，对意大利的语言和文化较为熟悉；第二种是某些前意大利难民，他们在法西斯统治时期成功到达美国，之后加入美军；[25] 最后一种是本地的意大利人，他们在意大利战役后期，即盟军对意大利的行政权力逐步移交到意大利民众手上后，受聘于 PWB 设立的各种电台、报社和新闻机构。因此，随着战线的推进，这个政治宣传机构逐渐出现了意大利本地化的倾向。但在 1945 年政权完全交接之前，那些盟军在当地招募的意大利人一直都属于 PWB 的正式员工，由盟军支付工资。这支混合队伍由英国人、加入盟军的流亡意大利人，以及盟军在当地招募的意大利人组成，在由英国中校伊恩·S. 芒罗（Ian S. Munro）领导的盟军联合指挥部的监督下工作（Pizarroso Quintero 1989：56）。

盟军当局认为，"所有在 PWB 监督员的管理下工作的员工，必须也受到 PWB 的管控"[26]。PWB 尤其需要管控广播这样的关键媒体，因为在距广播台数千英里以外居住的意大利人也可能会收听到广播。例如，巴里一站（Bari I Station）不仅在意大利敌占区有听众，甚至在巴尔干半岛国家也有人收听。盟军将管控广播电台视为关乎军事安全的事项，因为盟军的广播和传单与敌方媒体是直接竞争关系，很容易被人们拿来比较、判断孰优孰劣："意大利解放区的广播绝不能比敌方的广播差。如果聘用意大利员工降低了广播电台的工作效率，就相当于将听众拱手让给了敌人。"[27] 在战时盟国地区，盟军也对媒体保持全面管控。即使在意大利南方王国，PWB 仍然没有信心让意大利人独立运营新闻和广播，尽管那些新闻和广播已经隶属于意大利人。PWB 显然是通过经济手段来实行管控的："为了确保更有效的管控，编辑、其他工作人员，以及有权进入播音室的人员必须是由 PWB 支付工资的员工"[28]。即使在罗马解放后，盟军仍然认为意大利媒体的情况过于混乱，因此无法完全放弃对其管控："有必要在每个分部（编辑部、节目部和工程部）的监督岗位和每个电台的经理岗位上安插一定数量的盟军人员。"[29] 随着军事管控逐渐放松下来，且意大利员工更加训练有素、专业化水平显著提高，盟军人员开始希望"逐渐将从监督者转变为旁观者"[30]。

除了开展广播政治宣传工作，PWB 还创办了一家新闻社，于1943 年 8 月 6 日出版了意大利解放区 / 占领区的第一份报纸。同一天，

PWB 还上线了巴勒莫电台（Radio Palermo）。该电台是意大利语单语电台，第一目标听众是意大利本土居民，第二目标听众是西西里岛居民，主要播放详细的新闻报道、战争评论、音乐节目以及每周特别节目，旨在让民众保持高昂的士气。电台工作人员每天都尽量在同一时间段传输广播，以鼓励前线后方的秘密听众也来收听节目（Pizarroso Quintero 1989：120）。

巴勒莫电台的负责人米哈伊尔·米沙·卡梅涅斯基（Mikhail 'Misha' Kamenetzki）中士是美籍犹太裔，祖籍在莫斯科，很小的时候便随家人搬到了意大利生活。他于 1941 年逃到美国，加入美国陆军后，以中士身份回到意大利为 PWB 工作。米哈伊尔也是一名作家，以其笔名乌戈·斯蒂勒（Ugo Stille）为人所熟知，后来成为了意大利新闻界最杰出的人物之一。斯蒂勒跟随盟军向北进军，负责管理里窝那电台（Radio Livorno）。在此期间，他作为电台主管，所实行的管理方案和盟军的总体政策一致，即任用盟军人员（尽可能是意大利裔美国人）来管控和领导意大利媒体，然后将管理权移交给受过训练的意大利本地人。斯蒂勒在里窝那电台的工作是"在外面寻找播音员、撰稿人和节目制作人员"[31]，而意大利母语人士显然更能胜任这项招募工作，因为他们熟悉意大利的整体文化背景，并且有在意大利的生活经历。斯蒂勒还必须"为里窝那电台培训新入职的播音员和撰稿人"[32]。1945 年，斯蒂勒成为米兰电台（Radio Milano）的新闻和特别节目部主管。战后，他回到美国，担任《晚邮报》（Corriere della Sera）的驻纽约记者，并于 1987 年成为该报的编辑。

在停战协议签订后，巴里得到解放，巴里电台（Radio Bari）以及巴里的所有信息活动都由英军少校伊恩·格林里斯（Ian

Greenlees）指挥。格林里斯十分精通意大利的语言和文化，二战前曾在意大利负责管理当时新建的英国文化协会（British Council），二战爆发后成为英国文化协会佛罗伦萨办公室的主任（British Institute 2006：3–4）。格林里斯回忆道，他在巴里电台的任务是让其意大利下属享有最大程度的意见与选择自由，因为电台的工作几乎完全是由意大利反法西斯主义者完成的，格林里斯实际上只发挥了协调作用。这一做法符合他的个人观点，即他认为意大利经历了20 年的黑暗与沉默，而盟国要在此实现民主，前提是要激发当地人民的思考和讨论（Greenlees 1973：241）。巴里电台被公认为是第一个真实代表意大利民主的声音。该电台的编辑人员都是意大利人，来自意大利各反法西斯政党，是一个由想要为重建意大利做出贡献的撰稿人、记者和政客组成的多元化团队，他们之中有些人不久前才从监狱或政治拘留所中获释。然而，即使在这种情况下，盟军指挥部仍不准备放弃管控权，不愿让意大利人来经营自己的媒体："经验表明，即使是一个娱乐性质的电台，也需要由受过政策培训、会讲意大利语的英国人或美国人来担任主管。只有这样才能避免意大利员工造成的难题以及那些有错误政治倾向的音乐节目。"[33]

PWB 在其出版机构和广播部门聘用了许多意大利人，因此必然采取了一定措施来确保他们支持英国的君主制，但这群人之中显然也存在例外——例如，巴里电台有的员工是行动党（Action Party）成员。意大利著名左翼小说家阿尔贝托·摩拉维亚（Alberto Moravia）和艾尔莎·莫兰特（Elsa Morant）都曾在那不勒斯电台工作。摩拉维亚于 1944 年 5 月被聘为电台特邀撰稿人。然而，与许多在那不勒斯为盟军工作的意大利人一样，莫拉维亚在罗马解放后就立即决定回到罗马，这一做法让 PWB 倍感失望："评论员阿尔贝托·莫拉维亚和新闻编辑迪尼·桑德罗（Dini Sandro）因未经批准前往罗马，已被广播部解雇。"[34]

PWB 奉行与伦敦 BBC 类似的政策，即在广播播送前审查广播稿，其中也包括非新闻或非政治性质的广播稿。广播稿通常要由一名精通意大利语的电台编辑负责审查：那不勒斯电台经理彼得·莫伊斯（Peter Moyse）中尉"由于意大利语水平有限以及不具备政治背景而感到手足无措"[35]，意大利电台（Radio Italy）负责人拉沃托（Ravotto）则：

> 运气比较好。我这里的电台编辑虽然都是美籍人员，但都在意大利出生和受过教育，意大利语非常好。我负责审查意大利所有广播节目的内容，因此我认为十分有必要让精通而不是略懂意大利语的人来过目所有的广播稿。出于工作性质，这些编辑对我们的政治指示了如指掌。与他们相比，意大利语专家布拉焦蒂（Bragiotti）先生可能会因为某些广播稿具有较高的艺术价值而对其予以批准，但这些稿件可能因为不适合作为政治宣传材料或者违反我们的政治指示而被叫停。[36]

罗马解放后，PWB 在罗马设立了多个办事处，其中之一位于威尼托大街（Via Veneto）的前意大利人民文化部（Minculpop）大楼。在随后的几个月里，为了加强政治管控，意大利政府对整个电台系统进行了大规模重组，用新的意大利广播电台（Radio Audizioni Italia, RAI）取代了法西斯政权时期成立的意大利广播收听局（EIAR）（Pizarroso Quintero 1989：169；Monteleone 1999：198）。罗马解放后，PWB 发现找到合适的员工变得轻而易举，因为"罗马有大量人才，有很多人向 PWB 的官员表示了合作意向。所有前意大利广播收听局的员工在加入新单位后，都力求在反法西斯工作上超越彼此"[37]。1944 年夏，PWB 聘用了许多译员，这些译员主要加入了广播部，从事编辑和翻译工作。[38]

在 PWB 于意大利开展的心理战中，广播工作发挥了关键作用。除此之外，盟军政治宣传工作还有一个重要组成部分，就是空投针对平民和敌军的传单。在政治宣传的主题上，针对平民的传单与广播节目基本相同，但针对敌军的传单则着重强调盟军的优势，主要面向敌方的意军和德军，指出任何对盟军的抵抗都是徒劳的，他们除了投降以外别无他法；如果有人愿意持有"安全行为传单"（safe-conduct leaflets）投降，就可确保自身安全。1943 年 8 月，盟军每周印制传单约 700 万份。同年 12 月，盟军空投到意大利敌占区的小册子和传单约有 1500 万份（Pizarroso Quintero 1989：46）。

1943 年 10 月，PWB 在巴里成立了意大利传单部（Leaflet Section for Italy），与广播活动一样，传单部也紧随战线推进而前移，于 1944 年迁至那不勒斯。传单部负责准备意大利北部、德国南部和奥地利敌占区的所有政治宣传传单。随后，盟军战略空军（Strategic Air Force）从位于福贾（Foggia）的基地起飞，负责将这些传单空投到指定地区。[39] 与广播部类似，传单部主要由盟军人员担任主管和员工，同时也从意大利平民中聘用了许多传单写手和译员："当然，所有书面政治宣传都要遵循一条原则，即内容必须用地道的受众母语写成，因为任何表达上的怪异之处都会严重损害信息的有效传播。"（Herz 1949：478）

　　PWB 认为传单运动达到了非常好的宣传效果。1944 年 2 月，意大利传单部"每月印制约 2500 万份传单"[40]。战俘审讯工作提供的证据表明，由传单部德语组员工诺曼·卡梅隆（Norman Cameron）创作的传单《前线邮报》（*Frontpost*）是"所有盟军传单中了解和阅读人数最多的传单"[41]。而在那不勒斯解放后出版的《斗争吧，意大利》（*Italia Combatte*）则成为了最重要的沟通媒介之一，该传单"将亚历山大将军（General Alexander）①的指示和盟军的新闻传递给了意大利游击队员"[42]。《斗争吧，意大利》是 PWB 各部门（传单部和广播部）密切合作的成果。在实际工作中，这两个部门不仅共享员工，还共用办公场所。《斗争吧，意大利》不仅有传单版本，而且还是 PWB 下属意大利电台中最负盛名的广播节目。该节目最初由巴里电台设立，随着北部地区逐渐解放，后来由那不勒斯电台和罗马电台继续播送。该节目主要服务于军事目标，其中所有撰稿人和编辑都像游击队员一样使用化名。PWB 主要通过该节目报道战争新闻以及经济、政治和社会信息。《斗争吧，意大利》的许多撰稿人与巴里电台、那不勒斯电台和罗马电台的员工一样，能够自由表达自己的观点，只要他们的观点基本遵守盟军的军事指令并尊重英国的亲君主制政策（Monteleone 1999：173）。撰稿人也得到了亚历山大将军的许可，可以在节目中引用他的名字，因此该节目也成为了当地抵抗运动的官方节目。BBC 在其主要广播节目中

---

①　译者注：哈罗德·亚历山大（Harold Alexander，1891 年 12 月 10 日—1969 年 6 月 16 日），英国元帅，第二次世界大战期间历任师长、军长、中东战区总司令、北非战区盟军最高副司令兼第 18 集团军群司令、地中海战区盟军最高副司令兼第 15 集团军群司令和地中海战区盟军最高司令。

都会转播该节目的片段，并会"在各欧洲分部用其他语言对此进行交叉报道"[43]。

总结

盟军在进攻和解放意大利期间，所开展心理战的方法是控制意大利已有的各类媒体设施，并聘用大量反法西斯且支持英国君主制的意大利人员（当时意大利有很多此类人员）。意大利心理战为英国提供的启示是，当盟军在欧洲大陆上实地开展军事行动时，若要开展心理战，最佳策略是在盟军的指导和监督下聘用当地人员："除了巴里一站……严格来说，在意大利必须仅使用意大利语进行广播，并且主要面向解放区的意大利听众。"[44] 这一策略也取得了良好的效果："由于被解放的电台日益增多，需要大量的人手，因此意大利人从始至终都在 PWB 的广播活动中发挥了重要作用"[45]。

除了作战需要的紧急情况，盟军既对政治宣传实行管控，又让意大利当地媒体享有一定的自由，因此与伦敦的外语广播相比，采取的是一种更为微妙的平衡手段。而在 BBC 从伦敦向欧洲敌占区播送外语广播的过程中，产生了高度复杂的语言问题。解决这些问题对于盟军进攻欧洲前的政治宣传行动至关重要。在这种情况下，BBC 既要管控广播信息，又要确保这些信息听起来真实可信，这就催生了一个广播系统：广播稿原则上要用英语完成构思和起草，然后才被翻译成各种语言进行播送。因此，广播信息的真实性表现为信息准确、带有一定地方色彩，并且主要以鼓励和希望为主题。而英国当局若要在欧洲大陆构建起"理想国度"，为生活在战火之中被压迫的欧洲人民提供一个情感寄托，那么只将英国的"东西"转换过去是远远不够的。在许多外语广播中，这些源自英语的信息都需要经历"本土化"的过程，使其风格和语调更加贴近各个国家的特色，而这正是那些外语播音员想要回忆起并最终重现给听众的东西。广播信息与其传播媒介之间的矛盾、东道国与流亡人士之间在话语权上的不对称性等问题都在广播的译文及其风格上首先得到了体现。从这个意义上看，BBC 这场史无前例的广播活动实际上是一场"口舌之战"，其战火从伦敦经由无线电一路蔓延到欧洲大陆各个地方。

第五章

进攻欧洲大陆：解放与占领

战争与对话

外语和英国在欧洲的战争活动

（1940-1947）

英军的情报工作和心理战在反攻欧洲大陆的军事行动中达到了高潮。摆在英国当局谋划者面前的任务——解放欧洲、进攻并占领德国——在规模和影响上都是巨大的、史无前例的。截至 1944 年 9 月 1 日，登陆欧洲大陆的盟军人数预计将达 200 万，这一数字在 7 个月后将达约 350 万。除了军事和战术方面的考虑外，英军还需要考虑如下问题：这一大批主要讲英语的士兵到达欧洲解放区或占领区的城镇后，该怎样与他们遇见的当地人民打交道呢？尽管根据盟军最高司令部的指示，盟军计划"解放"的是敌占区，计划"占领"的是敌国，两者之间是有明确区分的，但对于大多数英国士兵来说，无论向哪个地区进军，他们对那里的语言都一知半解。成千上万讲英语的士兵将进入这些地区，而他们完全不懂当地人民所说的语言。而盟军到达某个地区后，必然需要与见到的人民谈判，对他们传递思想或发号施令。本章探讨了英军如何在语言和文化上为未来在欧洲大陆上的部署做好准备。

让军队为解放和占领做好准备

1944 年 5 月，格拉瑟（Grasset）将军在一次新闻发布会上说："我们需要解放或占领的国家有挪威、丹麦、荷兰、比利时、卢森堡、法国、德国，也许还有奥地利"，这一讲话勾勒出了未来盟军军事行动的范围。[1] 与此同时，盟军已经在意大利、希腊、阿尔巴尼亚和南斯拉夫开展了军事行动，预计将进攻罗马尼亚。在讨论初期，盟军当局谋划者的主要关切之一就是盟军士兵在欧洲解放区应该如何与手无寸铁、心存感激而又非常脆弱的民众打交道，这无疑是一个棘手的问题。1943 年夏，特别行动处（SOE）的巴克马斯特上校就曾警告道："从占领法国的第一天起，德军就以最高礼遇对待法国人民……如果法国人民把我军和德军进行比较，并认为我们不如德军，那将产生最坏的影响。"[2] 在欧洲解放区，盟军很有可能会发生大规模的不端行为，这些行为会造成严重的政治和外交影响，使英国与欧洲大陆各国的战后关系恶化。英国陆军部的一份机密文件指出，尽管欧洲人最初可能热情地欢迎前来解放他们的盟军，但他们的幻想可能很快就会破灭：

> 强调我军必须发挥行为模范作用已经没有太大用处了……，尤其是在士兵们第一次庆祝解放后，开始对现状略感厌倦的时候……我们无疑将赢得这场战争，但是赢得和平……可能没有那么容易。[3]

由于不确定军事行动在当地会如何进展，英国当局谋划者必须假设这样一种情况，即成千上万的士兵将以一定速度穿越欧洲，进入各种非英语国家。

为了解决军民会面过程中可能发生的问题，当局决定印制大量专门面向盟军士兵的便携文化指南，统一涵盖欧洲各国的情况，避免军民接触对两国关系产生负面影响。值得注意的是，"协助盟军为'扮演好本国使节'做好准备"这一职责从英国陆军部被移交到了英国外交部下属的政治宣传部——政治战指挥部（Political Warfare Executive，PWE）。为了制定一套涵盖盟军行动所涉全部国家的手册，外交部还专门设立了"ABC"分委员会以及"便携指南培训分委员会"（Pocket Guides Education Sub-Committee）。委员会的目标是印制足量的手册，确保每名士兵都可以携带一本该手册进入相关国家。这些手册约为口袋大小，可以轻易地放在行囊或制服中，内容包括："a）各国的基本情况；b）当地行为指南；c）当地常用词汇和短语"[4]。此前，盟军在准备向意大利进军时，就已经编写了类似的材料，积累了相关的经验：当时有一本名为"枫叶"（Maple Leaf）的指南，被翻译成法语，供法属加拿大和法国部队使用。此外，美军当时也在为派往其他国家的部队编写指南，如叙利亚（"与叙利亚人的相处之道"）、伊拉克（"伊拉克是怎样的？"）和中国（"中国人就像美国人"）。[5]经过讨论，当局一致认为，手册应该以所谓"直截了当的风格"编写，采取简明而连贯的叙述风格。[6]

自编写之初，英国当局就为手册规划了外语相关内容。英国陆军部最初编制了德语、意大利语、法语、荷兰语、挪威语和希腊语的词汇表。[7]外交部在从陆军部接管编写手册的职责后，专门成立了一个词汇分委员会（上文的"ABC"分委员会），负责解决盟军解放和占领欧洲各国的过程中产生的语言问题。委员会一致认为，这本手册应该用独立的章节介绍外语，而不是将其列入补充信息部分中，[8]而这带来的主要问题显然是：手册应该涵盖多少种语言？尽管委员会曾讨论独立发行一本外语常用语手册的可行性，[9]但最终他们还是赞同在手册中加入"标准词汇……供士兵在与平民打交道时使用"，各语言使用统一的音标体系（Hugo's）。[10]所有语言的标准词汇／常用语清单都包含七个主题：日常会见、困难和问询、陆运交通、汽车维修、住宿和洗浴、食物和饮料，以及意外情况。编写各语言词汇和常用语的工作主要由 PWE 负责，但伦敦各流亡政府的合法代表偶尔也会阅读手册初稿，并给出修改意见。例如，荷兰代表对荷兰语手册初稿提出了强烈批评，认为其中的用语有许多语言错误，并且带有"威胁和强迫"的语气，似乎更适合对敌人而非解放区人民使用。[11]

然而，要为参与解放行动的士兵做好文化知识储备，仅仅在手册上列出简单、标准的外语词汇或常用语是完全不够的，因为士兵们大多不知道怎么把这些词语说出来。因此，这本外语词汇手册还编入了一个题为"把话说清楚"的章节，指出说外语是一项有益的技能，任何士兵都可以说好外语，轻而易举地掌握外语技能："学会阅读丹麦语很容易，发音则难得多……但是，如果你用非常慢的语速把下列单词和短语说出来，那么别人应该就能理解你的意思""对于说英语的人来说，学好挪威语并不难……这门语言在某些方面很像苏格兰语。只要你按照音标发音，就不会错得离谱"。即使是像塞尔维亚-克罗地亚语这样的语言，也被标上了"不难学习"的标签："学习塞尔维亚-克罗地亚语对我们来说并不容易……但有利的一点是，与英语不同，这门语言的发音与拼写是一一对应的，只要你掌握了每个字母的发音，就能够将词语读出来。"在实际行动中，士兵需要穿越多个国家和地区，当局则将此描述成让士兵精进外语的机会："多看多听，多读读街道和商店上的告示，还有报纸的头条，你会从中学到很多。"

手册的根本目的并非是让士兵更熟练地掌握外语，而实际上是教他们掌握一种超越语言的方法论，即让他们礼貌地与外国人交谈，并学会实用的沟通技巧和基本的会话礼仪。手册中的"把话说清楚"
章节为士兵提供了一个假想情境，其中，士兵可以想象自己与外国
人相遇，并以礼貌而体谅的方式与其交谈："当你与丹麦人交谈时，
请不要大喊大叫，那样只会适得其反！"这些英国士兵如果学会了
采用这些在英语和外语中都可行的沟通策略，就能够顺利与外国人
打交道。因此，前往法国的部队得到的建议是："如果你遇到了略
懂英语的法国人，那么说英语的时候请把语速放慢，把发音念清楚；
如果你想听懂他们说的法语，也请让他们放慢语速，或者（如果有
效的话）让他们把所说的话清楚地写下来。"手册还建议士兵们不
要提出开放性的问题，因为这样做通常没有帮助。因此，前往罗马
尼亚的部队得到的指示是："如果一个问题需要用长篇大论来回答，
那就不要问这样的问题，你也理解不了这样的答案。因此，请不要
问'要怎么去……？'而要指着一条路问'这是去……的路吗？'
如果答案是否定的，你可以换一个方向再问一次。"[12]

　　在这个背景下，外语技能对于士兵们树立良好的本国使节形象
是不可或缺的："全世界人民都在接见阿特金斯（Atkins，英国士兵
的别称）大使。无论是意大利、诺曼底、埃及还是荷兰人民，都会记
得他们曾在祖国接见'汤米'（Tommee / Tommy，英国士兵的别称）"。
（1944 年 12 月 17 日，Crusader）当然，在士兵们这种良好形象的背
后，很可能潜藏着负面形象——英国当局担忧的是，英军士兵在实
际行动中可能会表现得完全不同，即与手册的"行为准则"（Do's
and Don'ts）背道而驰。例如，法国手册曾指出，"喝酒的时候不要
出洋相。如果有机会喝葡萄酒，请学会'得体地喝酒'。1939-1940 年，
有的英国士兵曾因为没有做到这一点而引起了法国人的反感"；丹麦

手册写道："记住，德军在丹麦虽然犯了很多错误，但他们最初在丹麦人面前的表现很得体。记住，丹麦人会将你们在丹麦的行为举止作为标准，对英国和英国人民做出判断。"在其他时候，英国当局在讨论手册内容时，一直笼罩在对盟军不端行为的忧虑之中。例如，一则针对希腊手册初稿提出的修改意见就指出，士兵们可能会对当地的历史建筑产生有害影响："我们难道没必要加上一条'不要在古代纪念碑上写下或雕刻你的名字'吗？"[13]。

　　当局让士兵们为解放欧洲做好文化知识储备，背后原因是担忧英军的行为举止可能会比德军糟糕得多。尽管如此，矛盾的是，英国当局在让士兵们为进军德国做好准备时，主要关切的却是担忧他们会对战败的敌人表现出过多的同情和慷慨。最初，英国外交部的分委员会为士兵编制的德国手册被批评语气过于宽容。随后，委员会力求改用正确的语气。[14] 最后，大家一致同意让首相为手册撰写前言，以"抵消我军士兵看到德国所遭受的苦难和破坏后可能会产生的怜悯之情"。[15] 即使英国士兵可以抱着学习外语的心态，通过良好的礼节来与德国平民顺利交流，英国当局也规定，英国士兵应尽可能减少与德国人任何形式的接触，若有必要，也要避免当面接触。盟军认为，盟军进入德国后将会遭到持续的抵抗，其中包括地下颠覆和敌对宣传活动。因此，其主要战略目标是压制这类敌对活动，维持军事行动的安全性和完整性。

　　盟军远征军最高司令部（SHAEF）认为，德国抵抗组织企图破坏盟军行动，其方法之一是口头宣传，即平民与军队之间的当面语言沟通："在地下组织的领导下，他们开展了口头政治宣传……方法包括让平民（尤其是儿童、妇女和老人）拉拢盟军士兵，或是试图建立

'士兵之间（无关国别的）'的友谊，以及其他社会、官方和宗教方面的接触。"[16] 为了控制这种具有潜在危险的语言交流，盟军采取的措施是完全拒绝任何交流，即奉行一种不接触、不亲善的政策，旨在把盟军士兵与德国国民完全隔离开来。让盟军士兵与德国人保持明显的距离是至关重要的。士兵们会住在与当地居民隔离开来的宿舍里。如果某些特定设施（例如教堂）无法由军队为士兵单独提供，则盟军士兵在其中必须与在场的德国人完全分开就座。士兵们收到命令，不得与德国人握手或交谈，否则会立即受到惩罚。[17] 因此，只有在迫不得已的情况下，例如出于军事需要，或者使用英语或手势无效时，士兵才会说德语：

> 很多德国人都略懂英语……在德国偏远地区或者工人聚居的街区，如果你用手势行不通的话，再试着说德语……如果你把英语说得直白一点，那你应该能清楚地表达自己的意思，在现阶段这么做就足够了。[18]

盟军对被解放国和敌国的语言有着截然不同的态度，这在同时期的盟军报纸上有着生动的体现。在盟军开展解放欧洲军事行动后的最初 9 个月（1944 年 10 月至 1945 年 5 月）里，美国军报《星条旗报》（*Stars and Stripes*）定期在头版标题两旁分别刊登一条法语和德语常用语，这两种语言的常用语形成了鲜明的对比。例如，法语常用语逐渐展现了一部爱情肥皂剧的情节："我是美国人（Je suis américain）"（1944 年 9 月 7 日）；"您有一双迷人的眼睛（Vous avez des yeux charmants）"（1944 年 9 月 15 日）；"您愿意和我一起散步吗？（Voulez-vous promener avec moi）"（1944 年 9 月 19 日）；"不，我还没结婚（Non, je ne suis pas mari é）"（1944 年 9 月 21 日）；"您的母亲在哪儿？（Où est votre mère）"（1944 年 9 月 22 日）；"我现在必须走了（Il faut que je vous quitte maintenant）"（1944 年 9 月 25 日）；"我会很想你的（Vous allez beaucoup me manquer）"（1944 年 9 月 26 日）；"别忘了给我写信（Ne manquez pas de m'é crire）"（1944 年 9 月 27 日）。[19] 相比之下，德语常用语则展现了战争中充满火药味的敌对关系："投降！（Ergeben sie sich）"（1944 年 10 月 4 日）；"让开！（Zur Seite treten）"（1944 年 10 月 7 日）；"把门关上！（Sie die tür）"（1944 年 10 月 18 日）；"狙击手藏在哪里（Wo ist der schaf–schutze verstect）？"（1944 年 10 月 30 日）。显然，当局只希望，盟军士兵与德国平民会面是为了下达苛刻、明确的命令："把我的衣服给洗了（Waschen sie meine sachen）"（1944 年 10 月 10 日）；"明早向我汇报（Melden sie sich morgenfrüh）。"[20]（1944 年 11 月 1 日）

　　盟军在解放和占领欧洲这一特殊背景下，将外语纳入军事准备工作之中，作为塑造士兵价值观的手段，并以此鼓励士兵在面对外国平民时遵守某种行为准则。对于盟军当局而言，重要的不是让士兵的外语能力达到特定水平，而是向他们传递一种行为模式——在面对被解放国的平民时，应该表现出一种超越语言的尊重之情，采用有效的沟通技巧，促进两国人民交好；在面对敌国军民时，应始终保持距离，除了发布简短的对敌命令外，拒绝进行任何沟通。

民政事务

　　与跋涉穿越欧洲各国的盟军大批部队不同，民政事务官（Civil

Affairs officers）作为军队骨干，需要在解放区和占领区的人民中发挥更持久的作用。根据英国陆军部的定义，民政事务部有四大职能：“确保占领区盟军的安全；维持当地良好秩序；为正在开展的军事行动储备武装力量；开发占领区的经济资源”（Donnison 1961：456）。民政事务官是盟军与当地平民之间的纽带，负责与临时政府打交道，理顺军民关系，因此其任务显然是具有文化属性的。尽管盟军最初预计，民政事务官只需要在指定地区临时工作一段时间，但随着解放与占领行动的推进，他们显然需要在当地驻留更长时间，至少要到当地政府新组建的军队能够完全站稳脚跟为止。在实际工作中，民政事务官需要处理一系列问题，包括重建公共服务设施、配给食物、恢复经济活动，以及建立法律和司法程序。

尽管民政事务官至少应该胜任上级指派的部分任务，但他们也承认，自己需要在一个快速变化和充满挑战的环境下工作：“民政事务官需要处理很多他不太熟悉的问题。无论他是不是民政事务的专家，他都必须做好准备，执行形势所需的任何任务。”[21] 很早以前，盟军司令部就做出了一项重要决定，即聘用母语人士来管理当地民政事务。各国的母语人士可以被聘用为助教或外语教师，负责教授民政事务课程，但是不允许被直接聘用为民政事务官（法属加拿大人除外，他们可以被聘用为法国的民政事务官）。英国当局担忧的是，聘用外国国民作为民政事务官会给本已复杂的局面带来更多问题：“在敌国出生的外国国民可能会带来较大的政治争议”。[22]

欧洲解放区的民政事务规划受到了一项早期争论的强烈影响，即各地区在解放之初是否应直接由军方（盟军军政府）实行管理。英国当局在讨论是否应在当地建立军政府时，倾向于参考其殖民扩张时期的管理模式。1943年初，约30名英国军官被派往非洲，以"获得的黎波里塔尼亚（Tripolitania）和塞里纳尼察（Cyrenaica）在民政事务管理方面的一手经验"[23]。而英美两国作为盟国的主要力量，未能就流亡政府在解放国中应发挥的作用达成政治共识，这导致解放国民政事务完全无法得到系统、有序的规划。虽然盟军已经与其认可的各国政府达成协议，同意在欧洲领土管理委员会（Territories Europe Committee）下成立一个分委员会，共同讨论民政事务，但某些国家（以法国为代表）暂时没有经过盟军认可的合法政府，这些国家若要与盟军就民政事务达成共识，则困难得多。关于盟军军政府的争论，还体现在不同时期民政事务组织结构的变化上：各国的合法政府（当时被称为"国会"，country houses）在组织上应该独立于还是服从于盟军的军事规划，这个问题的答案就取决于"是否设立盟军军政府"这一争论的结果。因此，民政事务规划的整个过程都充满着政治争议。正如摩根将军（General Morgan）讽刺道："事务（affairs）确实很多，只不过很难保证人们会以文明（civil；民政）的方式处理它们"（Donnison 1961：24）。而参与民政事务培训的员工则不得不消化这些争议问题，面对实际上混乱不堪的培训大纲。在温布尔登（Wimbledon）学习民政课程的一名学员用《布雷牧师》（The Vicar of Bray）的曲调表达了自己的困境：

> 当我第一次去温布尔登（When first I went to Wimbledon）
>
> 穿上军装时（And clothed me as a fighter），
>
> 我以为我穿上这身战袍（I thought as I put my battledress on）
>
> 就变得位高权重（That I was a Gauleiter），
>
> 但是我很快意识到，我要（But soon I found that I was meant）

对市长先生毕恭毕敬（To be polite to the Maire, Sir,），

因为军政府（Since Military Government）

已经变成了民政事务部（Has changed to Civil Affairs, Sir）。

（Donnison 1966：298）

抛开政治上的争议不谈，英美两国对民政事务官培训方案的构想也略有不同。美国当局认为应当将民政事务部的军事作用与其文化作用区分开来，前者指的是与盟军保持联络，贯彻执行军政府管理；后者指的是与当地居民打交道。这种区分也体现在美国政府在民政事务培训上所实行的双重课程体系。夏洛茨维尔（Charlottesville）基地的陆军课程主要教学生如何解决民政事务的常见问题，重点放在一般问题及其解决方案上，其假设是，民政事务官无论是在缅甸还是在保加利亚执行任务，都可能会遇到同样的障碍和困境（Brown Mason 1950：184）。因此，该课程并不怎么重视外语培训的需求。然而，对于那些希望与当地平民密切交流的军官，美国政府还建立了另一个培训项目。该项目由各所高校联合组织，包括哈佛大学、耶鲁大学、密歇根大学、芝加哥大学、波士顿大学、匹兹堡大学、威斯康星大学、美国西北大学、西储大学和斯坦福大学。在该项目中，这些男性学员都将被派去特定国家执行任务，因此必须在课程中接受体系化的外语培训——据称在耶鲁大学举办的课程有 75% 都和外语相关。[24] 学员的外语教师大多是地方教授，并且都是特定国家研究领域的专家。学员需要接受每周 15 小时的外语强化课程，这些课程也是项目的核心，其教学方法参照了美国学术团体协会（American Council of Learned Societies）的交际语言教学法（Brown Mason 1950：186）。

与建立双重体系的美国政府不同，英国政府决定将民政事务培训严格置于单个机构（即英国陆军部）的控制之下，同时要求培训内容涵盖民政事务官所有可能承担的任务。例如，1943 年 11 月，温布尔登培训的拟定课程大纲指出，培训共含 360 个面授学时，时长共 9 周，内容包括："职能和地区"——144 学时；"户外训练"——72 学时；"外语"——60 学时；"军事"——36 学时；"疫苗接收 / 分发 / 接种"——30 学时；"汽车运输、驾驶和维修"——18 学时。[25] 外语课程将学生按每组最多 8 人分组，既提供学生已具备基础语言（法语、德语、佛拉芒语、荷兰语、挪威语、丹麦语）的进修课程，也额外提供一门德语初级课程，旨在让学员掌握 800 至 1000 个与民政事务相关的基本德语词汇。

然而，当局实际上很难真正招募到足够数量愿意接受民政培训的军官。人们似乎普遍认为，民政事务官远远比不上参与作战的军官，因此愿意接受培训的人通常年纪偏大，而且在未来肯定不会有多大成就。1942 年 11 月，有人建议陆军招募："完成部队指挥任务，但不太可能获得晋升的中校……虽然少校也很有才能，但不建议让他们担任这个职务，除非他们经验丰富，精力充沛。"[26] 当局在开展民政事务官这个二流岗位的招募工作时，提出应聘者必须具备外语能力："懂以下一种或多种语言——德语、法语、意大利语、荷兰语、挪威语"[27]。然而，在实际工作中，招募人员发现，他们不得不在应聘者的外语能力与其具备的军队业务能力或特定实用领域（公共工程、法律、劳动、水利、天然气等）的经验之间做出取舍，这些领域毕竟都与未来的民政事务相关。至少在某种程度上，他们认为有些应聘者虽然外语能力符合要求，但可能缺乏基本军事技能和特定领域的实用技能。

学外语的人即使当上了民政事务官，仿佛也只能是边缘人物，正如那些在剑桥情报学校（Cambridge Intelligence School）接受培训的新入职人员给人留下的印象："这些知识分子留着一头长发……一看就是学外语的……并且肯定去过很多地方"（Andrew 1985：459）。这种针对外语专家能否胜任民政事务官岗位的质疑在后来英国民政事务的官方历史记录中也有所体现：

学外语的人比较了解他们将被派往的国家，也懂当地的语言，这当然很好。但从安全的角度来看，外语专家所造成的风险较高，并且往往无法获得士兵的信任。之前得出的结论是"与其找一个外语出众但不可靠的人，还不如找一个外语一般但真正可靠的人"。（Donnison 1966：292）

在民政事务部实际招募到的人员中，有约四分之一在接受培训前就已经具备了外语资历，例如，1943 年 2 月一门课程的记录表明，在 154 名学员中，有 41 名（27%）具有外语学习经历，其中还有部分学员掌握了多门外语。总共有 40 名学员有法语资历，17名有德语资历，3 名有西班牙语资历，3 名有意大利语资历，3 名有荷兰语资历，5 名有丹麦语资历，2 名有挪威语资历，具备佛拉芒语、塞尔维亚语、中文、阿拉伯语、瑞典语、希腊语和土耳其语资历的学员各 1 名。[28] 到 1944 年春末，在英美联合开设的一门民政事务课程中，173 名学员中只有 35 人具有语言资历，比例与之前相比降低至 20%。其中，有 10 人近期曾在意大利 / 西西里岛服役，9 人有过讲德语的经历；其他人则在挪威、布达佩斯、埃及和厄立特里亚学会了对应的外语技能；还有 2 名美国军官具备法语资历，分别持有索邦（Sorbonne）大学的学历和法国炮兵学校（French artillery school）的"阶段"（stage）培训证书。[29]

　　随着解放计划的推进，1944 年初，英美两国政府整合了针对欧洲大陆各国民政事务的培训师资力量，在英国联合开设了为期 4 周的强化课程，培训基地最初设在什里弗纳姆（Shrivenham）。然而，没过多久，大批参训学员就因为场地和设施不尽人意而纷纷离开。美军学员迁至曼彻斯特接受培训，英美联军的学员则迁至伊斯特本（Eastbourne）。按照课程安排，所有参训学员需要接受共 34 个学时的法语和德语强化训练，训练课程分为三个级别：初级、中级和高级，以及 38 个学时的增补外语课程。[30]然而，随着时间的推移，这些培训项目中的外语课程学时不断被缩减，主要是因为当局有时很难找到符合要求的外语教师，这些教师必须是以外语为母语的人士，且必须通过安全审查。1944 年 7 月，一位参观伊斯特本培训基地的访客发现："这里没有适当安排任何外语课程，唯一的外语课程还需要由参训官员本人承担费用"。尽管培训基地否认了这条以偏概全的批评意见，但基地负责人随后发布了一项紧急招募需求："为加强外语教学，现招募至少 6 名德国和奥地利国民，应聘者必须通过军事情报局的安全审查"[31]。从学员的角度来看，必修课程的内容很多，这就意味着他们在学习时很难面面俱到，必然会忽略一些内容。由于当局更加重视与民政事务相关的军事和实用技能培训，因此，不足为奇的是，教职员工和学员往往会放弃外语课程。例如，挪威方面的民政事务培训进展报告调查了当地师生对外语教学的重视程度，并就此提出重大关切："目前的外语教学体系……可能没有达到预期的效果……教师经常更换，学员也经常旷课。"[32]

有些民政事务官此前已被派驻到西西里岛，他们在报告外语相关工作经历时指出，由于自身缺乏意大利语专业知识，他们不得不聘用当地的口译员，也因此难以验证这些当地口译员到底说了什么："我建议，民政事务人员的培训应该增加更多外语教学内容。外语知识不仅有助于验证当地口译员是否可靠，在实地工作中也具有不可估量的价值。"[33] 驻西西里岛的民政事务官迫于无奈，只得匆忙招募当地官员推荐的口译员，而来不及验证这些口译员是否诚信可靠。结果就是，官员发现，这些来自当地民众的口译员根本不愿意实话实说。有的口译员虽然比较优秀，但其笔译能力却比口译能力差远了：

> 我很幸运找到了一名口译员和一名翻译助理，他们都很可靠。口译员是平民，之前是注册药剂师，在美国生活过五年。助理是一名假释战俘，米兰人，会讲英语和法语。但这两人的英语书面能力都不太行。[34]

当局在讨论是否应实现或放弃让民政事务官习得高水平外语专业知识这一目标时，越来越倾向于关注：如果当局必须聘用当地口译员，那么如何确保这些人的政治背景和语言水平是可靠的，以及这一聘用方案如果得到普遍采纳可能会造成什么损失。刚从意大利回国的惠灵顿公爵（Duke of Wellington）在讲授一堂民政事务课时，就谈到了完全依赖当地人与平民沟通的危险性：

> 不懂意大利语的人认为这么做完全无所谓。我倾向于认为这么做是有风险的。以我的个人经历来看，我认为非常有必要让懂意大利语的人担任民政事务官……我懂意大利语，因此能够认识不同阶层、不同肤色、不同党派的优秀意大利人民，但要找到口译员并不

容易，即使刊登了招募广告，结果也并不理想。[35]

即使说人们已经广泛接受了民政事务官需要与当地母语人士合作的事实，但当局仍然担忧从军队以外聘用口译员可能造成的影响。为了解决问题，到 1944 年初，英国当局尝试了一种方法，即在登陆欧洲军事部署之前，在英国选拔和培训外国口译员："让熟练的口译员随军前行，这比到驻地以后再临时招募口译员要有效得多。因为临时招募的人员常常另有企图，可能会造成很大的麻烦"[36]。在欧洲解放区，英国当局采取的策略是聘用那些经盟军认可的流亡政府任命的联络官："尽可能聘用比利时的联络官……作为盟军当局与比利时地方政府之间的中介。"[37] 不过，人们也一直怀疑这些当地母语人士是否会完全支持盟军的军事行动。理想情况下，他们需要完全适应陆军的生活节奏："要做好工作，这些官员……必须要是'生龙活虎'（live wire）的人，明确了解自己的职责。只做口译工作是远远不够的。"[38] 因此，当局从多个方面描述了外国联络官的职责：

（a）为英（盟）军与当地平民之间的交流提供口译服务等；

（b）翻译与盟军当地日常行政事务相关的表格、报告、合同等；

（c）为士兵安排临时宿舍，征用社会资源；

（d）在军事法庭上协助提供口译服务；

（e）与当地警察和市长打交道。[39]

这种聘用模式一定程度上抵消了当局对当地母语人士的疑虑，其具体措施包括：聘用忠于盟军的流亡政府所推荐的联络员，为其制定明确的岗位职责，以及通过培训让其融入英国陆军的组织架构中；培训项目包括"学习英军各部队和单位的组织和管理程序……

以及关乎其实用技能的课程和演练"[40]。对于民政事务官而言，无论与他们共事的是训练有素、融入英军体制的母语人士还是当地的口译员，日益明显的是，有效掌握任何一门外语此时已不再是他们胜任民政事务工作的必要条件，而往往会达到锦上添花的效果："从心理学的角度来看，官兵都略懂挪威语对我军是很有利的"[41]。

　　然而，那些已经开展实地工作的民政事务官坚持认为，他们最需要的是高质量的外语辅助材料。例如，民政事务官如果要在当地发放调查问卷，必定需要用正规的当地语言编写问卷："如此才能避免一些沟通困难。例如，当地官员大多受教育程度不高，如果口译员有失水准，就不免要向当地官员费尽心机地'解释'专业术语，那些官员则不免会就此提出一系列民政事务官无法回答的问题。"[42]为了解决这一问题，英国当局制作了大批外语材料，让民政事务官随身携带这些材料前往被派遣的国家。这些材料涵盖了双语的警方逮捕令，以及各类公告、海报、袖章和词汇表，为民政事务官的外语职能提供了详细的模板，协助其开展工作。到 1944 年 9 月，民政事务官入驻比利时，同时携带了 500 份声明、25 份指令和 1800 条警察袖章，预计不久后还有 7600 份附加外语材料运达。

　　尽管民政事务培训项目的外语课程形式比较单一，但民政事务官实际上可以在多个环境下学习外语，包括：参加讲座、阅读派驻国家的手册、参加联合演习，以及收听关于派驻国家的新闻。民政事务人员中心（Civil Affairs Staff Centre）和相关机构在两年半的时间里举办了 25 类共约 130 门课程（Donnison 1966：306），通过这些课程尽可能模拟了民政事务官的实际工作环境。有的官员被派驻挪威民政事务部后，在阿伯丁郡（Aberdeenshire）接受了培训课程，学习了如何在北极地区滑雪、烹饪和露宿："第一周结束时，有一场暴风雪……教员通过让我们经历这场暴风雪，使我们感受到了真实的北极环境。"[43] 更重要的是，学员有机会与受邀前来的母语人士互动，从他们身上了解到当地的最新消息。例如，挪威培训基地为学员开展了为期五天的强化讲习班，名为"珀西演习"（Exercise Percy），奥拉夫王储和挪威流亡政府代表都受邀出席了其中部分课程。每次课程结束后，学员提出的问题都会由挪威母语人士给出相应的回答。[44] 此外，学员每周可以通过名为"挪威新闻"（News from Norway）的新闻电台广播收听当地的最新动态。[45] 在联合演习中，培训机构设定了可能的任务情景，让学员在其中进行角色扮演，如练习如何为平民修筑食品配给点或供水系统。一门课程为学员准备了高级材料和背景信息大纲，供其准备对当地德国官员的首次访谈：

学员们将准备讨论：

a）当地管理政策的大致情况；

b）第二次访谈的议程；

c）是否有人愿意陪同（负责访谈的官员）参加两次访谈。讨论过后，学生们将独立主持第二次访谈。[46]

上述所有课程的重点都在于为学员营造细节丰富、规模庞大的模拟工作环境。除此之外，这些参训民政事务官还聆听了由外国专家主讲的各国历史、地理和政治知识讲座，讲师包括著名的历史学家和评论员，如 E.L. 伍德沃德（E. L. Woodward）、A.J.P. 泰勒（A. J. P. Taylor）、D.W. 布洛甘（D. W. Brogan）以及迪利斯·鲍威尔（Dilys Powell）（Donnison 1966：306，307）。学员们也拿到了包含大量各国当地信息的手册。例如《比利时法兰德斯东西区手册》

（Belgian Zone Handbook for East and West Flanders）就包含当地重要人员名录，并列出乡镇级别及以上的警察局、医院、旅馆、修车厂和学校，还提供了集市开张的时间、无线电商店和打印店的位置，但手册的前言提醒道："读者注意，本手册可能与实际情况有出入，因为编写条件有限，无法获得最新信息，或缺乏渠道验证已有内容的有效性……"[47]

英国当局最初认为，民政事务官需要具备三项关键能力：熟练的外语技能、军事技能和实用技能，后来则转变了立场，认为民政事务官需要与以外语为母语的人士合作共事，而这些母语人士的最佳人选是经过陆军训练、具备随军经历的人员。对于民政事务官而言，一定程度的外语技能够派上用场，但不再是必要的。外语技能也许能带来一些心理上的益处，至少使官员能够检查口译员的工作。然而，在民政事务的培训项目中，外语仍然是重要内容。同时，这些官员也会在多方面接触到外语，包括从各种渠道获得派驻国家的大量资讯，以及将工作辅助材料携带至相应国家。民政事务官必须深入了解派驻国家及其人民，消化吸收关键的语言要素，这对于他们圆满完成任务是至关重要的。

"实地"会面

对于布署到欧洲大陆的大批盟军部队而言，他们与当地外国人的接触多发生在与敌人激战的时候，或是在部队穿越村庄以及在敌占区谨慎行军的途中。这些士兵对"异国人士"（the other）的第一印象仅仅是在参与这场短暂的解放行动时才顺便获得的。根据英国士兵对 1944 年 6 月前几周战况的描述，他们对当地平民的印象以一幅幅快速切换的画面展现出来："我们在参与这场诺曼底桥头堡之战时，见到了一系列法国人，有法国老人、中年人、青年，还有儿童。"[48] 士兵们与这些法国人没有互相交流，而是默默地看着对方："我们看了看法国农民——他们也在盯着我们。"[49] 即使在战斗不那么激烈的时候，士兵们发现法国人还是在默默地观察着他们："附近村庄的居民竟然饶有兴趣地来观察我们。"[50]

在这一阶段，盟军士兵与当地平民产生了比之前更持续的接触。然而论其背景，盟军和当地平民在这场战争中必然是不平等的，两者之间的接触也终究是暂时的：盟军的武装和机动部队将会撤离，而手无寸铁的弱势平民群体需要留在当地，不得不忍受战争带来的破坏和混乱。解放初期，根据英国报刊的描绘，盟军仿佛一个慷慨强大的馈赠者，欧洲当地平民则是心怀感激的接受者。例如，《周日纪事报》（*Sunday Chronicle*）曾刊登一张照片，照片上两名士兵坐在吉普车里，低头凝望一个举着一束鲜花的法国小姑娘，照片下面写着："致她以自由，致他们以鲜花"（Sunday Chronicle，1944年 6 月 11 日）。因此，盟军对当地平民的任何交流动机或是欲望，都被这种力量的不对称性和邂逅的短暂性给牢牢限制住了。这么说来，这些部队充其量就像是出国短暂度假的旅游团。一些士兵试着用自己小学水平的法语与当地人沟通——"至少他们理解了我们的意思"[51]——并买了明信片寄回家。[52] 雷克斯少校（Major Rex）在为他的部队安排宿舍的过程中，收到了当地市长发来的旅游指南："他给了我一本有插图的小册子，里面介绍了战前当地的度假盛况，我不得不答应我会在战后去参观这些地方。"[53]

若时间允许，部队可能会在某个地方驻留稍久一些。这时士兵可能会与当地人组织一些固定的"友好"见面会。懂当地语言的士兵会被选派去参与这些见面会，以确保活动成功。例如，在西西里岛解放行动中，盟军士兵与受邀意大利客人举办了舞会，其中每个人都学会了跳"兰贝斯舞（Lambeth Walk）"。有一次舞会由于意大利志愿女伴的人数过多，整个房间都很拥挤："会讲意大利语的士兵及时出现……想办法控制住了事态。"[54] 在法国弗农（Vernon），当英国士兵试图组织一场与当地城镇球队之间的足球比赛时，会讲英语的当地人出面弥合了双方之间的语言鸿沟："如果你们愿意，我们可以改天再来一场比赛，但要在晚上……我很期待到时候能见到你们……握手。"[55] 随着意大利战役的推进，英军的报纸指出，越来越多的士兵在使用一种混合的改良英语与当地平民交流，这种英语简化了表达，并与意大利语词汇混合在一起："说着不规范的英语……我们说话时用了越来越多的"dopos""subitos"和"nientes"（"之后""突然"和"什么都没有"），而且我们的英语也慢慢变成了一种生硬的行话，但意大利人几乎都能听懂（Crusader，1945 年 7 月 15 日）。"[56]

在德国，盟军被明令禁止与当地平民交谈，正如佩特拉·戈德（Petra Goedde 2003：xxi）所述，士兵们在当地目睹的场景"具有性别化的意义"，是女性主导的，因为德国男性要么是在遥远的战场，要么是已沦为战俘营的一员，几乎不见人影。人们对这个时期的主要记忆是，盟军士兵和当地平民之间具有明显不对称的地位，以距离感和隔离感为特征："我们真正遇到的平民不多……我们见到了他们，但并没有和他们说话""很少与他们接触""他们战败了，所以我们冲了进去，拿走了我们想要的东西"[57]。回想起这段时光的盟军士兵将自身描述为一支占领军，占领了德国的领土，而当地平民被迫流离失所："我们和德国人基本上没有任何交流，因为他们都被赶出了家门，而我们住了进去。"[58] 在这段记忆里，处于支配地位的英军与大多数被迫流离失所的德国平民之间有着巨大的鸿沟，主要体现在对食物的支配上。一名退役士兵描述，当时他在吃饭时，饥饿的当地平民都在看着他："我记得，在他们看着我吃东西的时候……他们的眼睛都要瞪出来了。"[59] 在这种富足与贫困共存的情况下，士兵和平民之间的关系染上了浓烈的殖民色彩："他们什么都没有""'一小包烟就能换来几百马克……我们做梦也想不到这么多钱……有多么容易获得"[60]。德国人负责聆听和服从命令："我们与德国人接触，主要是因为他们负责从事清洁打扫之类的琐碎工作""德国平民被命令去做清理工作……我们不用做这类工作"[61]。盟军规定，任何非正式的语言交流都只能使用英语，或者德语（发布命令时）；如果要在行动过程中发布命令，也可以出示预先印好的卡片：

我们要进行搜索……在他们的家中搜查武器。我们进去后会给居民一张印有德语的卡片（因为我们不会说德语），上面写着我们会尊重房子，但是如果我们发现任何必须带走的东西，我们就会把东西带走，并给他们一张收据。[62]

毫无疑问，在占领初期，有英国士兵试图用德语与德国平民见面交流。例如，军械部的一名职员回忆道，他曾非常想与遇到的孩子说几句德语，这个想法逐渐发展成，他想与当地居民的家庭交流，借此学习德语："随后我开始开口说德语，与他们交谈，通常是问'这个东西用德语怎么说？'"[63]

　　盟军奉行的这项不亲善政策最初是出于安全需要，即惧怕新兴的德国抵抗组织可能会通过与盟军士兵交流来策反他们。然而，这项政策显然越来越不符合士兵们所处的实际情况。事实证明，禁止士兵与当地妇女交往是不可能的，在不亲善政策之下，很快就同时诞生了另一种半公开的亲善关系："我们驻留的那段时间，一直都有不亲善政策，但政策逐渐放松了""这项政策当时是命令，但当局由于意识到无法执行下去……所以在不同地区以不同程度放松了这一政策"[64]。到 1945 年 7 月，《新政治家》（*New Statesman*）向读者解释说，"'亲善关系'已成为男女关系的代名词"（*New Statesman*，1945 年 7 月 14 日：20/3）。这些关系一方面逐渐被视为不可避免的自然关系——"这是人的本性，也是大自然的法则"[65]，另一方面也离不开当时的背景，即占领者与被占领者所拥有的资源明显不平等："巧克力、香烟和肥皂发挥了令人惊讶的效果。"[66]许多对这些非正式关系的叙述都反复提到了一个现象，就是德国女性会试图跨越语言鸿沟，说占领者的语言："那个女孩英语说得很好""她的英语说得非常好""她以前每天晚上都会到后面的栅栏那儿……她只会说两个英语单词：'好吧（All right）！'"[67]

　　1945 年 9 月，不亲善政策在已实行一年后正式取消。英国当局除了显然不可能控制部队在当地的行为外，还意识到，如果不建立与当地人民沟通的手段，就不可能在德国建立有效的临时政府："绝对有必要继续开展德国社会经济的重建工作，避免大范围的饥荒和疾病……在日常工作中，要对我们每天在街上看到和碰到的德国人视而不见变得越来越难了"[68]。

占领

盟军在穿越并解放一个国家后，通常只需要将权力交还给该国人民。与此不同，盟军在占领与统治敌国时，显然需要与当地各区域的平民进行更持续的长期接触。在满足民政事务方面的迫切人才需求后，盟军主力继续向其他国家推进，意大利和德国这时就落入了盟军管制委员会及其直属军政府的控制之下。在盟军占领这两个国家的过程中，许多临时上任的政府官员明显都对当地情况不甚了解，外语能力也差得惊人。就意大利而言，尽管有些新上任的英国军官战前曾在意大利生活过，或在被派驻意大利前学过一些意大利语，但其他许多军官似乎都是哈罗德·麦克米伦（Harold Macmillan）所称的"不合群的中校"（Ellwood 1985：140，142），他们对眼前的复杂政治和经济问题知之甚少。托马斯·费舍尔（Thomas Fisher）在回顾意大利盟军军政府的行为时指出，在战争结束后仅仅 5 年的时间内，罗马盟军管制委员会就迅速变成了"老人的天堂"，尽管部分地区的官员试图做好工作，但盟军军政府的官员大多数都对工作职责一无所知，也毫无兴趣。他对英美两国派驻意大利的政府官员的文化知识储备程度之低表示遗憾：

他们不懂意大利语，也从未学过意大利语。他们对意大利文化知之甚少，或者说一窍不通，对意大利人的心理特点则了解得更少。许多军官由于对意大利人缺乏相关了解，对当地人持有或明或暗的蔑视态度。（Fisher 1950：121）

在盟军占领的德国，局势更加严峻。盟军对德管制委员会工作的特点是薪资丰厚、只需签订短期合同，并且还允许员工携带家属。

这份位于德国的工作对大洋彼岸的英国人极具吸引力，因为当时英国人正因为英国政府实行的配给制和战后重建工作而叫苦不迭。英国经济部的 R.G. 贝伦森（R. G. Berenson）在 1945 年末报告道："我们有太多高级官员对德国一无所知，对经济学一无所知，对行政管理也一无所知……我从来没有拿到过和这里一样高的工资。"[69] 到 1945 年夏，显然几乎没有在职官员愿意对德国文化抱有浓厚的兴趣："德国人的好战心理给这些官员的生活造成了困扰……他们现在提议，要以牺牲德国人的利益为代价来让自己过上舒适的生活，并且明确拒绝仅仅为了重建德国而做一些给自己添麻烦的事情。"[70] 一年后，一位临时住在高级军官餐厅的观察员指出："说德语是不可能的，更别说学德语了。'我们赢得了战争，不是吗？让那些混蛋学英语去吧！'"（Cooper 1979：117-118）

英国在德国实行大规模占领活动时，所遵循的模式大部分继承自英国殖民时期的传统，基于该传统建立的政治结构和体系可以让英国实现对当地的间接统治，其中，英国通常在受保护国（protectorates）和托管地（trusteeships）设立政治顾问。许多参与管理德国英占区的官员很容易在工作中联想到殖民统治："人们感觉就像在担任落后殖民地的行政官员，而且……实际上，不免会对当地人形成一种长辈般的威严……就像殖民地长官（District Commissioner）对土著部落人民或廓尔喀（Gurkha）军官对手下士兵所具有的威严那样。"[71] 这种统治方式的特征是在统治者和被统治者之间保持明确的社会距离，并且要求政府机关的成立和运作都基于统治者的母语（英语）。英国管制委员会和所有英国军队单位的每位新成员都会收到一份有关"德国人的性格"的指示文件，其中收录了一张关于驻德人员行为准则的清单。这张清单指出，占领者和被占领者之间必须始终划分明确的界限（见表5.1）。

表 5.1　如何与德国人打交道

要下达命令 要态度坚定	不要提出请求 不要示弱
要确保命令迅速得到执行，并确保不服从命令的人受到严厉惩罚	不要试图表现出善意或和解的意愿
要及时严厉打击任何喧宾夺主的行为或其他无礼行为	不要挑起或陷入争吵
要扮演好统治者的角色，让德国人安分守己	不要气急败坏；德国人会沾沾自喜
要表现冷漠、得体且有威严，雷厉风行	

资料来源：NA，FO 1032/1462，"德国人的性格"相关文件，1945 年 3 月 1 日。

语言是这种占领者形象的必要组成部分。英国当局规定，占领区的唯一官方语言是英语："德国人向任何军事当局报告，均应……使用当局对应国家的语言。呈报表格、会议纪要和其他正式文件时，应使用文件接收单位对应国家的语言。"政府机构的德语翻译工作必须由当地德国人负责（重要公告除外）："将重要和次要文件或其他命令……准确翻译（含口笔译）……成德语，或者从德语翻译成英语，这类工作要完全由德国人承担。"德国人作为被统治者，需要全权负责理解英国当局的指示，并承担任何可能的由理解差错带来的后果："理解命令和指示是德国人自己的责任，任何翻译或传达的错误都不应作为他们未能履行我们要求的理由。"[72]

但是，英国占领政府的部分官员清楚地意识到，严格奉行"只讲英语"的政策很可能会使传统的间接统治模式举步维艰，甚至无法实施：

> 从理论上讲，用统治者的语言与当地居民交流，并把理解的责任交给当地居民的做法是非常可取的。但实际上，这种做法会造成拖延和困惑。每位居民都会以找不到翻译或听不懂为由拒绝服从命令。确实，如果这项政策被严格执行，就会出现两者之间不再进行任何交流的荒谬局面，因为任何官员都无权用自己的语言命令居民去找一名翻译。[73]

在实践中，英国当局最终采取的措施略有差别。英国当局仍然将英语指定为官方语言，因为这是声明公开占领的必要措施。但英国当局也意识到，应鼓励英国军官学习一些德语："如果会讲两种语言，优先用英语交流，但盟军的代表都有义务学习德语。"[74]

正如英国殖民者在历史上曾接触的非洲或印度地区的语言一样，德语被英国统治者定位成"军械库中的备用武器"，不用于与当地人直接交流，而是作为协助英国实行有效间接统治的秘密情报工具之一。从某种意义上说，公共场合与私人交流所使用的语言完全不同（见表5.2）。

表 5.2　语言选择建议

要在与德国人正式打交道时使用英语 要学习德语，尽可能了解德国和德国人	不要表现出你对德国人的了解

资料来源：NA, FO 1032/1462，"德国人的性格"相关文件，1945 年 3 月 1 日。

实际上，英国官员越来越倾向于在一个讲英语的封闭圈子中活动，故意与当地居民保持距离。维克多·戈兰奇（Victor Gollancz）

在参观德国英占区时，对英语圈的禁闭氛围感到震惊：

> 大部分军官和担任官员的平民……几乎不与德国男性往来，除非是纯粹的官方交流。总体而言，这并不是因为他们"铁石心肠"，而是因为当时的氛围就是这样——这就是在被占领国的日常生活方式……官员们对当地平民总体上持有各种态度，有的带有令人不快的冒犯感；有的则漠不关心、视而不见；有的则稍显仁慈，但无形之中带有一种优越的长辈作风，最贴切地形容这种作风是"白人"对"土著人"的态度。（Gollancz 1947：94–95）

在占领军的官员组成的庞大官僚机构中，几乎所有人都只讲英语。因此，他们发现，如果要与办公楼墙外的世界来往，往往必须借助第三方的调解。英国当局最初在针对占领区的外语需求进行规划时，并没有特别重视在德国聘用有资质的英国军事口译员。到1945 年 9 月，盟军管制委员会的口译部队（见第六章）为其在德国、俄罗斯和法国的分支机构都配备了相同数量（4 名）的口译员，然而其职能并不包括在占领区的"实地"上为英国军队和德国平民调解日常关系，而主要是确保占领区各当局之间联络顺畅，以及侦查和追究刑事案件。在英国派驻德国的众多人员中，军事口译 / 笔译骨干所占的比例微乎其微：1946 年中期，在总共 26000 名英国员工中，在编口译员仅有 760 名。[75] 实际上，英占区的日常管理必然需要讲德语的员工提供服务——大约有 30584 名德国人被招募为英占区政府工作。[76]

无论英国当局采取怎样的官方语言政策，人们都意识到，政府人员与当地人民需要经常进行各种形式的语言联络，这些联络无法得到盟军口译部队的支持，只能依靠在当地招募且经过严格安全审查的德国人。[77] 然而，随着英国行政官员越来越依赖这支德国骨干，他们在审查这群人的政治背景时也显得越来越不仔细。当斯蒂芬·斯潘德（Stephen Spender）向一名英国军官举报说一名军官的口译员直言不讳自己其实是一名纳粹分子时，这名军官似乎无动于衷："他（英国军官）感到有点惊讶，但仍然坚信自己非常幸运能拥有这样一位优秀、聪明的口译员"（Spender 1946：44）。

英国行政官员依靠当地口译员来传达当局的信息，或反馈当地人民的回应，这意味着这些官员往往容易听从德国权威人士的意见，即使这些权威人士未必公开赞同盟军新建立的政权。托马斯·费舍尔认为，这也是意大利盟军军政府的一个主要问题："军官们……赞同该政党的政策，往往只是因为这是唯一有实力的政党。这些军官都不愿意打破现状"（Fisher 1950：121）。德国的情况也类似，正如贝尔福报告（Balfour Report）所述，以母语人士作为中介进行沟通，可能会导致军官们纷纷安于现状：

由于不会说德语……军官往往过度信任会说英语的德国人。但能否说英语根本不是衡量政治可信度的好标准，所以他们也常常被牵着鼻子走（实际上，会说英语的德国人主要出自受过良好教育的阶层，而这个阶层显然大多是狂热的民族主义者）。[78]

英国与其他占领德国的国家一样，在所占领土内建立起了自己的语言家园，摈弃了办公楼、基地等建筑的德语名称，并重新命名（如"兰卡斯大厦"和"斯特灵大厦"）；还在办公楼周围的道路上设置了英语路标，并将附近的公交车候车亭等公共区域指定为"仅供盟军人员使用"。正如观察员所述，对于占领者和被占领者来说，这些空间的命名无疑增强了英国各机构中的"辖区气氛"，辖区以内的空间以英语重新命名和管控，在语言和物理层面都与德国人隔离开来。[79] 英国人故意与德国人保持距离，生活在与之完全不同的世界里："一个与德国人的世界完全不同的世界……在德国有两个截然不同的世界"[80]。在 1948 年的国际政治压力下，英国外交部开始鼓励驻德英军与德国人民开展更密切的来往。然而，先前建立起来的语言隔阂已经在英占区积重难返、根深蒂固，使得两个群体之间开展文化交流困难重重。如果说邀请德国人进入英属飞地（enclaves）内受保护的世界仍然并非易事，那么唯一较为可行的办法就是鼓励更多的英国人在基地以外的非正式会晤中讲德语。有人提议在占领区政府的德国和英国员工中建立一个语言交流体系，让他们自愿互相学习。但这似乎不太可行，因为很少英国人对学习外语抱有浓厚兴趣："德语课程的出勤率似乎并不高……员工们……通常在学习德语一两个月后就放弃了。"[81]

总结

在解放欧洲和占领敌国的行动中，英军遇到了巨大的语言和文化挑战。英国当局高度重视英军在刚解放的领土上的行为问题，担忧英军的行为不端可能会使当地民众误认为英军还不如德军，并可能对战后盟国关系造成负面影响。英国当局努力为英军大量制作了各国的文化指南。这项措施的主要目标之一是向士兵传递一种超越语言的方法论，教会他们如何在国外以讲礼貌、互相尊重的方式表达自己的意思，即遵守基本的会话礼仪。实际上，士兵们和与当地平民在"实地"的接触往往是短暂的，士兵们充其量像是路过的游客，或者自愿或非自愿参加由长官组织的军民固定见面会。

在培养民政事务官的过程中，英国当局最初计划招募具备外语能力的士兵，并继续培训其外语技能；后来转而优先考虑候选人的军事技能和实用技能，因为这些技能更贴合其实际工作。在这种情况下，民政事务官到岗后，将日益需要当地母语人士的帮助。这些母语人士的最佳人选是经过英国陆军选拔和训练的人员，若有必要，也可由军方在登陆后招募当地人员。尽管如此，民政事务官可以靠自己在相应国家获得当地的大量背景信息，并能够使用附带外语版本的辅助材料。民政事务筹备工作目标之一就是让这些民政事务官能够消化吸收工作所涉及的文化和语言背景知识。

大多数英国军人是在占领敌国的行动期间才与外国人产生了较为持久的接触。占领早期，当局由于担心德国抵抗组织会通过拉拢英国士兵来破坏军事行动，因此全面禁止了英国士兵与德国平民的交流——士兵与平民接触时，只能说军事用途的德语，发出不连贯的德语指令或打手势。而基于德国英占区的现实情况，这项禁令显然很快就无法执行下去了。总体而言，这两个群体之间随后建立的非正式交流（通常被称为"亲善关系"）是由征服者与被征服者之间基本不对称的关系所决定的，这种交流在语言上和物质上都存在不平等，不存在平等自愿的性质。

德国英占区政府为实行统治制定了一系列规章制度，其中包括将英语规定为当地官方语言的政策。该政策规定，所有公务均应以英语开展，而翻译的责任则落到了受统治的德国人肩上。实际上，政府机构例行公事很难脱离当地语言中介的协助，毕竟军方口译员在管制委员会聘用人员中只占极少数，且其职能主要在于盟国之间的联络，以及在去纳粹化运动中发挥最重要的作用——追捕和审判纳粹战犯。在军队缺乏足够外语专家的情况下，英国行政官员招募了当地的德语翻译，主要看重他们持有的语言技能，不看重他们是否支持英国占领德国，而这种支持往往是必要的。在英国占领德国的早期过程中，当局为讲英语的员工创造了一个孤岛，一块保留区域，既受到办公楼和军营周围铁丝网的保护，也受到语言鸿沟的保护。语言隔离政策表现出了英国当局力求英语主导地位的态度，同时也使得占领区政策难以实施任何改革。正如一位高级军官的敏锐观点："我认为，除非这些待在孤岛上的英国人准备好迎接德语的冲击，否则当地不会取得多大社会进步。"[82]

第六章

追捕战犯：战争法庭上的
军事口译员

战争与对话

外语和英国在欧洲的战争活动

（1940-1947）

　　在司法领域，德国英占区政府需要确保提供足够外语专业人才。追捕战犯，并以公众可见、可接受的司法程序对战犯进行审判，这对于去纳粹化行动，以及英国在德国英占区实现自由民主的目标都至关重要。虽然英国在整个战争期间都没有处理好各领域的外语相关问题，但在英占区政府为去纳粹化运动建立司法设施的迫切需求下，出乎意料的是，一种全新的口译职业反而诞生了。这类口译职业与众不同的地方在于立场中立，忠于源语（口语）。德国英占区的军事口译职业起源于 1944 年末建立起来的"口译部队"（Pool of Interpreters）。当时，口译部队还只是个雏形，随后根据法律程序的要求，逐渐发展成为战后评论家所认为的专业口译服务的开端。

　　本章讨论了德国英占区的军事口译活动，尤其是译员作为语言中介在战争罪审判过程中所发挥的作用。与采用同声传译并给世人留下了示范性印象的纽伦堡审判（Nuremberg Trial）相比，实际上，英占区的口译活动起步时人员专业水平要低得多，后来才慢慢地发展成了一个能够为法庭事务招募、培训和储备口译员的成熟制度。通过倾听这些口译员的"声音"，我们可以更好地了解他们是如何加入德国英占区口译部队从事口译工作，又是如何密切参与到对战犯的调查和审判工作中去的。

德国英占区的口译服务

1945 年 2 月，根据雅尔塔会议的决定，德国被分为四个占领区（美占区、英占区、法占区、苏占区）。随后，盟军当局开始通过盟军军政府（Military Government）来治理德国，1945 年夏季后，改为通过对德管制委员会（CCG）治理。英国对德管制委员会 ［Control Commission Germany（British Element），CCG（BE）］ 试图实现所谓的"四个 D"——去军事化（demilitarization）、去纳粹化（denazification）、去民主化（democratization）和去工业化（deindustrialization）。英国当局认为，作为去纳粹化运动所涉及的一系列军方活动之一，新成立的英国政府将以最为公开可见的方式（即伸张正义和制裁战犯）来赢得民心，而口笔译活动对于这项工作是至关重要的。

1944 年 9 月初，英国当局首次提出建立口译部队，以满足德国英占区的口笔译需求。1944 年 9 月 22 日，战时编制委员会（War Establishments Committee）以及财政和诺福克大厦（Treasury and Norfolk House，英国对德管制委员会的基地）同意建立口译部队以满足盟军管制委员会总部、柏林地方管制政府和德国英占区员工日常工作中的翻译需求。口译部队服务于英占区和柏林地区，提供德语、俄语和法语的军方及地方口译员。在被调到口译部队工作后，军方译员一般保持原有军衔不变："对于口译员来说，最重要的是技能，而军衔相对而言没那么重要"[1]。在德国英占区政府针对军官提出的一系列要求中，语言能力仍被视为相对次要的要求，语言能力强并不一定会带来军衔上的晋升。实际上，在口译部队的原有编制中增设中校岗位也只是为了物色更多合适的人选。

口译部队的领导是一名首席口译员（Chief Interpreter），最初是上校军衔，1945 年 9 月后升为准将。这名领导主管口译部队的日常管理和行政工作，并负责与其他地区盟军管制委员会的首席口译员共同制定政策。[2] 口译部队设有一个管制协调处（Control and Co-Ordination Branch），负责制定整体政策，以及配置不同类别和职级的口译员，即根据任务要求将这些口译员分配至对应客户。由于人力资源十分有限，口译部队没有为任何客户分配常驻口译员或笔译员，尽管口译部队曾承诺"将尽一切可能确保为每个大客户分配至少几位半常驻的口译员，以便让这些口译员熟悉客户的工作及其专业问题"[3]。管制协调处下设有一个行政科，负责人力资源管理事务，包括招募并测试新的口译员和笔译员，给予他们指示，以及根据客户的报告撰写工作日志。管制协调处还下设有一个文印室，负责打印外国文件和信件。[4]

口译部队有三个语言部门：德语、俄语和法语部门，每个部门都有军方和地方的口译员 / 笔译员，分别由一名中校担任领导。部门领导负责各部门的整体工作，为各部门配置人力资源，分配口译任务，以及确保工作效率正常、资源配置合理；他还负责担任客户和口译员之间的联络人，确保口译员能够圆满完成所分配到的任务。[5]

1945 年的整个春夏，口译部队的在职员工数量不断变化。但在盟军管制委员会（CCG）数以万计的员工中，口译部队一直维持在数百人（见第 5 章）。在不久之后的 1945 年 8 月，由于翻译需求不断增加，口译部队需要调整组织架构，因此决定增设翻译和培训部门（Translation and Training Branch）。当时，口译部队全权负责盟军管制委员会所有部门的翻译工作：当时收到的要求是，所有员工每周需完成共 4800 个小时的翻译工作。随后，1945 年 9 月和 10 月，口译部队再次调整了组织架构：在职员工暴增至 1520 人。即便如此，这一千多人也只占盟军管制委员会员工总数的一小部分。[6]

军事当局在建立口译部队时，所面临的首要问题是安全问题：英国当局需要考虑，来自哪些国家的人员可以从事军事口译工作。1944 年 9 月，在译员招募开始前不久，英国外交部规定，非英国出生的口译员和笔译员只能从事特定职级的工作。例如，只有在英国或英联邦自治领出生的公民才有资格被任命为军官或文职人员，而归化的英国公民只能在较低职级的岗位任职，并且他们只有在获得军情五处（MI5）的批准后才能上岗。来自敌国的公民则完全被禁止录用。所有级别的俄语口译员可以来自除敌国以外的任何国家，只要获得军情五处批准即可（见第八章），德语口译员则必须经过军官、准尉和"其他级别"官员的批准。[7]然而，到 1945 年 1 月，即口译部队人员招募工作正式开始后不久，情况发生了巨大变化：由于无法招到合适的外语专家，英国外交部别无选择，只得彻底修改其关于口译员和笔译员的安全政策。从那时起，来自敌国的归化英国公民就能够被口译部队招录为口译员／笔译员了。[8]英国当局不得不大刀阔斧地改变政策，显然是因为技能过硬的外语专家确实极为稀缺。

1944 年秋，口译部队成立后，立即开始招募口译员。在招募工作上，盟军管制委员会采纳了盟军远征军最高司令部（Supreme Headquarters Allied Expeditionary Force，SHAEF）的意见，即通过广告、广播和联系大学等方式在英国招募地方外语专家。对德和对奥管制委员会负责招募俄语口译员，第 21 集团军负责招募德语口译员。

9 然而，事实证明这是一项艰巨的任务。到 1945 年春，为满足盟军远征军最高司令部和各管制委员会口译需求而设定的招募目标显然已不可能实现。军方对军内外语专家的情况记录较为有限，并且可以推测的是，在当时的就业和薪酬条件下，这类人才中只有少数愿意调任口译员。在英国，能说德语和俄语的地方口译员也较少——估计不超过 2000 人。据悉，其中许多人无论如何都不太接受未来被派驻德国，因为他们已经在其他地方找到工作，不愿意再搬到德国，也不愿意从事比现职待遇或社会地位更低的工作。10 招募工作也出现了其他由安全问题以及英国外交部和军情五处的限制所导致的延误：到 1945 年 1 月底，在接受面试的外语专家中，最终获批的人员仅占约三分之一。11 为了解决口译人才的供应问题，英国当局要求提供所有遣返战俘的记录，以查出可能精通俄语、法语或德语的士兵。到 1945 年 5 月，招募到足够数量外语专家的目标似乎已经遥不可及。因此，盟军管制委员会计划评估现有员工的语言技能（分为"精通""熟练""一般"或"不会"），希望借此判断是否存在"可以在没有口译员协助的情况下开展的业务"12。

1945 年 2 月 8 日，诺福克大厦发布了一份备忘录，其中规定了口译部队的招募评级。该评级适用于军方和地方译员，共分为三个等级：A 级（85 分）、B 级（56 分）和 C 级（50 分）。这些分数由应聘者的笔试13 和口试（包括大约 30 分钟的对话）得分构成，旨在评估其语言学术知识。此外，应聘者的性格也被划分为三个等级：S1 级（"可以被引进上流社会的人员"）；S2 级（"在各方面均受过良好教育，举止得体，但未能达到 S1 级要求的人员"）；S3 级（"剩余的其他人员"）。14

口译部队在最初成立时，显然不够重视口译员聘用后的培训任务。1945 年 7 月，德国的盟军管制委员会在致第 21 集团军总部的信中指出，口译部队最重要的任务是召集尽可能多的德语、俄语和法语人才，然而，"由于这些人中只有极少数做过口译，因此下一步工作重点应在于培训口译员"[15]。信中强调，必须为口译员提供语言进修课程和口译强化训练。同月，英国当局决定在德国开设德语培训课程，[16] 论其原因，一是德国当地更接近口译员的实际工作所在地，二是这样便于与已经在英占区工作的外语专家交流。1945 年 7 月，英国当局还讨论了在第 21 集团军内专门设立口译学校的计划，但随后似乎放弃了这个项目。

因此，不足为奇的是，在这种艰难的招募环境下，到司法系统工作的口译员对他们将要从事的工作感到有些不知所措。有的译员在参与部署前接受过口译训练，即在布鲁塞尔的军事口译学院上过为期一周的课程。然而，这些课程的重点似乎是学习如何骑摩托车——往返于未来口译任务地点之间的主要交通工具，[17] 而不是学习口译技能本身。实际上，所有口译员都分配到了一辆摩托车，因为其工作经常涉及出差，且必须在收到任务后迅速到达目的地。巴兹尔（Basil）是一名英国士官，他在看到外语专家招募公告后，申请到情报部队（Intelligence Corps）的特别任务连（Special Duties unit）工作。他发现 47 岁的自己不得不学习如何骑摩托车："一位下士讲解员说'看着我'，然后重复了两三次动作要领……最后，我就能骑车绕着这块场地转圈了。第一天，我学会了启动和制动。第二天学会了如何换挡。"[18] 年仅 18 岁的沃尔特·理查兹（Walter Richards）也回忆道，他当时每天不得不花两三个小时学骑摩托车。

还有一些人，比如克莱夫·泰德恩（Clive Teddern），确实记得课程中有语言练习环节——"在角色扮演环节，……人们会刻意去犯一些下流的语言错误"——尽管他的有些同事的外语水平似乎出奇地低："我邻座的人实现了不可能的目标：口译课不及格。考试的时候我瞄了一眼，看到他把'Tief-Flieger Angriff'（低空空袭）翻译成'地下空战'（underground air battle）"[19]。实际上，大多数译员接受的培训都是"在职"培训。因此，从一开始，建立口译部队，以及招募并任用军事口译员，都必然是德国英占区当局在面临各种不同问题时所采取的一种务实的妥协。军事口译员必须通过安全审查，被社会所认可，具备多任务处理能力，最重要的是，能够在当时直接对接管制委员会的工作。当时，口译部队还没有正式声明，口译员可能需要根据占领区的不同行动领域开展特殊形式的口译工作。而随后到来的法庭口译工作[20]涉及对战犯的判决和制裁，以非常尖锐而明显的形式显示出口译员培养专业语言习惯的重要性。如果法庭口译员不具备专业水平，就会拖延诉讼程序，甚至损害整个司法系统的公信力。

去纳粹化运动与口译职业化

在第二次世界大战后的几十年里，被告在法庭上是否有权配有一名口译员的问题一直是人权领域争论的焦点。1950 年通过的《保护人权与基本自由公约》（*Convention for the Protection of Human Rights and Fundamental Freedoms*）首次在欧洲明确规定，被告有权"以其能够所懂的语言获悉指控"，并有权"在听不懂或不会说法庭所用语言的情况下免费获得口译协助"（Mikkelson 2000：11）。

1966 年通过的联合国《公民权利和政治权利国际公约》（*International Covenant on Civil and Political Rights*）第 14 条也规定，被告有权"在听不懂或不会说法庭所用语言的情况下获得免费的口译协助"（Mikkelson 2000：10–11；Karton 2008）。被告配有口译员的权利现在与"语言出席"的概念密切相关，这意味着如果被告不懂诉讼程序所使用的语言，他们在审判上的出席就无效。战后，法庭口译被公认为是一种高度专业化的职业，从事这一领域工作的译员需要经过专业培训，并获得公认的资格认证（瑞典，1976；美国，1978 年《庭审口译员法案》；澳大利亚，1978；加拿大，1980 年代初）。法庭口译制度的特点是在法庭上划分出一块"语言空间"，让口译员在遵守一定行为守则和道德规则的前提下提供服务。然而，在 1945 年，这种制度尚有待发展。在德国英占区极度不稳定的环境下，外语专家需要从事各种类型的工作，而为侦查和庭审工作提供口译服务只是其中一部分。

1945 年至 1946 年，纽伦堡的国际军事法庭（IMT）对主要战犯进行了审判，这可能是欧洲历史上最著名的配备口译的审判。战后评论家将其视为一般口译与专业口译（尤其是法庭口译）的分水岭。然而，纽伦堡审判实际上创立了一种会议口译模式，这一模式在随后几十年里主导了口译活动，也使口译在 20 世纪 50 年代初成为一种新的职业，这一职业也得到了颇具影响力的国际会议口译员协会（AIIC）的支持。纽伦堡审判虽然名噪一时、广为人知，但实际上具有一次性，不具有典型性，其工作性质完全不同于口译部队绝大多数译员在英占区进行的法庭口译。

纽伦堡审判对于语言有着特殊的需求，这对所有参与组织这场审判的人来说都是显而易见的。无论是这场审判所使用语言的数量，还是在法庭上互动的人员范围，显然都是相当大的。被告必须以可被听见、可被看见的方式出席法庭，且任何审判都必须尽快进行。在这种情况下，使用交替传译并不可行，而某种形式的同声传译才能符合要求。在纽伦堡使用的法林－芬利电话系统（Filene-Finlay Hushaphone）于 1926 年获得专利，战前曾在日内瓦举行的国际联盟会议上投入使用，可辅助译员进行"同声交替传译"（至少 1 种语言的口译员先进行交替传译，其他语言口译员再依此进行同声传译）或"带稿同传"（Gaiba 1998：30-32）。鉴于国际军事法庭的特殊语言需求，法林－芬利系统在纽伦堡以一种新的方式投入使用，使同声传译首次成为可能。

在招募能够使用新同传系统的外语专家时，官方采取的选拔方式分为两个阶段：第一阶段，评估译员的语言知识；第二阶段，测试译员同时进行听和译的能力，这也是使用新同传系统所要求的能力。这其中包括模拟庭审环节，即要求应聘者进入同传箱进行口译。应聘者要想通过选拔，必须具备卓越的双语能力、广泛的文化背景、沉稳的性格以及在高压下保持冷静的能力。负责招募的人员后来称，他们招到最好的口译员通常是双语而非多语人才，年龄在 35 岁到 45 岁之间，在本国受过教育，并在另一个国家积累专业经验。应聘者即使具备出色的语言能力和丰富的文化背景知识，也未必能够处理好庭审题材的信息，或者未必能自如使用正在建设中的新同传系统（Skinner 和 Carson 1990：15-17）。应聘者在入选后，还需要接受培训，其中包括长期的模拟庭审课程，课程持续时间从几天到几个月不等，取决于译员的能力和庭审本身的要求。

乔治·H. 瓦西里奇科夫（George H. Vassiltchikov）是一名俄罗斯裔移民，曾在法国为抵抗组织工作。1945 年，他被招募为纽伦堡审判的口译员。当时已经有传言称，法庭上的俄语口译员由于能力欠佳而遭到过投诉。瓦西里奇科夫当时前往位于旺多姆广场（Place Vendome）的法国司法部（French Ministry of Justice），会见一名负责招募的官员，并回忆道，尽管"俄罗斯黑手党当时日益猖獗，但我属于去那里工作的俄罗斯人。那些被录用的人外语说得很好，背景似乎也不错。我们都乘飞机去了纽伦堡"[21]。瓦西里奇科夫有口吃，最初是被招来做笔译的。"但一到那里，他们又发现，那些被招来做口译的人都不太行"[22]，于是他被要求尝试口译工作："我参加并且通过了测试，我在做口译的时候没有犯口吃。然后我成了他们的头号俄语口译员。"[23] 测试内容之一是由检方人员为他朗读一段文字，然后他必须边听边口译，且口译内容会被录音："我简直是在不知道如何游泳的情况下被扔进游泳池。"[24]

与口译部队相比，国际军事法庭为外语专家提供了相对较高的社会地位和薪资水平："我们在纽伦堡工作的收入相当可观。这是我有生以来第一次摆脱贫穷（甚至是一贫如洗）的生活。"[25] 纽伦堡负责语言服务的部门，即翻译部门（the Translation Division）由利昂·多斯特（Leon Dostert）领导，阿尔弗雷德·斯蒂尔（Alfred Steer）、彼得·乌贝洛（Peter Uiberall）和约阿希姆·冯·扎斯特罗（Joachim von Zastrow）担任执行干事。翻译部门设有：法庭口译处（Court Interpreting Branch），由三个同传小组（12 名同传译员）和一个辅助小组（12 名交传译员）组成；笔译处（Translating Branch），含 8 个分处，有约 25 名笔译员；法庭报告处（Court

Reporting Branch），每个语种配有 12 名工作人员；还有一个笔录审查处（Transcript Reviewing Branch），约 100 人。据瓦西里奇科夫称，德语团队非常优秀，其成员主要是来自美国的德裔移民，而法语团队的能力则参差不齐，尽管"没有差的"[26]。译员们认为工作时间基本合理——口译员上午工作两个小时，从上午 10:30 到 12:30，午休后工作两个小时，从下午 2 点到 4 点。官方实行了轮岗制度，译员们可以换到其他小组工作。然而，当俄罗斯代表团首席参赞列夫·尼古拉耶维奇·斯米尔诺夫（Lev Nikolaevich Smirnov）需要出庭指证"东欧和南欧地区的侵害平民罪和危害人类罪"时，瓦西里奇科夫不得不负责其中大部分的口译工作。为确保口译工作顺利进行，瓦西里奇科夫进行了精心准备，其中包括询问斯米尔诺夫关于译员能否事先阅读所有将在法庭上使用的文件：瓦西里奇科夫认为，由于这些文件的原文都是用英语编写的，因此对他来说，直接引用原文更容易一些，而不是将原文在英语和俄语之间来回翻译。虽然斯米尔诺夫最初担心信息会被泄露给辩方，但他和苏联首席检察官鲁登科（Rudenko）将军随后决定认可这一合理要求，这也符合他们自己的利益。随后，瓦西里奇科夫来到斯米尔诺夫的办公室，花了几天时间与其密切交流工作。[27]

因此，国际军事法庭为口译员创造了一种非常特殊的工作环境——高水平的语言技能、优厚的薪酬和待遇，以及标志性的同声传译制度。与之相比，英占区战争法庭的口译则有着迥然不同的背景。第二次世界大战结束时，英国当局拘留了至少 19500 名被指控的战犯（Bloxham 2003：105）。根据"英国皇家授权令"（Royal Warrant），战争法庭在英占区成立，并在 1945 年之后审理了许多著名的案件，如贝尔森（Belsen）审判和拉文斯布鲁克（Ravensbruck）审判。英国法院计划在 1946 年 4 月 30 日之前审理 500 起案件，但由于工作量太大，在此期限之前实际完成审判的案件只有 200 起。1949 年 3 月，英国外交事务副国务卿克里斯托弗·梅休（Christopher Mayhew）报告称，英国军事法庭已完成 937 人的战争罪审判工作；对德管制委员会法庭已完成 148 人的反人类罪审判工作，德国各地方法院审判了共 2180 名面临相同指控的战犯（Sharman 2007：224）。这些数字仍只占被指控的在押战犯的一小部分。在这种情况下，无论是审判本身还是审判前期的侦查工作，都需要大量的口译服务。实际上，绝大多数被告、许多证人以及辩护律师都只会说德语，因此，他们在英国法庭上的"语言出席"（Gonzales et al. 1991：57–67；De Jong 1992：11–13；Mikkelson 2000：12）必须由法庭口译员提供，因为法庭的官方语言是英语。对英国当局来说，如何应付如此庞大的口笔译需求是一个相当大的难题。例如，1946 年 1 月的一系列审判报告指出，截至当时，口译部队的现行制度承受着一定压力：

> 还有一点值得注意，最近有不止一次审判出现了口译失误——在阿尔梅罗（ALMELO）审判中，口译员的水准令人失望；在伍珀塔尔（WUPPERTAL）审判中，法院在开庭几分钟后就把派来的口译员打发走了；在对荣格（JUNG）博士的失败审判中，几名荷兰籍口译员既不会说英语也不会说德语。[28]

那些参与诉讼程序的人很清楚，在英占区进行的审判工作能否圆满完成，将越来越取决于口译的质量。萨默霍夫（Somerhough）上尉[29]和哈登（Harden）上校[30]是口译部队中主管战争罪审判事务的两名军官，他们承认，"要做好法庭口译，口译员不仅需要将一种语言翻译成另一种语言的能力，还必须完全精通两门语言及其习语，能够将一种语言的微妙含义用另一种语言表达出来，最重要的是，要能够在极短的时间内做到这一点"[31]。

为了解决战争罪审判出现的这些口译问题，口译部队决定设立"口译导师"（Master Interpreter）职位，其职责是：

> 巡查各兵团驻地，为口译员提供审判程序方面的口译指导，督察其工作情况，并向总部报告他们的口译能力；通过这种方式确保每支部队都能够为其可能召开的任何审判提供一流的德语口译员。此外，在某些悬而未决并且引起公共关注的案件中，口译导师可以亲自参与口译工作，担任被告或"重要"证人（"star" witness）的译员。[32]

口译导师应就口译员的选拔、培训和能力提供建议，并向当局报告有关口译的任何问题。当选这一职位的彼得·弗雷斯特（Peter Forest）上尉曾在贝尔森审判中担任高级口译员，"他的口译表现得到了律师和媒体的赞许，他还获得了总统特别嘉奖"[33]。弗雷斯特上任后的首项任务是面试口译部队的应聘者，选拔可以胜任战争罪审判口译工作的人。最初，弗雷斯特显然很少遇到符合要求的口译员。但是，在监督英占区审判工作的过程中，他逐渐发现越来越多的专业外语专家。他所看重的技能是良好的语言知识，以及在法庭环境中高效提供口译服务的能力。那些语言技能不够熟练，反应"不够快"，或者由于太紧张而不能提供准确翻译的人都被拒绝了。再后来，弗雷斯特还考虑了其他方面，例如口译员的行为举止，以及他们对法院其他人员的尊重。

然而，1946年4月，口译部队又收到了一封投诉信，信中指出，口译部队提供的口译员"水平远远低于法庭要求的标准，有时让审判难以进行下去"[34]。显然，萨默霍夫上尉创立的口译导师制度仍然没有充分发挥作用。最初的计划是，口译导师将符合要求的法庭口译员的名单上报，然后由口译部队来调配人员。然而，实际上，这些被选中的口译员都是口译部队常规工作的重要骨干，因此口译部队从未将他们派去执行战争罪审判的口译任务。[35] 因此，口译导师越来越难找到一流的法庭口译员："现在到了一个什么样的地步呢，即使我只是发现了有潜质的口译员，我也会感到欢欣鼓舞，因为这些人在经过训练、指导和实战后，也许能够服务于我们的审判工作。"[36]

在外语人才资源极其匮乏的情况下，弗雷斯特决定创立一个全新的制度，利用他已经拥有并且容易调用的资源。因此，他决定招募一些有潜质的候选译员，然后"根据指示"把他们送到法庭工作：

我的想法是"根据指示"将上述第一批六名士官[37]派去伍珀塔尔，参加下一次庭审（由军法署署长斯特林先生负责）。我会尽力在那里培训他们，与他们一起工作，提高他们的口译水平，并钻研如何提高他们的口译知识和工作效率。[38]

因此，他的制度可以说是在密切监督下对口译员进行"在职"培训：

我亲自参加庭审，与士官们一起工作，帮助他们，鼓励他们，在陌生的法庭氛围中给予他们信心。要让培训取得成效，建立起真正的法庭口译员队伍，这是唯一的途径。[39]

这一新制度还纳入了评价和反馈机制。口译导师（弗雷斯特）

每次参加庭审后，都会定期向萨默霍夫上尉报告，提交一份针对每名口译员表现的评估报告，以便高层了解哪些人正在进步，哪些人明显不适合做这份工作。大约一个月后，弗雷斯特对这一制度进行了补充，即挑选一些最优秀的口译员，让他们后续担任法庭口译工作的督察，于是口译员的等级体系就这样建立起来了："这名士官的表现越来越优秀了，他现在完全有能力管理一个小团队。"[40] 推行这种方法后，英占区其他审判的口译服务质量总体向好（即使不总是完美的）。1948 年，弗雷斯特也承认，口译部队并不总是能够提供口译技能足够熟练的士官："在当前人才紧缺的情况下，让一名一流口译员搭档一名普通口译员已经是几乎竭尽我们所能的事情了。当然，我希望他们在积累了一些经验后会有所进步。"[41]

尽管加入英军的德国犹太难民被视为口译部队中的宝贵人才，但弗雷斯特起初并不愿意把这些在德国当地招募的难民聘用为法庭审判口译员。他认为，法庭审判涉及对德国罪犯的审判，其口译工作的背景过于敏感，不能委托给那些可能仅仅几个月前还身处敌营的人。然而，英国当局仍然难以提供足够的口译员以满足持续进行的法庭审判的语言需求，因此几乎没有其他选择。于是，弗雷斯特同意对有限数量的德国平民进行测试，允许在极度紧急的情况下聘用这些人。[42] 直到 1948 年，弗雷斯特还在争辩说，尽管汉堡法院聘用的德国平民口译员非常优秀，但仍然应该谨慎聘用这些人，而且"即使聘用了他们，也绝不能允许他们独自工作，必须要有一名英国军官或士官在旁监督，因为误译所造成的风险太大了"[43]。总的来说，弗雷斯特所创立的制度都基于一个前提，就是要能找到必要的熟练的人才资源，无论是在口译部队，还是在其他地方："即使有人告诉我，没有可用的口译员了，我也不会就此罢休。口译员是可以找到的，我们必须找到他们，我们也一定会找到他们，还有很多战争罪审判工作需要进行。"[44]

军事口译员的声音

那些在英占区成为军事口译员的人发现，他们的语言技能也许是第一次受到了重视，尽管他们通常需要用这些技能执行许多与语言无关的任务。英国籍士兵经常把这种经历描述为"偶然发现自己的语言技能派上了用场"。托尼（Tony）是一名英军下士，曾就读于一所文法学校，这里"专门讲授现代知识，包括现代语言……有一名法国籍教师教法语，一名瑞士籍德国教师教德语，所以……我在学校的时候，学过法语、德语和拉丁语，具备这些语言的基础知识"[45]。战争期间，他参加了诺曼底登陆战，之后在欧洲西北部作战，一路进军到德国。即使在公开的战争中，士兵也很少有机会遇到说其他语言的人，"我的法语讲得不错，我也确实经常与周围的法国人交谈，但上级从未让我担任过口译员，主要是因为旅队总部很少与法国人接触"。他说，后来到德国之后，"我的第一项口译任务……当时军官走过来对我说：'啊，你会说德语，对吧？'……所以我的第一项任务就是去征用一家杂货店……"正式的口译任务来得稍晚一些：

然后我搬到了另一个叫内海姆－许斯滕（Neheim-Husten）的地方，这个地方位于德国鲁尔区（Ruhr）。我在这里和一个叫泰迪·佩特利（Teddy Petley）的人一起成为了正式口译员，他现在肯定已经去世了。他曾在贝立兹（Berlitz）语言培训机构教外语，因此他的词汇量很大，但是……他的语法不太好。我却相反，语法很好……但词汇量不大。所以我每天晚上都得努力学习，增加我的词汇量。我在这里的第一项任务包括……我被分配到技术维护办公室（TMO）……负责维护电话交换机，所以我必须学习很多专业术语。尽管我是学通信的，但我还要学很多东西……之后，我不得不和佩特利一起接手两件事情。我们遇见了许多战俘，实际上是一整个部队的战俘，我也不是很清楚，也许有一百来人，还有一个非常好的军官……我们需要监督他们，确保他们一切正常，向他们宣读各种命令等等。他们为我们做各种各样的工作，你知道的，到处跑腿。[46]

那些曾在战争中担任口译员或笔译员的人在回忆起这段经历时，大多数人想起来的往往是他们曾承担的作战任务，而不是具体语言层面的职务。例如，约翰（John）能说一口流利的德语和法语，曾担任过情报官员："我是因为具备外语技能而被招募到情报部门的。"[47]战争结束后，他被派往奥地利审讯战俘，追查战犯。他记得，那段时间他具备"理解这个国家语言的能力"，这在占领区是一种非常强大的能力："我们根本无需依赖口译员。口译员只是来协助不懂外语的军官的。会讲德语的军官一般都看不起口译员。我们比口译员高一等。"沃尔特（Walter）在伦敦出生并长大成人，他曾经"参与陆军准将召开的会议……我在会议上听了很多技术性的内容，我对这些内容一无所知。但是每当准将需要对德国人下达命令时候，我就会发挥作用"。尽管沃尔特在这种情况下显然扮演着语言中介的角色，但他并没有为自己打上"口译员/笔译员"的标签："我去给德国人下达准将的命令。每当准将想要德国人完成某件事，我就必须确保这件事顺利完成——这也是我的工作之一。"[48]

有时，这些在英国出生的外语专家也会感到焦虑，担心他们能否充分胜任语言中介的角色。霍华德（Howard）是一名英军中尉，曾于 1945 年 5 月志愿为 1749 海军部队（1749 Naval Party）担任口译员。他在日记中写道："随着欧洲战争接近尾声，当局在招募懂德语的志愿者担任口译员和笔译员。"他在从布鲁塞尔到明登的旅途中面临了第一次口译考验，并记下了当时惶恐不安的情绪："我们到达了一个没有任何路标的岔路口。奥克利（Oakly）派我向一个女孩问路。我怀着忐忑不安的心情走近她，因为这是我在战后第一次与德国人交谈，也是我作为口译员接受的第一次考验。"[49] 还有些英国人认为，与他们可以选择的其他工作相比，口译部队工作的吸引力不大。一位隶属于克拉根福（Klagenfurt）情报局的英国士官在 1945 年 5 月写道："花了一下午时间读德语。看来我多年的'语言技能'很快就要接受现实的考验了。但让事情变得复杂的是，据说这里的奥地利人说的是一种非常特殊的德语。"[50] 后来，到 5 月底，他被派往口译部队佛罗伦萨分部的奥地利部门。他对这次派驻的描述是："令人失望。情报局通知我，口译部队已经反复声明让我过去，说我必须马上回意大利，在佛罗伦萨附近和他们会合。真倒霉，时间又这么急！"然而，对某些人来说，从事语言相关工作能带来一些好处：

我发现自己越来越习惯这里的文化差异，越来越觉得这些人不像"外国人"。因此，不亲善政策显得越来越荒谬了。当一名"口译员"的好处之一是让我总有借口与德国人交谈。[51]

在纳粹政府的压迫下，不少难民从德国和奥地利逃到英国。这群人使用母语来为英国军队工作，也引发了一系列不同的争议和个人问题。有些难民是抵达英国时才学会了这里的语言——英语。他们当中大约有 10000 人（Fry 2009：xi）加入了英国军队，为盟军战胜纳粹主义做出了贡献。在战争结束时，他们在去纳粹化运动中发挥了独特的作用，不仅是因为他们懂德语，也是因为他们熟悉德国各地区和当地文化。当时，他们绝大多数都被移交至英国莱茵河集团军或对德、对奥管制委员会，然后被遣送回原籍国，加入盟军的去纳粹化运动。

　　阿诺德（Arnold）是一位来自柏林的德国犹太人，他曾加入先锋军（Pioneer Corps），与英军并肩对抗纳粹主义。当他第一次得知自己将被派往口译部队时，其欣喜之情溢于言表。他写信给妻子说："好了，这一天终于来了！……（先锋军）总部的岗位显然……会有别人来任职。我能像其他人一样，被派到口译部队去……亲爱的，我太激动了，我想我今晚要睡不着了！"两天后，他补充道："我仍然像在梦里一样，亲爱的……我还要去上口译课……为期10天。"[52]弗雷德（Fred）是一位来自上西里西亚（Upper Silesia）的德国犹太人，在到达英格兰并加入先锋军之前，曾被关押在达豪（Dachau）集中营。1945 年 5 月，他被派往口译部队驻布鲁塞尔分队，并受命与十几个像他一样的口译员一起"随时做好准备参加第一次和平谈判"[53]。弗雷德能说一口流利的波兰语、法语、英语和德语，因此被选中派往巴特恩豪森（Bad Oeynhausen），接受利物浦的罗素勋爵（英国莱茵河集团军军法署署长）和南丁格尔中校（萨默霍夫上尉的副手）的面试。随后，他被派回英国，参加情报和法律的强化课程。教学内容涵盖如何在法庭上进行宣誓，如何进行审讯，以及基本的侦查技术。不到两周后，他回到了巴特恩豪森。起初，弗雷德和一位不懂外语的资深侦查员共事，所以他的任务主要局限在口译方面。然而，几周后，他被单独派去侦查，并被授予了几乎无限的权力：他可以选择穿制服或便服，任意挑选要佩戴的徽章，征用民用或军用车辆，声称自己隶属于任何单位，并在不同地区和边境间任意穿行。他的职责包括调查和审讯被指控的战犯。在审理案件期间，他通常待在位于巴特恩豪森的办公室，翻译审判所需文件。因此，他在侦查员、审讯员和翻译员的角色之间无缝切换。另一名德国犹太人爱德华（Edward）曾在西北欧第 6 空降师担任情报员和口译员。他在回忆时，也感到自己的职责非常复杂：

> 尽管我在口译兵团工作，但我基本没有做口译。从更广泛的意义上说，我的工作与情报有关，我所做的工作 99% 都是情报工作。我只做过一次口译，当时发生了一起谋杀案：两个卫兵喝了卡尔瓦多斯酒，他们喝醉了，然后杀了一名女人，所以被逮捕了，接受军警审问。我需要为他们翻译，但谈话内容并不是关于谋杀的。[54]

这些德国难民在许多方面都处于一种矛盾的境地。为了融入新的东道国社区，并且为英国占领德国贡献力量，他们必须会说德语（英国敌人的语言），因为融入新的东道国意味着他们要为其提供外语服务。英国当局当初聘用他们的目的显而易见，尤其看中的是（但不仅是）他们的语言知识。他们之所以被选中，恰恰是因为他们具有多重身份：德国人 / 奥地利人身份、犹太人身份和英国人身份。可以推测，这种多重身份是由英国当局在这群难民中所实行的招募和培训制度塑造的。犹太难民在战争期间改名换姓，从而避免在被德国人俘虏后被当作叛国者处置；他们在正式加入英军作战部队之前，都必须宣誓效忠英国国王。这些事实都是很明显的例子，揭示了人们的民族和文化身份是如何在战争期间被重塑的。语言在这一重塑过程中发挥了核心作用。据科林（Colin）说，"我们在心理上并不排斥改名换姓"[55]。说英语这一行为反映了"归化的愿望。我们现在是英国士兵，我们不想说德语。我们只有在遇到德国人时才会说德语"。

总结

在第二次世界大战期间和之后，英军和英占区当局都很少将语言视为一种宝贵的文化资本。相反，他们将语言视为合理有效地履行占领区职责所需要的一系列技能之一。同样，口译曾被认为是一项主要（如果不是唯一的话）要求语言准确性而非要求一系列各领域复杂技能的任务。尽管如此，本项针对德国英占区军事口译活动的研究发现，当时诞生了一种新的口译范式，这种范式不仅包括那些参与备受瞩目的纽伦堡审判的口译员（他们经过了精心选拔和培训，享有相对较高的薪资水平和社会地位），还包括那些在情况更为复杂的英占区工作的军事口译员（当局通过反复试错才逐步为他们建立起了口译工作制度）。

1944 年，口译部队刚成立时，很难招募到能够满足军情五处和外交部安全要求的合格口译员。在这一阶段，口译员的聘用标准主要侧重于是否忠于军队，以及是否被大众所接受。军事口译员必须通过安全审查，被大众所接受，并能在快速变化的战争形势下承担多项任务。战争结束后，英国当局对语言中介的需求显然越发迫切，因此对安全问题的态度也明显越来越放宽。

更具体地说，在去纳粹化运动的背景下，尤其是在战争罪审判工作中，当局需要建立起新的口译工作制度。国际军事法庭所聘用的那种高级口译人才不仅需要具备语言技能，还需要通过更严格的选拔和考核程序，而盟军对德管制委员会显然无法招募到这类稀缺人才。尽管如此，当局在战争罪审判这一关键领域取得实效（也就是加快审判进度）的迫切需求催生了一种新的口译工作制度以及多样化的技能需求，这些制度和需求在几十年后逐渐发展成口译职业的行为守则和道德规则。本项针对德国英占区法庭口译的研究强调了语言人力资源组织者的重要性，这里的组织者指的是"口译导师"，其负责选拔口译员，并对其进行在职培训和监督。

　　正如这些军事口译员的声音所表明的那样，语言技能赋予人们的社会地位也不尽相同，其中既包括纽伦堡审判中提供高水平口译服务、具有高知名度的同传译员，也包括口译部队中承担各项复杂口译事务的士官们。最重要的是，对于那些以难民身份逃到英国的德国口译员来说，会说德语成为了他们得到英国社会接纳的关键因素。语言（包括他们的母语和外语）在塑造他们的身份方面发挥了核心作用。他们的身份已不再是德国人，而是"英国人"。在去纳粹化运动中，他们开始侦查自己的前德国同胞，并对其进行审判。

第七章

英国人和战争受害者：为海外难民和流离失所者提供救济

战争与对话

外语和英国在欧洲的战争活动

（1940–1947）

截至 1945 年，欧洲和世界其他地区在第二次世界大战中的总死亡人数已经达到令人震惊的 4000 万之众。然而，人们没有意识到，他们在战争期间翘首以盼的美丽新世界仍然遥遥无期。战胜国和战败国都要面对一个满目疮痍的欧洲。这场战争不仅使欧洲遭受了物质上的严重破坏，还产生了大量流离失所的人——有的是在战争期间背井离乡，有的则是在战后。这种大规模且强制性的人口迁移在战后造成了严重的问题。战争期间，数以百万计的民众或遭到驱逐，或主动挥别故土：纳粹强行将 1000 多万奴隶劳工驱赶到德国的工厂和矿山进行劳作。"第三帝国"试图建立新的种族秩序，因而实行了一系列强制人口迁移，或擅自变更了国界。这场社会动荡波及数百万欧洲人，包括德国人、意大利人、南斯拉夫人、保加利亚人、罗马尼亚人、苏联人、匈牙利人、捷克人和波兰人（Reinisch 2007）。学者马尔科姆·普罗夫特（Malcolm Proudfoot）（1956）撰写了有关这段历史的第一部研究著作，其中的观点至今仍被学术界广泛引用。按照他在书中的估算，大约有 6000 多万欧洲人在战争及战后余波期间流离失所（Reinisch 2008：374）。盟军在进驻德国西部地区后，发现当地有多达 600 万流离失所者；另有 600 万在苏联控制的东德地区（Cohen 2008：440）。大量平民流离失所，导致难民营越来越多，这些"法外之地"（extraterritorial universes）从德国一路蔓延到意大利，并贯穿整个欧洲：1945 年有 227 个，到 1947 年达数百个，大部分分布于德国英占区和美占区（Cohen 2008：441）。

历史学家专门研究过英国人对二战期间强制人口迁移的态度，研究重点包括英国对战时难民的政策［包括 Conway 和 Gotovitch 2001；Dove（ed.）2005］以及对纳粹大屠杀（Holocaust）的态度（包括 Wasserstein 1979；Berghahn 1984；Hirschfeld 1984；London 2000）。即便如此，第二次世界大战之后的民众流离失所问题仍被严重忽略了（Shephard 2008）。直到近期才出现一些关于战后重建和救济的研究（包括 Reinisch 2008；Gemie 和 Humbert 2009；Shephard 2010；Gemie、Reid 和 Humbert 2012）。虽然以往对救济和庇护政策及实践的研究已经相对成熟，但这些研究较少关注英国如何在战争期间处理难民和流离失所者。根据谢里夫·杰米（Sharif Gemie）（2008：313）的研究，已发表的关于战后流离失所者和救济措施的研究大部分都是"自上而下"的（主要研究对象是联合国善后救济总署，United Nations Relief and Rehabilitation Administration，UNRRA）。与之相比，"自下而上"的研究更能揭示历史人性化的方面，例如分析实地救济工作者及其工作动机。显然，"自上而下"的战后救济史研究很少关注语言的作用。而如果我们采取"自下而上"的方法，仔细观察实地所发生的事情，就能更清楚地领悟到语言在英国战后救济工作中发挥的重要作用。

本章不再赘述联合国善后救济总署（UNRRA）在二战后做出的重要贡献，因为这一点已有充分的史料证明。本章将重点探讨英国救济行动的具体经验，特别是英国救济行动在语言方面的规划。伦敦政府与欧洲大陆的各个难民营相隔甚远，因此其所制定的救济行动规划与各志愿救济组织制定的规划之间存在着显著差异。当时，伦敦中央救济组织负责协调英国所有救济工作，为欧洲大陆各国提供救济服务。而整体来看，这个中央组织似乎完全忽略了语言问题。另一方面，被派往实地的各类志愿救济组织则认识到，满足语言需求对于顺利完成救济工作极为重要。

英国海外救济协会理事会和英国救济组织

20 世纪 40 年代初，英国政治家、志愿组织和军事机构开始规划未来对欧洲大陆解放区的人道主义援助活动，主要借鉴第一次世界大战期间积累的经验。英国所制定的救济计划主要沿着两条路线发展：一方面，参与成立 UNRRA（成立于 1943 年 11 月）；另一方面，协调民间志愿组织，组建本国人道主义援助网络，以此辅助国际层面的救济计划。英国海外救济协会理事会（COBSRA）成立于 1942 年夏，负责为志愿组织、国家政府和国际组织提供咨询和协调服务，但不具备执行职能。所有致力于救济民众或支持社会重建的社会组织，只要在英联邦境外设有至少一个分支机构，就有资格加入 COBSRA。二战期间，有多达 40 个组织加入了 COBSRA，但其中只有 11 个派遣了救济队前往欧洲大陆，包括公谊会救济会（FRS）、公谊会救济队（FAU）、英国红十字会、耶路撒冷圣约翰骑士团，以及救世军等（完整名单见 Steinert 2008：423 - 424）。最初，这些志愿组织的规划并不清晰。不过很明显，由于当时民众遭受的苦难比第一次世界大战后严重得多，因此这些组织必须更为妥善地规划人道主义援助活动，不能仅仅是登陆欧洲然后分发食物和药品。

在这段时期，民众明显迫切需要这些组织的帮助，但这些组织也必须在军事当局和政府制定的框架内开展活动，其角色是英国国家乃至国际救济规划的一部分。如果说成立 UNRRA 表明同盟国"深谋远虑"（Shephard 2008：405），那么可以说实现救济计划主要靠的是上述志愿组织，这些组织也展示出了在战场实地的合作能力（Steinert 2008：424‐425）。

诺曼底登陆之后，英国志愿组织立即布署旗下的救济队进入西北欧国家。1945 年 4 月，共有 907 名来自 COBSRA 旗下组织的救济人员活跃在欧洲大陆，其中 455 人在西北欧国家，115 人在意大利，300 人在希腊，37 人在南斯拉夫。[1]救济队数量稳步增长，在 1946 年夏达到顶峰，当时仅德国境内就有 600 名救济队员（Steinert 2008：432）。这些救济队融入了德国英占区的系统中，也成为了实现英国占领政策不可或缺的因素，即"盟军军政府、德国民众、德国政府和各种机构之间的某种纽带"（Steinert 2008：433）。但是，在志愿组织、军政府和政府间机构之间建立协作关系并不容易。许多志愿组织秉持和平主义理念，拒绝参与任何军事行动。COBSRA 下属的救济组织也大多非常注重自身的立场，尤其是因为一些组织带有"联合国"的标签，可能需要优先考虑其政治盟友的利益。但其中也有多个组织认为，救济人员应该自主选择关注谁的需求，无论其是敌国还是盟国民众（Wilson 1952：114–115）。

志愿组织和军方的关系较为紧张，"不亲善"政策（见第 5 章）造成的问题就是很好的例子。这项政策显然不仅仅适用于军队人员，还影响了民间救济组织的成员。当时，公谊会救济会（FRS）有两支救济队准备进入德国，为流离失所的民众提供援助，但由于上述政策的实行而未能获得批准。他们写信给 COBSRA，认为军方不应以军队人员的标准来要求他们这些民间救济组织成员，因为两类人的招募和训练方式完全不同。结果，FRS 的这两支救济队没有被派往德国，而是被派往荷兰从事救济工作，并且被要求一直在荷兰待命，直到军方准许他们按照标准进入德国（Wilson 1952：118-120）。

救济人员的招募、培训和动员工作由英国当局统一组织，主要服务于 UNRRA；实地工作则由志愿组织推进。这类培训重点关注一般问题，主要涉及救济人员管理和基础设施建设，很少涉及外语交流。例如，1944 年 12 月，盟军管制委员会（ACC）意大利遣返委员会发布了一份《流离失所者和遣返政策指南》（*Displaced Persons and Repatriation Policy Guide*），[2] 其中阐述了口粮配给、生活用品供应、物资运输、衣物分配、资金管理、医疗援助、人员遣返和登记，以及旅行管制等方面的内容。盟军军队人员、盟军管制委员会工作人员和救济人员都可以在必要时参考这份指南。然而，这份指南并没有说明如何处理语言和文化理解方面的问题。1944 年 2 月至 12 月期间，盟军管制委员会需要妥善安排共155487 名流离失所者，包括马耳他人、犹太人、南斯拉夫人、希腊人和捷克人，以及其他受迫害民众，过程中很可能会出现上述问题。[3]

这份政策指南的"人员登记"部分包括一些专为难民和流离失所者编写的文件模板。第一份文件是"履历表"，只有英文版本，附有以下说明：

请在专业人员监督下填写准确信息，并完整填写这份履历表的

15 个部分。这将帮助委员会准确了解申请人的情况，并初步核查申请人的可信度。这份履历表也将在"流离失所者遣返委员会"总部妥善保管。[4]

　　这份文件中并没有说明工作人员应该如何帮助难民和流离失所者克服语言障碍：如何使用其他语言填写表格。第二份文件是"军旅授权申请表"，共有两个版本：意大利语（主要语言）和英语（辅助语言）。受过相关语言教育的人或许能够读懂意大利语版本，但大多数难民则很难读懂。例如，"Si accetta solamente applicazioni doppie battute a macchina，accompagnate da 4 fotografie"（"我们只接受打印的申请表，一式两份，随附四张照片"）这句话，其中的名词应该是复数；还有"Applicazione per autorizzazione militare di viaggiare di passaggio / andare solamente / andare e ritornare fra……mesi"（"……个月内过境 / 离境 / 离境并重新入境的军事授权申请"）这句话，问题在于"applicazione"这个词在意大利语中比较少见，可能是从"application"（申请）这个英语单词逐字翻译过去的，正确表述应该是"domanda"。显然，这些文件要么是由缺乏经验的意大利语译员翻译的，要么是由仅仅略懂意大利语的英国人写的。总而言之，事实证明，英国当局在起草这份指南的时候，完全没有考虑到其中的文件会被大量讲不同语言的人们使用——从该指南中只有一份文件提供了译文就可见一斑。

　　1944 年起，英国当局就志愿组织的集中培训和动员召开了大量会议。根据这些会议的意见，实地救济工作的重点是管理数量庞大的难民，以及保障他们的安全。1944 年夏，对于将被派往巴尔干半岛和地中海地区的救济人员，培训课程内容涵盖公共卫生、安全保障、人员组织和规划、地区总部架构、纪律和福利、军事通信和相关缩略语、机动命令，以及目标地区的历史和背景。[5]然而，值得注意的是，这些培训课程大部分都旨在训练志愿救济人员在实地工作中适应并服从军事要求，而基本不关注救济人员在处理难民时可能面临的问题。同样，1944 年 6 月 16 日发布的"志愿救济组织人员培训"（Training for Voluntary Society Personnel）备忘录[6]也提到了对救济队员（以及司机和医护人员）的培训内容，其中强调的依然是营地的管理和纪律，并要求管理人员"学习如何在难民营中组织游戏、体育锻炼和教育活动"[7]。然而，如何在不考虑语言问题的情况下组织上述活动仍然是个难题。随后，1944 年 7 月，UNRRA 与各志愿组织 / 救济队召开了一次会议，建议"所有人员"都应具备"一定程度的外语知识"[8]。

事实上，COBSRA 在 1948 年已经承认，德国英占区的所有救济工作几乎都是由志愿组织完成的。这些组织为所有救济活动配备了人员，并且向流离失所者提供了大部分生活设施。COBSRA 也承认，如果稍加阻碍这些志愿组织的工作，就会影响难民和流离失所者的福利水平，进而使英国当局失去民心。能否顺利完成遣返和安置工作，很大程度上取决于能否赢得流离失所民众的支持，而在这方面，志愿组织取得了非常出色的成果。[9]可以说，在欧洲大陆上，志愿组织与难民营的联系更为紧密。这些组织中当然也有英国当局指派的协理员，但其余大部分都是文员、护士、培训师和助理，或者说都是直接接触并帮助流离失所者和难民的人员。他们更了解救济工作的实际需求，因而为每次工作的准备也更为充分：其选拔和培训原则与 COBSRA 制定的原则截然不同，明确规定救济人员需要具备一系列的基本技能，其中外语技能占有重要地位。

英国海外救济人员的选拔与培训

主要志愿组织普遍认为，外语培训是救济准备工作不可或缺的一部分。公谊会特别指出，为难民和流离失所者服务的志愿人员必须提高沟通能力。公谊会的组织在汉普斯特德（Hampstead）的沃尔瑟姆山（Mount Waltham）建立了新的培训中心，救济人员需要在此接受为期约 10 周的岗前培训和实践。培训中心明确强调文化知识和沟通技能的重要性，将参与救济工作定义为"身为基督教和平主义者的重要证明"，十分注重为民众提供精神上的调解：

> 救济人员应该充分吸取前辈（贵格会或其他组织）的经验教训，要花时间研究饥荒、营养不良、流行病控制和难民管理等方面的最新理论。公谊会虽然强调效率，但作为基督教会的一个分支，并不认为提供技术支持是自身能够做出的唯一独特贡献……公谊会还强调研究欧洲冲突和文化的本质，了解贵格会的救济人员曾经尝试以什么方式探索难民的生理痛苦背后的问题，而这些问题才是战争和苦难的导火索。救济人员还需要花费大量时间学习语言并进行实践练习。尽管在茫茫难民之中，组织的贡献非常渺小，公谊会仍然希望，救济人员能够兼顾专业技术和精神调解，从而发挥更有意义的作用。[10]

弗朗西斯卡·威尔逊（Francesca Wilson）是英国海外救济工作和人道主义援助的先驱，也是志愿救济领域的重要代表人物，在第一次世界大战和西班牙内战期间表现突出。她撰写了一本书（Wilson 1945），旨在为救济人员及组织提供建议。在书中，她根据自己以往的实地工作经验，提出语言培训是必不可少的：

> 许多希望奔赴海外从事救济工作的人目前都还在全职岗位上，很难抽出时间接受培训，不过他们可以通过自学语言和阅读书籍（或

者上夜校）的方式，加深自己对欧洲被占领国家的了解，为救济工作做准备。毫无疑问，我们如果不能确定学习一门语言（比如塞尔维亚－克罗地亚语、希腊语或波兰语）在未来是否有用，就很难投入时间精力去学习。但学德语一定是有用的，至少在中欧和巴尔干地区，德语都是一门重要语言。这一观点或许令人不快，但德语是歌德和海涅所用的语言，是莫扎特和贝多芬所用的语言。只不过后来希特勒和纳粹分子不断宣传纳粹思想，才使德语的形象遭到扭曲。（Wilson 1945：25）

按照威尔逊的描述，救济人员在贵格会培训中心需要接受为期三个月、全日制的"英国人定制课程"，并在期间"学习与英国文化教育协会（British Council）学生相同的科目，包括营养学、孕产学、儿童福利、信息服务、难民营管理和卫生以及防疫知识；除此之外，救济人员还会参加语言强化课程（法语、德语、塞尔维亚－克罗地亚语和希腊语）和有关欧洲国家的讲座。这些课程通常由来自各国的教师讲授。除上课之外，学员还会参加大量的实践活动"（Wilson 1945：25）。

1943 年秋，公谊会救济会（FRS）海外培训中心也迁入了沃尔瑟姆山，直到 1946 年春（Wilson 1952：108）。该中心的培训课程秉持贵格会的基督教信仰，旨在使救济人员获得精神和社会上的体验，而不仅仅是接受简单的指导。救济人员需要适应无法预料的环境并在其中生活，以及在最紧张、最恶劣的条件下保持心理平衡。换句话说，救济工作对人格有较高要求。专业技能虽然必不可少，但救济人员如果不具备成熟的人格和足够的阅历，就很难发挥专业技术的作用。公谊会始终认为，救济人员不可能在短短 10 周内学会所有必要的技能。相反，培训中心的工作应该是，"帮助学员打好基础，然后让他们活学活用，例如，学员可以先掌握一门语言的基础知识，然后在到达实地后能更快地学会这门语言"（Wilson 1952：109）。沃尔瑟姆山培训课程的主要内容包括，让学员在较恶劣的生活条件下集体生活，开展高强度的户外运动，以及实施"分级语言教学"，其中除了常用的法语和德语之外，还包括希腊语、塞尔维亚 – 克罗地亚语和波兰语课程（Wilson 1952：110）。

海外救济人员的招募和培训工作始于 1942 年 4 月。培训中心从报名的志愿者中初选出一千多人，然后为这些志愿者准备几门函授课程，讲解战后欧洲的基本政治、经济、社会和历史知识（Wilson 1952：104）。培训课程还包括专业技术内容，例如卫生保障、食品分发、国际难民政策以及难民营管理等：

学员们应该学会团队合作，共同开展斑疹伤寒和疟疾防治、营地组织和卫生、食品分发和医院组织等工作。每名学员还应该基本掌握至少一门欧洲语言，确保自身身体健康，并适当学习有关欧洲和贵格会的背景知识。[11]

公谊会认为，语言技能对实地救济工作非常重要。因此，公谊会的志愿者若想被派往欧洲，就必须能够流利使用至少一门欧洲语言，并在培训期间再学习另外一门语言。1943 年 6 月至 9 月间，沃尔瑟姆山培训中心开始举办第一期培训班，规定学员每天接受语言培训，并学习以下课程：

1. 一门有关空袭救援的 24 讲系列课程（基于闪电战教训）；

2. 一门 24 讲的医学课程；

3. 一门营养学课程；

4. 一门有关难民和流离失所者服务（如安置和营地管理）的 24 讲系列课程；

5. 一门有关欧洲历史、宗教、政治和文化背景的课程；

6. 一门有关公谊会信仰和实践的课程（12 讲或以上）；

7. "每天至少需要花费一小时学习一门语言。培训中心将尽量满足每位学员的喜好，希望各位都能学会一门新语言，并进一步提高已掌握语言的水平。"[12]

这些讲座中有 25% 由具备专业知识或经验的公谊会成员授课，其余 75% 由外聘讲师授课。[13]培训中心希望所有志愿奔赴海外的救济人员都掌握"工作地点使用的语言"[14]："所有希望前往国外工作的人员，如果还没有开始学习或重温至少一门欧洲语言，应该立即着手。"[15]

公谊会的语言培训课程并不仅限于在沃尔瑟姆山培训中心开设。1943 年 7 月，公谊会在伦敦等地设立了规模更大的培训中心，提供语言函授课程。例如，戈登广场（Gordon Square）培训中心为二年级和三年级学员开设了德语课程，并在 1943 年为一年级学员开设了初级课程。[16]二战期间，公谊会在救济人员动员和培训工作方面积累了丰富的经验。沃尔瑟姆山培训中心同时也接收来自公谊会以外其他机构的志愿者。除了沃尔瑟姆山，公谊会还在其他地区开展了培训活动。闪电战期间，公谊会在英国伯明翰郊区的伍德布鲁克（Woodbrooke）举办了一个培训班，为遭遇德军轰炸地区的救济工作提供指导。还有一个重要的培训中心设立在德文郡（Devonshire）的斯派斯兰（Spiceland）。该中心致力于"在贵格会的思想指导下，培养青年男女和平主义者，让其能够胜任各种紧急服务工作，包括救济工作、医护工作、农耕工作等等"[17]。这次培训课程从 1939 年冬季持续到 1940 年初，方向从一开始就很明确，"培训内容将包括农耕工作、建筑施工、卫生、语言、急救……旨在让学员学会在艰苦条件下以更简单的方式生活"（Smith 1990：10）。玛格丽特·霍尔（Margaret Hoare）也加入了斯派斯兰培训中心的工作团队，"她是英国国教徒，毕业于现代语言专业，后来在伦敦东部的俱乐部区工作"（Smith 1990：13）。1940 年，这个培训团队除了霍尔之外，还包括有着不同学科背景的人员，其中大多数人都接受过大学教育，他们的专业背景包括农业、牧业、语言和生物学，还有成员掌握了各类手工技艺和知识，例如木工、建筑、烹饪、餐饮知识和营养学（Smith 1990：13–14）。尽管志愿者们都明白，说到亟需救济的地方和人群，离他们最近的是英国国内遭遇轰炸的城市，有医院，以及从前线危险地区撤离出来的老人和儿童，但欧洲大陆始终被视为救济工作的核心地区："大家都一以贯之地关注欧洲大陆，并坚持认为有必要学习法语和德语"（Smith 1990：15）。值得注意的是，尽管"资金非常有限"，但培训中心一直将语言培训视为优先事项。1940 年 4 月，第一批学员抵达培训中心。当时，培训预期非常明确，就是让学员们奔赴欧洲大陆开展救济工作："除了实践培训外，学员还要参加早上和晚间的语言课程"（Smith 1990：20）。工作日的晚间，培训中心还组织了农业知识讲座、"趣味"数学课程和语言学习小组活动。

　　1942 年 1 月，公谊会委员会有一名成员提出意见，认为斯派斯兰培训课程的实践内容太多，应该考虑增加更多的知识研究课程。学员需要学习欧洲历史知识、欧洲大陆的不同文化、语言、政治经济学以及宗教和思想基础，这些都是激励贵格会成员的重要精神食粮，也可能成为战后救济工作的重要支撑（Smith 1990：161–162）。例如，1942年底，一位德国历史学家为学员举办了一系列晚间讲座，介绍了战前德国的社会和政治背景，并预测了战后欧洲可能面临的困难和机遇（这些也都是救济和重建组织可能面临的）：

"这名历史学家期待民主德国的建立。他说着一口优雅而自如的英语，表达出他内心深处对美好事物的渴望，并对可能阻碍这些渴望实现的事务进行了激烈抨击。"（Smith 1990：173）

公谊会还出版了一本《救济人员词典（法、英、德三语）》（*A Relief Worker's Vocabulary: French‐English‐German*）（Underwood等人1945），其中列举了对救济工作最为重要的词语和短语，按以下分类排序：通用术语；行政管理；组织和机构；地方政府；官员和员工；购物；住房；建筑材料；房间和家具配件；清洁；人体；健康；医疗、护理；助产学；厕所、卫生；食品；烹饪；供餐；服装；铁路运输；车辆、驾驶；汽车零件；事故处理与维护维修；工具与施工；耕种；畜牧。虽然单凭这份50页的词汇表不足以让救济人员在多语国家有效开展工作，但是如果他们此前已经掌握了一定的语言知识，在实地工作中只需要查找特定术语，那么这本词典还是能派上很大用场的。《救济人员词典》不仅得到了公谊会的广泛推荐，而且还在其他许多组织得到普及，例如，救世军（Salvation Army）为海外救济人员开设的一门课程就将这份词汇表用作教学材料。

救世军组织的规模比公谊会小一些。该组织也为前往海外的志愿者开设了自己的培训课程。这些培训主要分为三个部分：函授课程、系列讲座和技能示范，以及一段时间的在外寄宿课程，供学员进行实践训练，旨在让他们熟悉"救济工作以及救世军可能从事的所有类似工作"[18]。培训第一阶段的函授课程包括六个科目：实地救济工作中常见问题的概述，例如衣物分发、大规模供餐和儿童福利；欧洲社会、宗教和政治背景概述，以及各国的细节知识；专业科目（如心理学）；第六门课程是语言课程。救世军和公谊会一样，对需要招募的志愿者有着明确要求，并将语言视为一项优选技能。

赴外救济人员将在非常艰苦的环境下工作，因此务必符合以下条件：

1. 青年优先：尽可能不超过 30 岁；

2. 吃苦耐劳，能长时间投入工作；

3. 头脑灵活，随机应变；

4. 掌握一门欧洲语言，这将对工作有很大帮助。[19]

犹太人海外救济委员会（Jewish Committee for Relief Abroad）也是加入英国海外救济协会理事会（COBSRA）的一个志愿组织。该组织重点关注的语言是意第绪语（Yiddish）。所有的犹太救济组织都希望其成员基本掌握意第绪语，以便与犹太幸存者（特别是与来自东欧的犹太人）沟通。该组织出版了一本《意第绪短语手册》（Birnbaum 1945）。这本手册共 88 页，由伦敦大学意第绪语专业的所罗门·伯恩鲍姆（Solomon A. Birnbaum）讲师编写。后来，这本手册统一分发给所有前往海外的犹太救济组织（Steinert 2008：426）。

实地经验

尽管联合国善后救济总署（UNRRA）和志愿组织的救济人员可能来自不同的背景，但他们都因秉持一种类似的理想主义而聚到一起，也往往受到和平主义的强烈、浸染。据说，UNRRA 的辅导人员，例如其位于法国沿海城市格伦维尔（Grenville）培训中心的辅导人员，在政治上都秉持极左思想，并试图给学员"灌输理想主义"（Cohen 2008：441）。然而，各志愿组织所秉持的和平主义理念与官方略有不同。例如，随着针对德国和日本这两个侵略国难民的救济政策愈加严格，秉持和平主义理念的贵格会就与军事当局和 UNRRA 产生了分歧。公谊会志愿者秉持红十字会的经典原则，主张"救济人员不应该向身处困境的人们询问国籍或宗教信仰，而应该一视同仁施予帮助"（Gemie、Reid 和 Humbert 2012：168）。

例如，公谊会救济队（FAU）的队员诺曼（Norman）就是一名秉持上述理念的和平主义者，也是一名出于道义原因而拒服兵役的人（conscientious objector）。在英国接受培训期间，他接触到了"社会各个阶层的人们"[20]，有些人刚刚从中学或大学毕业："有一两个人来自工人阶层，但我认为，我与这些人基本上都属于中下阶层到中等阶层，最多中上阶层……这么说吧，没有贵族阶层。"[21] 大多数志愿者都来自英国和美国，也有的来自法国、荷兰和意大利。迈克尔（Michael）是一名英国平民，有德国血统，在德国加入了UNRRA。据他回忆，他所在的组织有"一位波兰女士……还有一位匈牙利女士，一名英国少校，当然也有法国人……这是一个非常复杂的群体"[22]。志愿者来自不同的组织，比如政府间组织、宗教组织或和平主义团体，也来自不同的国家，但都有共同的生活体验：大部分人属于中产阶级，都表明自己愿意投身救济工作，帮助他人（Gemie、Reid 和 Humbert 2012：162）。对于其中许多人而言，这次奔赴海外是他们近几年第一次出国，毕竟过去 5 年来，英国人根本没有机会前往欧洲大陆；这也是他们第一次与来自如此之多的国家和组织成员共事：身边的同事有着不同的国籍，来自不同的机构，甚至还有现役军人。即使在 UNRRA 内部，也有很多人有着军队背景：

> 在我看来，他们都是军人或退伍军人，在战争期间参与过军事行动，只是现在从战备岗位调到了文职岗位。我不知道是谁把他们派来参与救济工作的。[23]

这群志愿者的共同点在于，他们都是"具有某种改革主义和人道主义倾向的和平主义者"（Gemie、Reid 和 Humbert 2012：170），而且大部分都来自中产阶级。显然，他们需要与来自不同国家的同事协同工作，并一起为来自不同国家的难民提供实地服务。因此，沟通就成为了工作中的重要方面：

> 很多救济人员和休（Huw）一样，能用德语流利对话；乔伊斯（Joyce）的德语也不错；林恩（Lynn）会说一点德语。其他团队也有成员会说德语，比如有一个歌手好像在维也纳接受过培训。他们背景各不相同，因此沟通始终是必要的。[24]

在整个救济机制中，似乎隐含着一种基于性别的分工规则（Cohen 2008：442）。事实上，女性在救济机构中很少占大多数（Gemie、Reid 和 Humbert 2012：17）。许多女性志愿者参与救济工作，大部分来自中产阶级，具备社会工作或护理经验，有些还持有外语资格证书。目前没有关于当时救济人员男女比例的精确数据，但据估计，每十名救济组织主管中只有不超过一名女性（Gemie、Reid 和 Humbert 2012：180）。或许公众普遍认为女性应该承担更符合传统女性角色的工作，例如护理或照顾儿童。但是，也有女性的确可以在救济工作中发挥领导作用，其中的突出范例包括弗朗西斯卡·威尔逊：

女性可以在国际救济工作中发挥重要作用，这一点得到了人们的认可，但并没有得到官方足够的重视。公谊会在 1943 年向中东、北非和西西里岛派遣了多个救济队，其中男性成员占 75%，女性成员只占 25%，因为英国和美国的官方机构都认为这一比例更为恰当。事实上这个比例应该反过来。我并不是在贬低男性，因为很多男性也承认这一点。大多数救济工作都涉及援助对生活失去希望的人，而女性比男性更胜任这项工作。即便是担任外国难民营指挥官或地方长官，女性也比男性更容易取得成功。此外，随着年龄的增长，女性会积累更多的阅历，这使她们比男性更能适应环境变化——女性可以更好应对紧急工作中的许许多多干扰因素，迅速做出补救或随机应变，而同等能力的男性则往往会对此恼怒不已。（Wilson 1945：8-9）。

虽然女性救济人员往往被分配到比男性更低的职级上，但她们如果有机会展示自己的能力，就有许多晋升空间（Gemie、Reid 和 Humbert 2012：181）。在职级结构中，男性通常起主导作用，这意味着在实地工作中，女性往往与难民和流离失所者的接触更为密切，与之有更多语言交流，因而更需要了解需要帮助的人。伊丽莎白（Elizabeth）是一名英国民间社会工作者，1944 年至 1946 年间曾跟随公谊会救济会前往比利时、德国和波兰，其间曾在贝尔森一家医院负责护理工作，并因此深切体会到了这种沟通需求。她最初很少接触德国人，但后来德国和瑞士女性开始加入护士岗位，于是医院仿佛一切都变了。许多被收留在此的难民开始感到恐慌，原因在于：

德国人和他们残忍的医学实验……让人们对德国医护人员（尤

其是医生）产生了极大的恐惧，这种恐惧情绪也逐渐开始针对德国护士……在那个时期，人们不可能对任何德国人抱有热情，除非是被收留的德国难民。[25]

伊丽莎白发现，在这种情况下，语言问题成为了主要问题。日常护理工作随时都涉及与驻留的难民进行交流。具有讽刺意味的是，德语成为了当时救济工作的通用语言，是主要的交流手段。所以那些可以担任德语翻译的人，往往面临极大的工作压力：

这时候语言就发挥了作用。会说德语的人数量不少……我的意思是，我也会说一点点德语。但某种程度上说，会说德语的人非常辛苦，因为……每个人都需要表达……不管你有没有听懂……你只需要听，然后发出同情的声音。不过很明显，只要你这么做，就对他们有很大的帮助。[26]

伊芙琳·阿尔玛（Evelyn Alma）是一名英国护士，战争期间曾经服务于哈德菲尔德斯皮尔斯救济组织（Hadfield Spears Unit），并随组织前往法国、中东、北非和意大利等地。她也认为，语言是实地救济工作中的一个重要问题。她总是说："哦，太糟了，我总是讲不好法语"[27]，但是，像其他救济人员一样，她必须努力学好这门语言："我能说几句法语，勉强能对付"，而且"至少我们有会说英语的勤杂工"[28]。后来，公谊会救济队（FAU）成员和其他会说外语的当地人加入了她的团队，她才终于松了口气："我们有公谊会救济队的工作人员，还有塞内加尔人……"[29]

实地救济工作还牵扯到特定的权力关系网。这种关系网既存在于救济人员与军方和 UNRRA 之间，也存在于救济人员与救济对象（即难民和流离失所者）之间。说到后一种更为重要的关系网，救济人员都是志愿参与工作，然后奔赴实地，完成组织布置的任务。相比之下，难民和流离失所者则显然要受到很多约束，这些约束对他们的身体和精神都产生了强烈的影响。志愿者通常感觉参与救济行动是一次非常令人兴奋的经历。他们大多都很年轻，为心目中至高无上的理想而努力奋斗。与难民相比，他们的生活条件更为优越。他们不用住在难民营里，而大多是住在从当地征用的房产之中，并且能够拿到香烟、糖果，食物配给也很充足。他们的生活环境是与流离失所者完全分离的，这些特权将他们与救济对象区分开来，并且"展现出英国不断延续的实力和威望"（Gemie、Reid 和 Humbert 2012：177）。大多数志愿者，尤其是随公谊会救济会和救济队等组织出行的志愿者都接受过语言培训，因此都具备良好的沟通能力。不过在整个救济系统的权力关系网内，语言技能也能在一定程度上反映等级地位。总的来说，救济组织高层人员一般很少精通外语技能：

> 在我的印象中，高层人员中有一个非常能干的美国人……他曾在日内瓦工作，所以基本上可以用法语和英语两种语言交流。他为我提供了许多帮助。但实际上，高层人员没有一个人会说德语。因此，他从法国尤其是巴尔干地区招募了不少人，这些人不仅会说德语，还会讲一些东欧语言。当然，情况后来有所改善。[30]

如上所述，在实地工作中，救济人员与难民和流离失所者的关系更为密切，也更加明白沟通的迫切需要。因此，擅长外语的人在救济组织的基层数量更多，而在中央管理岗位则很少。

但是，当时各救济组织并没有统一的语言政策，语言培训课程也是由各组织自行安排。这意味着，各组织可能会对不同地区的语言要求产生误解。例如，诺曼曾在公谊会救济队接受培训，课程结束后被派往埃塞俄比亚。他与同事们后来意识到，他们在英国接受的培训不足，无法帮助他们处理在埃塞俄比亚当地遇到的具体问题。于是，团队自行组织了一些专业培训，内容不仅包括"很多医学知识"，还包括当地语言的基础知识："我们意识到我们必须学习一门语言，于是我们选择了埃塞俄比亚语……埃塞俄比亚语有独立的字母表。我觉得这门语言很难学。"[31] 但是，诺曼所在的救济队抵达埃塞俄比亚之后，很快就发现，他们在语言方面付出的努力基本上都是无用功：

> 我们之前花费了很多精力学习埃塞俄比亚的官方语言——阿姆哈拉语，可到当地之后却发现，这种学习基本上是徒劳无功，因为我忘了，埃塞俄比亚许多年前曾被意大利占领，而意大利语简单易学，很多埃塞俄比亚人自己也说意大利语。于是我发现，我学会的那一点点阿姆哈拉语完全派不上用场。在这里，一点法语知识完全够用了，法语跟意大利语……很相近，救济人员也只要掌握一点点意大利语就够了。所以我们花费精力学习阿姆哈拉语是毫无意义……不过有些人阿姆哈拉语学得非常好，最终还是发挥了作用——被埃塞俄比亚政府聘请为教师，弥补当地教师的不足。[32]

救济人员在初来乍到之后，只要能够在当地安定下来，就很容易在难民和流离失所者中找到可以充当临时口译员的人：

> 他们很多人都需要表达，但当时我不会说波兰语，只会说一点德语。好在有些人会说英语，比如有个难民曾经在我以前的大学上过暑期班，这样的人显然能帮助我进行更多解释说明的工作。[33]

在组织里职级较低的人员基本得不到专业口译服务："不，我们没有口译员。组织里有些南斯拉夫人会说英语，有时也充当翻译，但并不是正式口译员。也许他们在组织层级是口译员，但我们很少与他们接触。"[34] 不过，参与实地工作的救济人员似乎普遍认为，他们在需要的时候一定能找到人来帮忙翻译。例如，迈克尔曾在战后被派往南斯拉夫执行救济任务，当时他完全不懂塞尔维亚－克罗地亚语："完全不会。我只学过一点俄语……我能大概看懂报纸上的文章……但我在那里遇到了奥尔加（Olga）这样的人……他们会说德语。所以你肯定能找到人来帮忙翻译。"[35]

人员安置和语言培训

如果让欧洲的难民和流离失所者设想自己有一天离开难民营，过上安定的生活，那他们就必须考虑到，自己可能会前往一个陌生的国度，或许从未听说过这个国家的名字，很可能也不会说那里的语言。英国内阁于1946年底批准了一项雄心勃勃的"西进"（Westward Ho!）计划，旨在鼓励流离失所者移居到英国。这项计划的目标是招募10万名流离失所者，让他们离开难民营，移居到英国，参与工业劳动，或从事国内其他工作（Shephard 2010：330）。其他国家很快开始效仿并制定相应的移民计划，包括南美国家、加拿大、澳大利亚、法国和比利时。当时向移民敞开大门的国家都希望招募拥有技术能力的工人，或者有能力辛勤劳作并适应新环境的健康年轻人。到1947年6月，由于各国计划的并行实施，德国英占区的流离失所者人数出现了大幅减少（Wilson 1952：236–237）。为了说服英国公众接受"欧洲志愿劳动者"，英国政客宣称这些"年富力强、朝气蓬勃、勤奋刻苦的人"和"一流人才"（Shephard 2010：331）将对英国大有裨益。最初，英国计划只接受波罗的人和乌克兰人，但随后，波兰人、南斯拉夫人、匈牙利人、保加利亚人、捷克斯洛伐克人，以及少数德国人都获得了移居英国的资格。1946 年至 1951 年间，在英国移民计划安排下，共有 81000 名流离失所者迁居英国（Shephard 2010：332）。

1949 年 1 月，COBSRA 秘书长前往日内瓦，参加了国际救济组织（IRO）关于移民计划的会议。国际救济组织当时希望将流离失所者安置到若干个不同的国家：

7000 人安置在英国——煤炭、矿业、纺织业、家政服务业

15000 人安置在法国——农业、工业

1000 人安置在比利时——矿业

2000 人安置在卢森堡——农业

97000 人安置在澳大利亚——农业

40000 人安置在加拿大——各类劳动力

50000 人安置在南美——各类劳动力

200000 人安置在美国——依据《流离失所者法案》计划 [36]

国际救济组织认为，重要问题在于，符合安置计划条件的流离失所者只要决定好未来的去向，就应该尽快接受"定向安置"，其中包括某种形式的语言培训。这项培训会在难民营直接启动，并会在他们前往新国家的途中持续进行。

各国代表都认为，在流离失所者决定好未来去向之后，应该尽快开始接受语言和心理培训——他们在临时营地准备中转的时候，就应该开始学习关于他们未来去往国家的知识。他们可能会在临时营地停留两到三周时间，随后可能要到港口登船，然后出海航行。培训应该在这整个过程中持续进行。[37]

尽管将语言培训纳入安置计划的准备工作似乎合情合理，但COBSRA 秘书长在报告中所指出的，流离失所者通常"并不愿意学习语言课程，因为他们认为，到达重新安置国家后再在当地学习更容易"[38]。虽然提前开展语言培训从理论上来说没有问题，但似乎不切实际。英国和平主义志愿救济工作者比阿特丽斯（Beatrice）认为，让难民尽快开始学习目的地国家的语言的确非常重要，但有些时候，学习效果并不理想："我认为这是绝对必要的……我觉得，你必须能够跟人沟通，而且要能够巧妙地沟通。大家的确都在尽可能地努力学习语言，但真的没有时间，或者说内容实际上都很浅显。"[39]因此，某些难民在接受安置的曲折过程中，甚至不了解他们将要接受的到底是一份怎样的工作。例如，有四名拉脱维亚女孩曾在"西进"计划安排下迁居英国，她们只会说一点点英语，但是极度渴望找到工作："这家精神病院需要四个女孩，我们正好四个人，他们说工作地点在英国中部地区。当时我们想：'哦，好吧，在中部挺好的，离其他地方都不远。'"这些女孩当时根本不知道什么是精神病院，直到查了词典才明白（Shephard 2010：330-331）。

有些流离失所者没有资格参加任何官方移民计划，只能无限期停留在德国的难民营里，似乎对未来没有什么期望了。加入移民计划准备离开的人可以学习新国家的语言，而留下来的人，特别是他们的子女，除了学习德语之外别无选择。救济机构已经在德国难民营和城镇为儿童和年轻人建立了几所学校。这些学校大多采用国际学校的运营方式，但正如 COBSRA 报告所反复指出的，有些学校的教学仍然使用德语。[40]随之而来的是许多问题，尤其是教育部门的工作人员更加进退两难。难民通常不希望自己的孩子接受德语教育，也不愿意让德国人来教自己的孩子；孩子们也很少有人掌握足够的德语知识，所以学习上很难取得大的进步：

　　从理论上来说，在德国开设难民学校是个不错的想法，但实践起来困难重重。很多父母其实不愿意让自己的孩子接受德国人（或者说同胞以外的任何人）的教育。另一方面，难民子女只有很少一部分懂德语，有能力接受德语教育。教学中需要克服的问题很多，这只是其中一个例子。[41]

总结

　　在英国的海外救济体系中，志愿组织似乎比那些负责制定管理政策和救济机制的高层人员更清楚语言的必要性。志愿组织非常清楚，他们将与营地中的民众密切接触，因此他们的培训方案早已明确将语言沟通能力纳入考量因素。语言被视为志愿人员动员和培训工作的必要组成部分。相比之下，军方有关救济计划的文件则表明，政府机构更关注救济组织的管理需求，以及如何在更高层次上协调各项复杂的救济行动。也许正是因为这个原因，战后救济史基本上都采用了"自上而下"的模式，通常只记载社会政策的历史发展（Reinisch 2008），而忽略了外语交流这个问题。然而，如果我们将目光投向实地救济人员，研究基层志愿者的工作经历，就会发现，语言深深扎根于难民救济和安置活动的方方面面。虽然官方机构在组织战后救济行动时表现得"深谋远虑"，但至少在英国，官方显然没有考虑到外语问题。单从英国方面来看，似乎只有那些战后亲身奔赴海外帮助难民和流离失所者的人才充分了解到，语言在救济工作中必须得到充分规划。

第八章

苏联盟友：冷战开启前夕

战争与对话

外语和英国在欧洲的战争活动

（1940-1947）

随着战争接近尾声，英国当局越来越清楚地意识到，在英国建立和平国际关系的过程中，语言将扮演重要的角色，尤其英国要与苏联这个实力强大的非英语联盟国家开展合作，此时语言的重要性就更加凸显。随着各国逐渐开始正式磋商和实地合作，德国被占领区一天天扩大，各项工作的展开清晰表明，英国相关人员现在需要直接接触俄国同僚，而且接触频率未来有可能更加频繁。虽然英国官员在整个战争期间一直与苏联保持着联系，但是当战后各国开始划分德国被占领区，尤其是有着特殊情况的柏林时，双方将大量地需要以面对面的形式召开会议。英国的军事人员中，将有更多人必须与苏联代表进行持续磋商。本章阐述了英国当局如何设法解决这个问题，回顾这一时期随着国际环境的不断变化，俄语本身的重要程度是以何种方式持续发展的。最初英国的俄语能力极度匮乏，政府只能采取临时措施进行补救，随后政府制定了一项国家语言政策，旨在挑选一大批英国本土士兵，动员他们的积极性，并赋予他们专门的任务，去学习如何理解俄语并用俄语交流。

战时经验

即使与英国在战争时期才开始着手发展的西欧语言能力相比，英国整个国家的俄语能力依然明显偏低。无论在战前还是战争期间，英国都很难获取有关苏联的信息，因此俄语和苏联人民对英国来说属于某种信息真空领域。战前，俄国革命犹如一种图腾，使英国对俄语教学的态度受到强烈影响。对一部分人，尤其是对英国的权势集团来说，这些革命事件进一步强化了人们心目中对俄罗斯人的刻板印象，即俄罗斯民族已经彻底游离于欧洲共同文明之外，不可挽回："一直以来，俄罗斯都只是披着西方文明的外衣，苏联扯掉了这层伪装，其亚洲本性占据了主导。"（Folly 2000：44）根据这种解读，俄罗斯本就具有外邦属性，俄国革命只是在此基础上增添了一重色彩，使俄语和那些教授俄语的人成为潜在的怀疑对象。例如，据报道，阿斯克威斯勋爵（Lord Askwith）曾在 1921 年表示"俄国人向英国派遣了间谍，教英国人学习俄语，引诱他们成为布尔什维克主义的传教士，前往世界各地传教"（Muckle 2008：82）。另外，还有一些人对俄罗斯的社会变革表示同情，强烈反对西方的资本主义制度并认为苏联是现代主义和希望的灯塔。汤姆·哈里森（Tom Harrison）在 1941 年指出，在战前英国公众舆论中，有两种极端观点，有的人将苏联视为现代乌托邦。这两种观点也反映了英国公众在对待苏联的态度方面的细微差别：

我们的战前档案的对话记录中数万次提到苏联，无论出现在何处，通常的情况就是，上层阶级不喜欢，中产阶级不认同，手工业者表示同情，工人阶级有少数同情的声音但多数人漠不关心。（Harrisson 1941：355）

但不管是哪种观点，大战前夕英国人对苏联的态度都建立在数量极少的信息基础之上，其中第一手资料更是寥寥无几。例如，英国驻莫斯科大使馆的报告大多依赖于间接信息来源——报纸、视觉证据、与其他外国人的对话。

理所当然地，在这种情况下，战前英国教育体系中的俄语教学活动甚至比德语或意大利语都更加有限。提供俄语课程的学校数量不超过 15 所，其中大部分是独立学校，即使在这些学校里，俄语课程也属于选修课，不是学校的主修课程。1929 年至 1934 年，报名参加俄语学校证书考试的学生人数每年为 10—39 人不等，通过率仅为 45%。从 1935 年到 1938 年，只有 13 名考生报名参加俄语高等学校证书考试，其中 10 人成绩合格（Muckle 2008：94）。这一时期获得俄语学位的学生数量同样少之又少：尽管需求持续存在，但 1920 年至 1939 年，伦敦斯拉夫和东欧研究学院（SSEES）共计只有 10 名毕业生。1933 年，剑桥大学每届俄语本科学位只有 1 名毕业生，而牛津大学每年平均俄语专业毕业生数量还不到 1 人，技术性和商业性俄语培训方面的需求仍然存在，但比 1918 年—战刚结束的时候还要少——1937 年，有 100 多名外国学生到 SSEES 学习斯拉夫语课程（Muckle 2008：95，96）。

在两次世界大战之间的时期，英国外交部和武装部队很少尝试培养具备俄语能力的人才。公务员候选人每年只有寥寥数人参加俄语考试，各年份人数分别为：4 人（1936 年）、3 人（1937 年）、7 人（1938 年）和 7 人（1939 年）。与之相比，同一时期参加梵语考试的人数分别为 19 人、13 人、7 人和 2 人。数年之中，外交部派遣领事服务人员赴外学习俄语的情况只出现过两次（Scarbrough 1947：53，124）。英国皇家空军（RAF）的案例从很多方面来看都是英国俄语能力发展史的典型案例。20 世纪 20 年代中期，英国认为苏联正在"干涉伊拉克局势"，而且《拉帕洛条约》（*Treaty of*

Rapallo）签订之后，英国必须密切关注俄德两国之间的合作，因此，英国皇家空军迫于各方面压力，必须收集苏联方面的有效情报。但此后又过了 10 年时间，英国皇家空军才提出建议，应该让现役人员接受俄语语言培训——实际操作中应该每年安排一名军官接受培训（Muckle 2008：99）。正如战后斯卡伯勒调查委员会（Scarbrough Commission of Enquiry）所说：

一战（1914–1918）结束后，俄语研究项目的数量开始迅速增加，但两次世界大战间隔期间的政治局势阻碍了两国的正常交往，导致俄语研究需求急速下降，许多大学划拨给俄语研究项目的资源数量都在持续减少。英国与苏联缺乏接触，这一点严重阻碍了教师的工作，俄语学生在政府部门和商业领域的就业前景都很晦暗。（Scarbrough 1947：14）

战前的俄语教学状况持续低迷，所以战争爆发之后，英军发现他们很难招募到接受过适当俄语培训的军官，哪怕只需要一小组人员也很难找齐。1942 年 4 月的陆军名册中，只有 64 人有能力担任俄语翻译，其中 38 人为一等兵，26 人为二等兵，正如马克尔（Muckle）所说，这个统计人数实际上只相当于一战前相应人数的一半。1939年，海军中只有 19 名会讲俄语的军官（Muckle 2008：107）。为了满足战时俄语需求的迅速增长，剑桥大学于 1941 年为英国战事部（War Office）开设了一门俄语军事课程。1942 年至 1943 年，又有 3 名情报人员在剑桥接受培训。[1]

最初军队需要学习西欧语言来开展对敌情报工作和心理战，但是俄语方面的迫切需求主要在于联络方面，苏联现在已经成为英国的主要战争盟友，英国必须与其友好合作。从 1941 年到 1945 年，俄语联络任务组（Russian Liaison Missions）一直在英国和苏联展开行动，协调军事物资和相关活动。联络小组中最初只有一名英国翻译（该团队共计 4 人），此后不久，英国给苏联贸易代表团发放了许可，允许其派遣常驻工程师留守在奇尔威尔（Chilwell）、唐宁顿（Donnington）和朗敦（Longtown）军火库，以便检查运往苏联的军事物资，此外，苏联还曾派人到英国港口去监督苏联物资的装载情况。于是英国国内的联络小组要求英国当局为团队配备 3 名会说俄语的军官和两名士官，以便应对当时的情况。到 1944 年 10 月，联络小组增添了三名会说俄语的常驻成员，其中包括一名少校军衔和两名上尉军衔的军官，联络小组的工作范围也进一步扩大，包括将苏联战俘和苦力工人遣送回国。总体来说，参与这些联络小组工作的英国军官认为，他们对待联络活动的态度比其苏联同僚要认真得多：如果苏方要访问英国海军、英国皇家空军和军事机构，他们会提供一切必要支持，此外，英国还会为苏联提供情报和武器装备，但得到的回报却少之又少：

　　苏联人喜欢讨价还价，而且他们面对馈赠都有一套标准的反应：他们的第一种反应是，这肯定是搞错了；他们的第二种反应是……这里面一定有猫腻，要付出相应的补偿；而他们的第三种反应是……把赠送礼物的主体当成一个百宝箱。俄语联络小组和英国驻莫斯科军事使团，甚至是一些地位较高的英国组织在苏联人眼中都明显是要施予第三类反应的主体。[2]

占领德国

到战争结束时，联络小组的工作重点发生了转移，以前主要集中在物资和情报方面，此时则更加直接和明显，因为英苏两国必须以盟友的身份共同占领德国。从一开始英国当局就能明显地感到，英国下一阶段布署的语言基础非常薄弱。1945 年 5 月伊始的几天，英国外交部就曾经提醒教育部，英国当局正面临一场危机："我们尝试为德国境内的管制委员会招募俄语口译员，但整个过程表明，我们的资源极度匮乏。"[3] 占领德国和意大利时，我们的主要语言资源来自于讲本地语言的难民群体，现在这些人都定居在英国，于是盟军管制委员会只能聘用苏联流民，这给英国带来了一个高度敏感的政治问题。到 1945 年 10 月，媒体获悉并报道了柏林长期缺少俄语翻译的问题。不出所料，《工人日报》（*Daily Worker*）随即指出，这一情况表明，英国当局大部分成员并不关心英苏两国之间的关系："英方极度缺少俄语口译员，甚至派遣一名陆军上校前往加拿大，以尽可能招募更多的俄语译员。"据《工人日报》报道，英方虽然已经招募到一些俄语翻译，但相关部门普遍认为这些人能力不足：

　　驻扎在柏林的苏联当局……长期以来一直对我们派驻当地的俄语口译员深感不满，他们认为这些翻译人员大都效率低下……与此同时，英国战事部还在发布通告……"紧急号召军官和其他职级人员自愿接受俄语培训，以便跟随管制委员会前往德国执行任务。"（《工人日报》，1945 年 10 月 2 日）

　　英国缺少本土出生的语言专业人才，这种情况下，如果当局只能依赖流亡的苏联人，让他们担任占领地行政部门的翻译，那可能会给英国造成政治上的尴尬局面。《工人日报》指出这些流亡的苏联人可能存在阶级问题，并认为英国当局可能已经在蓄意任用前沙皇贵族成员和没落的百万富翁："已发现有惊人的证据表明，英国正在努力填补俄语口译员的空缺……他们正在挑选那些可以自信地说对苏联没有任何友谊的人（《工人日报》，1945 年 10 月 2 日）。

这种情况有一定的政治敏感性，因此英国当局必须大幅增加本土语言专业人员的数量，这一点至关重要。1942 年成立的三军委员会（Inter-Services Committee），其宗旨原本是制定日语培训战略，此时则迅速承担起了责任，努力解决英国培养俄语外语专家的迫切政治需求。[4] 三军委员会竭尽全力，想要找到一种可接受而且成本较低的方法来培训俄语专业人才，希望能够尽快布署人员到德国工作，但过程中却遇到了很多问题。首先，他们很难找到合适的候选人去自愿学习速成语言课程。虽然有少数战俘回国后自愿接受俄语培训，但似乎不会有很多人做出这种选择，尤其是整个从军生涯的晋升结构不利于服役人员长期参与专业活动。例如，就算英国皇家空军常任军官愿意花时间学习语言，难道单位会期望他们在错失多年的潜在职业提升经历后，返回执行普通飞行任务吗？英国当局会把语言专业人员像空军气象军官那样，收编为完全独立的部队分支机构，给他们设置独立的职业晋升方式吗？更糟糕的是，英国当局在占领德国的最初阶段结束之后是否仍然需要大量的俄语专业人员，这一点是完全不确定的。最重要的是，任何俄语教学项目从经济角度来讲都必须合乎情理："如果按不同的熟练程度将学生划分成不同年级，我们就无法为其申请财政部支持。"[5] 关键在于，很明显，苏联人不会允许英国军队到苏联境内接受语言培训："苏联或柏林苏占区不可能给我们提供帮助。"[6] 英国当局只能在英国寻找解决方案。

唯一的选择是，在英国设立一门跨军种课程，从所有三个军种选拔大量学员，并为他们提供速成俄语培训。最终，军方与剑桥大学魅力非凡的伊丽莎白·希尔博士（Dr Elizabeth Hill）签订了合同，在 1945–1946 学年为部队官兵组织一次为期 40 周的语言课程。除了 SSEES 和剑桥大学的学者之外，希尔聘用的工作人员主要包括两名此前接受过培训的战事部翻译，还有一些流亡中的苏联难民，这些人的母语就是俄语，顺便一提，其中还包括一位苏联女伯爵。希尔的教学目标是，在四个月时间内，将学员的俄语水平从初学程度提高到所谓的"初级"程度。相关人员认为，这个水平的学员可以完成基本的笔译和口译工作。此外，培训班将花费更多时间培养中级和高级水平学员，这些人将进一步接受培训，执行更有难度的口译和会议翻译工作。这些目标要求很高，为达到目标，希尔主张制订适当的程序谨慎招募学员，并且要在剑桥大学设置适当的学习环境，让学生完全摆脱平日的兴趣爱好和其他分散精力的活动。理想情况下，希尔希望学员候选人能够更加年轻，并且此前了解一门古典语言或外语的相关知识。这次的人员招募与情报机构的人员招募（第二章）非常相似，她建议通过大学、公立学校和中学等经过验证的可信渠道，根据推荐意见确定学员。[7] 希尔在 1945–1946 学年开设的课程共录取了 222 名学生：其中 78 人来自英国皇家空军，8 人来自海军，136 人来自陆军。课程结束时，有 32 人因为成绩不合格或因病退出，其余 190 人全部成功完成培训。[8] 全部毕业人员中，有 58 人直接前往德国，在管制委员会工作。[9]

　　战前，英国曾对苏联及其语言抱有严重的猜疑态度。针对第一批军人的速成培训举办于 1945 年至 1946 年间，那个时期，这种猜疑已经大大减弱。社会大众开始对苏联产生积极印象，很多人都想要学习俄语和了解一些关于苏联制度的知识。英国媒体的报道表明，俄罗斯人自己也在努力学习英语，这一现象进一步引起了英国当局的注意，英国也开始公开认可俄语的学习价值。外交部翻译的《红色舰队》（Red Fleet）和《红星》（Red Star）等俄语评论文章表明，苏联当局也在积极鼓励本国军队学习外语："战争期间，我国海军必须与盟国海军合作解决战争问题。在这种情况下，我国官兵必须了解他们的语言。"[10]当时的英国议会也开始要求英国政府采取措施鼓励俄语学习，1944年6月，议会就这一问题提出，"我们应该尽早鼓励更多英国人学习俄语，反之亦然，而且越早越好"，这一意见得到了英国首相的认可。[11]外交大臣称，他和首相确实注意到，苏联在语言学习方面做出了很大的努力，二人甚至曾经与斯大林（Stalin）和莫洛托夫（Molotov）讨论过这个问题。

虽然说英国不能落后于其他国家，必须开展与工作发展相似的外语能力，而且这一点非常重要，但是外交大臣非常清楚，这一过程中可能会出现很多难题，阻碍英国实现理想目标："当前两国之间的语言障碍造成了很大的局限性，这一点不言而喻……人总是习惯于守旧，认为19世纪教授的几种语言如今仍然非常重要。"[12]英国曾经尝试让苏联当局参与相关工作，希望两国制定互惠语言学习政策，但这方面的努力似乎注定要失败。英国驻莫斯科大使承认，莫洛托夫曾在1944年10月表示，"苏英两国人民了解彼此的语言"，但此后5个月内，两国在语言交流方面并没有取得任何实质性的进展，这让英国外交部非常失望。英国外交部一直希望与苏联达成协议，建立一套学生交换系统："如果我们希望为欧洲战争结束后快速实现目标创造可能，那现在就必须尽快开始做出安排，这一点非常重要。"[13]

到 1944 年 8 月，扩大本国的苏联研究能力已经成为英国一个极其重要的问题，于是艾登（Eden）在外交部的支持下成立了俄罗斯委员会（Russian Committee），聚集来自教育部（Ministry of Education）、新闻部（Ministry of Information）、英国文化教育协会和大学方面的代表，共同"考虑可以采取哪些措施，确保英国国内有足够的设施可供学者研究苏联体制及其政治、经济和社会组织形式"[14]。此时，俄语已经成为人们心目中更广泛的教育和信息项目不可或缺的组成部分："俄语语言知识并不是英国唯一的考虑因素。英国还必须进一步研究沙俄的历史、苏联的体制和生活方式。"[15]到 1944 年 12 月，俄罗斯委员会，又名外交部俄罗斯事务委员会（Foreign Office Committee on Russian）已经演变成一个更广泛的部门间调查委员会，研究范围包括东方、斯拉夫、东欧和非洲事务，委员会领导人是斯卡伯勒伯爵（Earl of Scarbrough）。但实际上，最初俄罗斯委员会的工作和结论都已归纳为一份总结报告，最终于 1947 年发布。

俄罗斯委员会的审议意见提供了充分的证据，证明政府在制定对苏战后语言政策的过程中，面临着很多问题，涉及可支配的资源和可实行的有效政策。虽然英国有无数的理由需要提高本国的俄语能力，但相关人员认为，如果英国找不到大批合格的教师，就不可能取得本国俄语能力的进步，但当前情况下，英国根本不存在大量的俄语教师。俄罗斯委员会提出了三个填补人才缺口的备选方案：刚刚接受过俄语培训的军人具备相应实力，可以聘请他们担任教师；说服对俄语有兴趣的其他学科毕业生前来任职，进一步提升俄语能力；吸引英国以外其他地区的优秀学者，可以从苏联引进学者，也可以从哥伦比亚大学、布拉格大学和巴黎大学聘请学者（Scarbrough 1947：126）。据了解，从苏联引进相关人员的可能性极低，俄罗斯委员会在这一期间极力促成两国之间的学生交流，希望做出哪怕是最低限度的交流安排，但一直没有成功，他们的结论是"近期英苏两国开展教师和学生交流活动的可能性很小"[16]。战时英国一直仔细筛选国内以德语为母语的民众和难民，但俄语与德语的情况不同，聘用苏联难民仍然是一个略显尴尬的政治问题，毕竟两次世界大战间隔期间的流亡者大多数都是从当时苏联掌权的地区逃亡出来的。俄罗斯委员会曾经讨论过，向地方教育机构提出建议，要求学校增加俄语教学课程的同时，是否应该附带一份警告，"以机密通知的形式……建议相关方不要聘用苏联白人和波兰人担任俄语教师"[17]。但委员会随即取消了这一提议，英国外交部官员因此明显松了一口气："在英国本土会说俄语的人数很少，哪怕只要求中等水平，能找到的人员也不多，这种完全不合理的政治姿态只会造成英国俄语语言水平的进一步下降。"[18]

另一个主要的资源问题是，英国有关俄语研究的图书馆馆藏资料数量很少：

> 英国没有一家图书馆可以提供俄语文学方面的服务，甚至不能满足当前的需求……英国必须协调相关各方做出努力，提供更多的书籍，并且要调查全国各地图书馆现有的图书资料，集中编制一份目录。（Scarbrough 1947：127）

增加藏书数量似乎只有一种解决方案，就是由英国驻莫斯科大使馆从中斡旋，俄罗斯委员会建议发布一份新的大使馆公告，重点关注提高图书采购量，提供苏联近期出版的书籍信息，并购买相关书籍。

当时，英国的教师群体、外国接触机会和学习材料等资源都存在严重不足，这种情况下，俄罗斯委员会只能提出一系列意在劝诫的建议：学校"应该像德语一样广泛开设俄语课程"；应该扩大学生大学毕业后的就业机会，出资提供 25 份奖学金；应该发展英苏两国之间的交流活动。他们认识到，这些建议只有得到政府资源的支持，在国家政策框架之内实施，才能有效发挥作用，需要"由国家出资组织相关各方展开行动，才能使英国的俄语教学得到发展"。从这个意义上说，军方最近采取的方法可以作为某种全国措施的模板："战时开设的俄语实践课程应该继续授课，并应进行相应调整使其适应和平时期的需求"（Scarbrough 1947：129）。

军方最近刚刚对 200 名官兵进行了俄语强化培训，然而这个时候，却开始重新评估整个培训的决策基础。1946 年 11 月，剑桥大学的课程结束后几个月，项目主管伊丽莎白·希尔受邀访问德国境内的管制委员会，考察其口译和翻译部门的工作成效。很明显，那些学员虽然在剑桥大学接受了大约 6 个月的培训，可以做到语言上的准确，但他们的俄语口语还远远达不到流利的程度，不能胜任口译的工作："这么短的时间不可能训练出双语口译员。"[19] 在德国境内的占领区一边工作一边学习几乎完全不可能。刚刚完成俄语语言培训的学员很少有机会在柏林与苏联本地人进行非正式的交谈，因此不能通过这种途径提高俄语口语技能。《工人日报》声称，英国没能找到本国合适的人员来充当口译员，身在德国的苏联人对此深表不满。但希尔表示，她在德国也接触到不少苏联人，他们知道英国正在培养更多的俄语人才，但是大多数苏联人对此并不乐观：

"英国人掌握更多俄语知识，意味着苏联一道防线的崩塌。他们还在重复那句老话：'英国人永远学不会俄语。'"[20]访问结束后，希尔围绕如何提高英国翻译／口译服务人员的业务能力提出了切实可行的建议——收集所有译员曾经误解的单词，编写一份完整列表，鼓励口译员在苏联占领区工作时记下工作中遇到的新术语，等等。英国在德国被占领区持续缺乏俄语能力，但是，显而易见，像1945–1946年那样提供大学俄语强化课程，当时并不能帮助英国解决问题。

尤其在柏林，英国当局的语言需求更为迫切且变化多样。口译员［通常是像纳格洛夫斯基上尉（Captain Naglovsky）那样以俄语为母语的人］要陪同英国高级官员出席英苏两国的最高级别谈判，讨论在英国占领区聘用苏联警察等关键问题，或者要出席盟军管制委员会会议，为菲尔德·马歇尔·蒙哥马利（Field Marshal Montgomery）元帅提供会议口译。而柏林被占领区的基层日常工作中，英国人也曾多次与苏联人发生潜在冲突，此时也需要口译员从中调解。例如，夏洛滕堡（Charlottenburg）的一个检查站曾经发生英苏士兵之间的枪击事件，直到口译员到达现场之后，问题才得到解决："事件之所以出现严重转折，似乎很大程度上是由于误解。双方配合的主要难点之一，是不了解对方的语言，一旦口译员到达现场……，问题很快就能得到解决……"[21]口译和笔译方面的大量工作给语言服务人员带来很大压力，现在这种压力更是让人不堪重负："目前这个团队的主要目标是，无论日夜，确保随时都有一名会说俄语的军官可以处理紧急问题。"[22]

有人担心，剑桥大学的强化课程并没有培养出足够数量的具备适当语言水平的毕业生，德国被占领区的语言任务内容广泛而且工作强度高，这些毕业生可能处理不了，于是也有人开始质疑，将此类课程的地点设在高等教育机构或许并不是最明智的决定。某种程度上，大学里的俄语系所提供的俄语课程，在政府观察员看来，不足以解决在德国被占领区的联络工作中所面临的问题。一位牛津学者是如此评论俄语教学的："正是俄语文学作品中……整个俄罗斯民族的精神和道德品质、哲学和审美……才得到了最贴切的表达。"[23] 一位英国外交部官员在阅读上述评论后表示："哦，天啊！"

　　在实际操作中，军方与大学商讨为其开设语言课程时，最终协定的达成似乎也出现了延迟。例如，三军多语言委员会（Inter-Services Languages Committee）希望在剑桥大学安排 1947–1948 学年的课程，此次学员人数比上次要少，但是商讨过程却非常困难。[24] 最重要的是，大学教师认为申请参加速成课程的学员应该满足特定的语言入学要求，但是军方实际能够找到的候选人并不能满足这些要求，双方因此发生了分歧。希尔建议，报名参加俄语速成课程的所有人，最好都已经通过了公务员俄语初级考试。但委员会认为这根本不现实："未来几年……供求规律恐怕就是我们的主宰。我们必须让志愿者参加这种强化训练。"[25] 英国政府方面逐渐产生一种想法，认为如果把军队需要的俄语教学纳入现有的军官培训课程之中，就可以更有效地提供俄语培训："我们可以把俄语等语言纳入英国皇家空军学院、桑赫斯特皇家军事学院以及其他培训学校的教学大纲，并且从职业生涯早期就开始鼓励年轻军官学习这些语言，这是个不错的想法……语言培训应该成为军事训练的正常组成部分。"[26] 可想而知，大学和军方之间的关系并不总是友好亲善，但造成培训方式转变的最重要因素是速成课程的费用问题："英国财政部在语言培训上投入了大量资金，但需要译员时，却总是找不到人。"[27]因此，相关各方越来越希望找到一种大学培训（尤其是寄宿式培训）的替代方法："我们为什么总要在大学建立语言人才培训的'大本营'呢？我们不能把学生送去便宜点的语言学校吗？"[28]

走向冷战

战争结束后，面对战后要务，即与共同占领德国的盟友保持联络，英国军方推行了俄语学习，这一主要动机随着国际形势不断恶化发生了根本转变。俄语教学原本旨在创建促进相互支持和文化接触的良好环境。这一目标迅速转变成了为打仗而学习俄语，语言培训开始成为紧急战备的一部分，以应对预计今后可能与苏联发生的冲突。英国政府编制了《冷战情势文书》，阐明英国在一定的对战立场上可能采取的详细措施。这些重大战备工作由内阁秘书主持的国防过渡协调委员会负责。到1949年，曾负责军方语言培训的三军多语言委员会对委员结构进行了改善，排除了之前在高校任职的委员，并将委员会改由联合情报委员会管理。这样，三军多语言委员会正式成为国防过渡协调委员会的下属机构，主要任务是："摸清对外语专家，尤其是俄语和斯拉夫语专家的战时需求，并针对在和平时期采用什么方法征召、培训可能需要的外语专家提供建议。"[29]言语间流露出对苏联日益增长的恐惧和不信任，这在很大程度上是受到了上一次战争混乱局面的影响。因此，各军种均被要求预估在开战当天和"开战后12个月内"这两个阶段所需要的俄语和斯拉夫语专家数量。国防部、军方、联合情报委员会的众多下属分委员会都积极参与讨论这次新冷战对语言的影响。一位敏锐的与会者发现："目前，已经有太多人针对这个问题召开了很多会议。"[30]

在战云密布的大背景下，整个世界无论是从语言上还是地理上，都被划分为敌友两派。海军情报部指出，虽然在战争爆发时可能也会需要其他外语专家，但与俄语相比，就是小巫见大巫了：

> 东欧的卫星国家，海军力量根本就无足轻重。在战争中，大概也只会唯苏联马首是瞻。在海军方面对这些国家的语言要求顶多就是审讯战俘和翻译截获的文件……远东方面，如果中国和一些马来语国家站到苏联一边，可能会需要粤语、汉语普通话和马来语的口笔译人才。[31]

因此，负责调查战时外语专家需求的全军多语言委员会将大部分注意力集中在俄语人才的供应上，以备将来交战或情报活动这样的特殊军事情况："一般口译职责……是审问战俘、审查截获的文件、以及…为政府通讯总部服务。"[32]要完成上述职责，估计所需人数会很多。仅海军就提出，在开战当天，需要 333 名外语专家，开战后前 12 个月内还需要增加 500 名，而目前只有 20 名。1951 年，除政府通信总部（GCHQ）之外，各军种的外语专家总需求估计为 3784 名。[33]虽然有剑桥大学培训课程这样的一次性补救措施，但鉴于他们在战争中遇到的情况，而且这种情况在战后短期内还很可能继续存在，当局其实仍然面临着语言服务上的紧缺：

> 如果爆发战争，英国政府现有的可靠俄语人才资源将严重不足……这是一个大问题：情报部门一致认为这一要求至关重要，解决起来肯定要耗费巨额成本。[34]

关于如何填补俄语专家的预期需求和当前供应之间的巨大缺

口，最初的讨论是出于财务考虑。在这种新的政治背景下，以前对聘用母语外国难民这个方案的种种疑虑，现在有充分的理由搁置了。有人认为，最经济、最快速的办法可能确实是从目前大量滞留欧洲的流离失所者当中征召一批俄语人才，例如，18000 名乌克兰战俘、10000 名来自前波兰军队的乌克兰人、1942 年来到英国的 1000 名前苏联红军、27000 名波罗的海地区人民等。[35] 但其实，这些人仍然被认为不适合，倒不是因为他们反苏的问题，而是因为关于他们的信息不多，无法展开全面的安全审查。委员会认为，首先，对于这些流离失所者和难民，相关资料不足，审查难度相当大；其次，如果战争爆发，英国政府很可能会迫于公众舆论而扣留外国人；最重要的是，委员会明显将大部分非英国出生的人视为潜在的不稳定分子："一个外国人，无论是否入籍，为与自己祖国对战的国家工作，会产生什么反作用是无法预料的。"有人担心，非英国出生的外语专家在审问战俘方面的能力可能有限，因为战俘很可能会拒绝与他们认为是国家叛徒的人交谈。如果这些非英国出生的俄语人才在战区还有亲朋好友，肯定会受到敌方特工的胁迫。有人认为，在英国的军事单位中，外国人的存在本身就会让敌方更容易安插间谍和特工。[36] 所以最终的结论是，应对冷战所需的大量俄语专家必须是土生土长的英国人。

鉴于这项有关国籍的重要规定，以及整个局势的紧迫性，唯一的解决方案就只有尽快培养一大批英国出生的俄语人才。在这种情况下，首先军方有必要保持对整个方案实施情况的控制，而不能将其交予合作大学；其次，要确保有足够数量的人自愿接受训练，这样才能实现战争计划制定的目标。依靠自愿接受训练的人员，根本不足以应对新的危机局势。因此，在 1951 年，英国当局在出台《官方机密法》，将目光投向了唯一一个大型备选人才群体，他们不但都是在英国出生的，而且可征召入伍："主要来源必须是国民预备役人员。建议在劳动部的协助下，在这些人员入伍之际选择志愿学习者进行培训。"[37] 这次，各军种首次同意以更加结构化的方式联合起来，组成正式的语言联勤学校（JSSL），统一管理俄语教学，以国民预备役形式招募新兵从零开始培养。

语言联勤学校将俄语人才分为两类进行培养。第一类译员需要参与会议工作、重要审讯和关键文件的翻译；第二类译员在信号情报系统内工作，监听敌方的广播和信息传输。其中，第二类译员每年约招 1200 人，将在博德明（Bodmin）营地、库斯顿营地（Coulsdon）及后转至的克拉里（Crail）的新建军校接受为期 12 个月的培训。一类译员则从这些新兵中选拔，估计每年选拔 450 名，再继续进行 12 个月的深造。陆军 / 皇家空军人员在剑桥大学深造；海军人员在位于伦敦的斯拉夫和东欧研究学院（SSEES）深造。为此，建立了一套新的培训模式：先在军方的直接控制下对大多数新兵开展基础教学，然后在军方持续的总体控制下，委托高校进行第二层次的专业培训。

这项全国性的语言强化课程预计费用很高：1951 年就需要 855000 英镑。[38] 该计划总体上是在"全民服役"背景下制订的，规定学员在服完兵役后，在平民生活中继续作为储备外语专家，可以在接受动员后进行复训。复员三年半后，高级外语专家必须参加进修，通常为 3 门课程，每门课程为期 15 天，使他们的俄语保持在正常使用水平。[39]

　　此次大规模的军事语言计划从设计之初就在宣导这样一种思想：通过高强度的教学和刻苦的学习，预期的俄语能力是可以达到的。"这个思想应该……不断传达出学习俄语并不像看起来那样困难。"（Elliott 和 Shukman 2002：71）从这次计划的规划和监督情况，不难看出其正式性。国防部进度监察委员会制定了课程结构设置，评估其进展，并对相关标准和进度进行正式检查。根据针对两类学员的课程大纲，学习九个月后实际上就能达到 A 级水平，相当于一级学位，再继续学习十二个月即可达到本科学位标准。第一类人才的课程特别强调被动、接受性的语言技能，学员在监听站工作和拦截敌方信息时需要使用这些技能："监听电话交谈等各种讲话声音，并快速将听到的内容记录下来；将俄语文档翻译成英语，但准确性要求并不苛刻"，目的是掌握 3000–3500 个单词的积极词汇量，包括军事技术术语。对于第二类人才，由于需具备高级俄语技能，其课程旨在培养学员"充分掌握流利的俄语"，以便学员可以在会议和审讯中充当口译员，并在发生战争时在敌方的营地、机场或在将被攻占的地面设施中提供语言支持。[40]

　　二战刚结束的一段时期，英国当局采取了五花八门的临时措施，弥补俄语人才短缺。而现在，与苏联作战的威胁迫在眉睫，必须做出迅速、统一的反应：在有史以来最快的时间内启动一项全国语言计划。1952 年一二月份，预计博德明和库斯顿营地将分别迎来 500 名和 400 名的学员，而当时剑桥和伦敦已经分别有 125 名和 25 名学员。[41] 如果真会爆发战争，应急计划也能继续保障培训计划不间断。海军情报局局长警告："无论是在战争中，还是在紧急状态下，学校都必须继续运作，弥补人员伤亡等损耗，同时未雨绸缪，应对必将出现的更多需求。"[42] 实际上，在 1953 年初，海军与斯拉夫和东欧研究学院院长就紧急情况下的疏散安排进行了磋商，确保即使国际局势突然恶化，俄语课程也可以继续进行。[43]

　　虽说为抗击德军做出贡献的英国本土外语专家主要来自中产阶级，或者曾接受过一些外语教育或在 1939 年前居住在国外的人，但此次国民预备役俄语教学新计划无疑囊括了更为广泛的社会阶层。计划实施伊始，很大一部分学员要么是大学毕业生，要么是希望在结束国民预备役后上大学的人。然而，随着计划的逐步实施，越来越多有能力的年轻男人加入进来，他们一般受过文法学校教育，但又未主动考虑过继续接受高等教育。国民预备役人员了解俄语教学计划的方式多种多样。符合条件的志愿者在首次接受国民预备役体检时会被问到："会说哪些外语？"[44] 或被告知：只有参加俄语学习才可能进入他们喜欢的军种或得到军衔。[45] 有时，应征人员甚至在学校读书时期就已经知道该计划，并被提醒要在首次服役的面试时就提到该计划。在军营中张贴的公告[46] 也会吸引已经开始接受基本军事化训练的其他志愿者。[47] 随着教学体系的发展，每年选拔 4 次预备役人员，他们将在在基本的国民预备役训练结束后，分别于 2 月、5 月、8 月和 11 月分批参加俄语学习。

　　被征募的年轻人中，似乎很少有人会把学习俄语和即将发生的战争明确地联系起来，但官方心中是非常清楚的。迈克·弗赖恩（Michael Frayn）曾记得自己被警告，不要以为学习俄语是来偷懒耍滑的，因为他"保不齐哪天就会被扔到敌后"[48]。还有人则表示，十八九岁的年轻人很少考虑为何开设这样的课程并选择他们来学习——"没人想到战备现实情况"[49]。就算他们确实想到学习俄语可能与打仗有关，他们也"从未觉得会打起来"[50]。

一旦报名参加课程，预备役人员就会发现这里的学习环境组织有序而且学习要求非常高："全神贯注地投入高强度的外语学习占用了我的全部精力……就像洗礼一样，是完全浸入式的。"（Drummond 2000：57）在博德明营或库斯顿营，一天的时间安排始于一个小时的语法训练（全体齐声朗读短语和习题），然后进行一个小时的语法讲解、45分钟的俄语阅读和口头练习、45分钟的俄译英（先口译，然后书写下来）、45分钟的俄译英笔译、俄语听写、30分钟的俄语授课、90分钟的翻译，最后用30分钟从词汇表中学习新单词来结束一天的学习。学校纪律严明，学员定期考试，如果不及格，则可能被开除学籍，回归正常的服役生活。实际上，这就意味着他们不仅要回归智力要求不太高的军营生活，而且拿不到本应得到的佣金，更甚者，可能被派到海外战斗，比如去朝鲜战场。根据第二次大考的成绩，75分以上的高年级学员才有资格被选拔参加在剑桥和伦敦进行的为期12个月的高级课程。

为了达到军方规定的水平，课程的总体教学理念是将传统的语法和翻译练习与新式的交际语言直接教学方法结合。授课语言尽量采用俄语。确实，对于一些新兵来说，第一次接触俄语就是长达一个小时的俄罗斯地理课，以俄语重复讲授，大量使用手语："难以置信，我们开始意识到，虽然单词都不认识……也能明白其含义了。"（Elliott和Shukman 2002：71，72）每个班约有30名学员，定期分成小组，另外，也进行一对一口头练习。今后可能进行口译的学员通过角色扮演进行练习：

一名俄罗斯妇女打电话说，她的丈夫显然是因在柏林英占区进行黑市活动被捕了；卡拉捷耶夫（Karateev）上校打电话说，俄罗斯食品委员会有兴趣代表柏林苏占区的德国平民从英国当局购买多余的咸鲱鱼……[51]

在其他军方单位看来，国民预备役俄语学员显然属于异类："让这堆苏联人滚蛋！"[52]鉴于要花大量的时间进行语言学习，俄语学员不得不省去其他预备役应该接受的全部训练。马克·弗兰克兰（Mark Frankland）指出，在海军内部，俄语学员被视为"不受欢迎的假水手"和"书呆子海军学员"[53]。从某种意义上讲，这些俄语学员既可以说是在服役（应征入伍，并且在等级化机制下工作），也可以说没有服役。比如，在剑桥上课的学员穿的是到达学校时发给他们的复员套装，而不是军装/皇家空军制服，但他们也远离城镇和大学，全都生活在市中心以外的宿舍，最初是在纽马克特（Newmarket）和福克斯顿（Foxton）。[54]在这种相对较小且孤立的团体中进行高强度学习，预备役学员容易得到一种非常特殊的中性集体身份，既非士兵，也非学生。如果说他们看起来像是大学生，但他们又在一个控制严密的体制中工作，几乎没有行动自由，除了学习还是学习。[55]在这种情况下，他们又成为一个紧密联系的校外进修集体，大部分活动与俄语有关。一些学员认为他们的经历类似于他们所认识或想象的寄宿制学校。[56]大家都喜欢起绰号，并通过开领导的玩笑来表达抵触情绪。例如，迈克·弗赖恩就讲到，学员之间会故意以英语口音讲俄语来取笑老师。[57]

课程设置的安全制度进一步突出了俄语教学环境的相对封闭。博德明语言联勤学校的指挥官受命向所有学员传达"必须注意安全，而且应谨言慎行以避免危险"。该计划的规模和时间安排，以及学员最终可能接受的任务，都是必须保密的安全要点。[58] 联合情报委员会虽然承认政府对国民预备役的俄语培训很快会广为人知，但同时也指出，有必要确保有关该计划本身的准确信息不会进入公众视野。因此，有关计划进度的备忘录删除了培训学员的实际人数以及该计划的预计持续时间等细节。[59] 除了存在秘密信息泄露给敌方的危险，敌方自己也有可能顺利混入课程，因此英国当局始终保持警惕：

> 大家尤其要警惕安全要求，特别要注意监视文职教员的任何政治不满或颠覆活动的迹象，并立即通过各单位的安全专员向指挥官报告任何可疑行径。[60]

虽然英国当局拒绝征召非英国出生的俄语人才，使其在冷战中成为前线士兵，但对于哪些人可以聘用来教授俄语课程这个问题，他们却灵活得多。尽管课程中有英国的讲师，但由于缺乏能说流利俄语的英国人，大部分教员都不是英国出生的。所有说俄语的外国人都是经过安全部门的筛选和审查才会被推荐为教师：早在1951年5月，内政部就审阅了5000名潜在候选人的记录。[61] 但审查工作本身就有些问题。第二次世界大战之后，由于大量人口流离失所，国籍和国民身份的概念不断变化。例如，在剑桥课程中，伊丽莎白·希尔（Elizabeth Hill）报告说她将聘用各种类型的人："无国籍——俄罗斯出生；已入英国籍——俄罗斯出生；身份待定——之前是俄罗斯人。"[62] 虽然这次为了让学员了解当代苏联，而不像战后初期一样屈从于政治敏感性，最好让"来自苏联的真正俄罗斯人"进行此课程教学，但在实践中，当局发现很难找到此类人员。在革命时期就来到英国的俄罗斯人家庭，以及国防部最初认定最可靠的教员来源，这些资源正逐渐耗尽。[63] 新进政治移民不容易找到，要么因为他们不一定把国籍注册为苏联,要么就是英国当局发现的人没有足够的文化素养担任教员,或者被官方认为有安全隐患。[64] 最后,大部分教员都是来自俄罗斯等地一系列东欧国家的非英国籍教师。例如,在博德明的一门课程中,文职讲师 56 人,只有 8 人是英国人,其余则来自俄罗斯 / 苏联(22 人)、波兰(15 人)、拉脱维亚(6 人)、乌克兰(2 人)、爱沙尼亚(1 人)、捷克斯洛伐克(1 人),以及 1 名无国籍人士(Elliott 和 Shukman 2002:67)。

在当时的英国人眼中,国民预备役的学员是在一种高度国际化的氛围中学习俄语的,因为其中大部分学员是来自其他国家的外国人。这一时期的学员对国际教师的印象十分深刻:他们充满活力,举止常常有别于本地人,通常被学员描述为"各式各样的政治移民""活力四射的教师""有异国情调的人"。[65] 对于身处 20 世纪 50 年代初期的年轻英国人,与外国人的这种密切接触本身就是不寻常的。除此之外,还有很多政治移民的背景充满传奇色彩:有乡绅、王子、外交官等等,还有他们讲述的非凡经历。

通过在语言联勤学校的语言课程,学员意识到他们所学习的俄语来源众多。俄罗斯和苏联的政治移民教师,其社会和观念上的区别首先体现在他们明显不同的口音上:"这些学院每天都有小组口语课,可与母语人士进行交流。他们常常会发现两种俄语讲师,操着两种口音:一种是革命前的老一辈,一种是生长在苏维埃政权下的人。"(Lee 1999:118)例如,波兰来的教师在讲俄语时口音似乎要轻得多。[66] 很快,学员就体会到了教师之间政治和文化上的紧张关系,一种似乎是根据教师最初离开俄罗斯的时间点建立的"强弱顺序":1917 年、20 世纪 20 年代初、20 世纪 20 年代末的集体化时期、20 世纪 30 年代的斯大林主义恐怖时期，或战后大规模迁徙时期（Drummond 2000：60）。课堂之外，由于课程设计要求营房生活应尽可能以俄语为主，所以政治移民混杂的口音构成了学员得以享受的为数不多的闲暇时刻：“我们希望尽量创造一个俄语环境。因此，可能会安排讲俄语的教员与学员一起娱乐。”[67] 总之，许多外国教员讲英语的时候也有一种特别的腔调。所以，对于年轻学员，即便是在英语背景下，和教员的交流也不一定会淡化他们的外来感。

因此，毕业生经常奉之为标准并且加以“吸收”的苏联特点[68] 也造就了他们心目中非常特殊的苏联：这是一个民族混合度很高的国家，到处都是东欧各地的流亡者。用约翰·韦恩（John Wain）的话说，这里的老师都是“失去了很多”的人，[69] 他们的身份都深深地受到流亡经历的影响。无论是故土的当今社会，抑或是他们由于这种教师身份而间接宣誓效忠的英国，都不容易与他们（无论男女）建立联系。对于学员，这样的老师所承载的是“无家可归的悲伤……他们努力生活，打算再煮一点俄式罗宋汤当作午餐，给我们讲讲话，然后听到其他人把他们的母语磕磕碰碰地说出来”（Elliott 和 Shukman 2002：75）。不管从哪个角度看，这一课程所体现的苏联都十分怪异，个中景象既非 20 世纪 50 年代苏联的实际情况，又完全不同于当时的英国：“在英格兰的一隅……建立了一个‘流亡中的苏联’。”（Drummond 2000：61）

当然，学员也不太可能对当代苏联有第一手的认识。因为学员不可能有任何时间在苏联实地学习。唯一可能为他们安排的外国住所可能也是另一种形式的“流亡中的苏联”，例如拜访居住在巴黎的苏联移民家庭，这种活动是军方偶尔针对一些正式军官安排的。一些俄语学员记得，他们有时会收到几份《真理报》，或者听取对苏联有最新了解的外部人士举行讲座，例如《观察家报》的俄语记者曾受邀为他们举行讲座。[70] 迈克·弗赖恩回忆说，学员可以读苏联小说练习语言，[71] 也可以看《会师易北河》等苏联宣传影片。不过，总的来说，虽然最初课程大纲规定了客座专家就当代苏维埃体制进行每周一次的讲座，[72] 但似乎并没有任何系统性的举措让学员可以获得有关当前苏联社会的信息，众所周知，此类信息极少。[73] 关于苏联生活的最新报道极难获得：约翰·德拉蒙德（John Drummond）回忆，有一次观看了两名美国学员用幻灯片做的讲座，他们是最早能够访问苏联的第一批学员。[74]

虽然学员付出了相当多的精力学习俄语，整套课程却几乎没有正式地向学员教授关于苏联这个冷战敌方的相关知识。从某种程度上说，苏联体制与西方国家不相容的观念似乎被视为一种无须提及的既定事实。[75] 尽管课内很少进行政治讨论（因为学员们可能不愿询问讲师为什么会落难至如此背井离乡的境地），大多数外国教师显然是从骨子里透出反苏的偏见。

总结

语言联勤学校的俄语学习课程终止于 20 世纪 50 年代末。在这 10 年当中，最初催生出此课程举措的二战论调——苏联是英国唯一一个需要紧急备战并应战的国家——开始发生根本性的变化。到 20 世纪 50 年代末，决策者开始意识到，冷战迫在眉睫只是几种可能的情况之一，还可能会出现"局部战争"甚至"全球战争"。[76]

在氢弹爆炸后，英国政府极为细致地调查研究了全球战的前景，对全球战的预测明显挑战了冷战语言政策的整个定调。全球战的规模之巨大、可能造成的破坏和损失之严重、导致核浩劫的速度之快，弱化了支撑俄语政策的"开战当天及此后十二个月"语言需求的论调。虽然语言培训委员会确实指出，必须考虑语言在"全球战后幸存阶段"的意义，但全球战对语言方面的要求远远超出了国防部做出合理计划的能力。[77]

另一方面，由于英国在 20 世纪 50 年代中后期逐渐卷入各种去殖民化的冲突中，引起了针对"局部战争"提出的许多不同的语言要求。要满足这种情况所需的语言就远不止俄语了。联合情报委员会指出，英国："缺乏训练有素的军官和其他级别的外语专家派驻到世界各地的英国驻军所在地……在最近发生紧急情况的塞浦路斯和苏伊士等地，很难找到熟练的外语专家"[78]。在这种情况下，各部队指出，他们各自都有不同的语言要求，具体取决于随时可能发生的殖民冲突，不再适用语言联勤学校和俄语这样的统一语言需求规划。[79]此外，随着国民预备役制度于 1960 年宣布结束，本就十分昂贵的俄语集中教学计划显得更加低效。语言需求的增大和多样化，以及人力和预算资源的减少，终于让俄语教学项目寿终正寝。

第二次世界大战的经验使英国当局清楚地认识到如果不事先做好语言方面的准备会对战时活动造成什么后果。战后不久，英国政府表示，愿意提出与提供语言服务有关的一些资源和政策问题，但同样也表示，不愿意在国家总体政策的框架内解决这些问题。各部队只有自己采取临时措施，大量借鉴高校课程，以期弥补英国与盟国交流时出现的语言鸿沟。只是在战争一触即发时，英国当局才飞快地制定了组织有序的全国性俄语教学政策。

　　这次国民预备役俄语教学计划是英国当局实施的规模最大、步调最一致的国家语言政策，计划结束后 50 年内一直后无来者。通过组织有序、硕果累累的课程学习，约 5000 名成年人从零开始学习了一门外语，不论是对俄语学员自身的未来生活和职业发展，还是对英国大学和学校的俄语教学，都将产生很多积极的长期影响。

结 语

战争与对话

外语和英国在欧洲的战争活动

（1940-1947）

在第二次世界大战期间，英国与众多非英语国家并肩作战。这场战争也是英国所经历的最长期的武装冲突之一。通过研究这场国际战争（主要是西欧战场）的语言史，我们可以发现英国所经历的一系列语言相关问题，主要涉及以下三个方面：军方制定的战时外语政策、英国当局对外国人所持的态度，以及外国人在英国战争机器中的作用和地位。语言深深地嵌入了这场战争的各个方面。语言交流所涉及的过程（语言转换、表达、真实性验证）对英国在这场战争各个阶段中的作战效力都至关重要，既包括在战时获取有关敌方战略和计划的情报和资料，也包括在战后救济难民，以及在德国占领区与外国盟友共处。

外语是否会被纳入战备计划的一部分，取决于军事行动的类型以及局势的紧迫性。例如，早在二战爆发前，政府密码学校就一直在呼吁让高校外语专家（例如剑桥大学的德语讲师伦纳德·福斯特）入伍，帮助军方破译敌方的通信内容。然而，随后英国当局意外发现，这些专家还能够监听敌人的无线电情报，因此需要迅速采取行动征召更多人才，以便记录和翻译他们所监听到的信息（Clayton 1980: 29）。

随着战事的推进以及重大军事演习的开展，外语人才在军队中的角色更为突出，也更多地参与到了战备计划当中。盟军当局已经清楚地认识到，无论是从法国北部登陆作战，还是解放和占领敌占区，他们都会遇到大量非英语国家的人民，并面临复杂的语言问题。于是，英国当局建立了一个中央计划机制，用于解决数百万士兵的语言学习需求，以及小部分民政事务官的业务需求——这两种需求有较大差异。在这两种情况中，语言战备都是在预期的政治或军事部署场景下开展的。首先，出于军事和政治因素，英国当局有必要让解放区城镇和村庄的平民百姓对路过的英军产生积极印象。所以，英国采取了一些措施，让士兵们做好礼貌礼节等元语言（meta-language）方面的准备，比如注意"与丹麦人讲话不要大喊大叫"，另外也鼓励士兵们学会说几句外语。所有这些措施都旨在营造士兵和平民之间一种以礼相待、互相尊重的气氛。当然，这些举措与官方对德语的态度形成了鲜明对比。盟军士兵受命不得与德国人进行任何交流，只能以"战时德语"的口吻对德国人发号施令。此外，随着战线向前推进，与士兵相比，民政官员会与外国平民进行更长时间的接触。所以，他们必须具备一定的外语能力。外语培训也是他们所接受基础训练的一部分。但在实践中，他们在军事和职能方面所接受的培训一般优先于语言培训，所以他们掌握的语言技能在很大程度上是被动的（以输入为主的）。他们采用外语来获取当地信息，处理办公文件，并通过认识和理解一系列词语和短语来掌握方方面面的外国知识，这对提高盟军战斗力至关重要。

　　但是，真正近距离遇见外国人并以外语进行有效的交流，则是英国当局在开展军事行动过程中明显筹备不足的部分。例如，首批登陆西西里岛的士兵在返回的报告中就提到，民政官员在到达当地不久后就发现自己必须在当地招募会说英语的平民来担任翻译。在军事口译员培训方面，理想的情况是英国当局培养一批能够完全融入军队指挥架构的母语口译员，确保他们既具备军事技能又具备语言技能。不过，寻找这样的"联络官"主要依靠英国当局与在伦敦流亡政府的斡旋。鉴于英国与这些政府的外交关系刚刚建立不久，难以驾驭，而且诺曼底登陆在即，时间非常有限，因此要找到足量的"联络官"很成问题。

在盟军解放和占领西欧期间，绝大多数的"实地"语言实践都是为了应对日益明显的语言需求而发展起来的。由于准备时间有限，语言从业者通常都是"随机应变"，而非事先系统学习特定语言。在去纳粹化运动之后，德国占领区内有大量案件需要调查和审判，仅1946年春季就有500起案件需要审理，而1944年9月才成立的盟军口译部队根本没法完成如此庞大的任务量。要建立起一个能够为正式法律程序提供语言支持的军事口译体系，既需要大量的时间和试错，也需要相关领域关键人才的努力。在英国政府为战后欧洲开展的救济活动中，救济人员也意识并预料到，在涉及战后欧洲难民的如此大规模的人道主义救助中，语言的角色不可或缺。可以肯定的是，来自世界各地的慈善组织及其志愿者在相互合作的过程中，首先认识到了各国人民彼此沟通的迫切需求，然后立即采取了行动来满足这种需求。实际上，这些非政府组织在救助难民和流离失所者时，经常使用德语作为共同语言。

英国政府统一制定的任何语言政策都必须"因地制宜"，用于应对某些迫切的特定政治或外交要求，这突显出外语在实现特定政治或外交目标中的重要性。为了确保英国可以与解放后的欧洲各国开展相互尊重合作的战后关系，英国当局有必要让英国军队在穿越欧洲各国时保持良好的行为举止。显然，英国当局十分担心士兵会在解放区有不端行为，为了避免这类行为，有必要加强士兵的礼貌礼节意识。在战后政治中，相对于上述的宏观外交目标，英国当局不那么关注士兵与敌国败军或正在重建家园的敌国难民打交道，也未曾预料到此类活动所涉及的语言问题，因此后来不得不根据实际情况临时制定应对措施来满足驻军的需求。语言政策的这种"因地制宜"的特性最生动的例证莫过于英国当局在二战期间对俄语态度的变化。在盟军占领德国时期，由于占领区政府缺乏负责与苏联当局沟通的俄语联络官，英国当局采取了十分仓促的措施，即从流亡的俄国人中选拔俄语人才，而这些俄国人在政治上是不被苏联认可的。结果，英国与苏联关系日益紧张。随后，英国当局希望通过让英国本土军官参加速成俄语课程来解决这个问题，与此同时，国际形势的恶化也使得俄语的重要性上升到国家高度。实际上，俄语能力被武器化了（Rafael 2012），成为英国政府冷战武器库的一部分。这项武器与其他国防措施一样，必须精心筹备和大量投入资源。由此而产生的国民预备役俄语教学倡议（特点为官方支持、组织严密、实施迅速）与政府在二战期间的外语政策形成鲜明对比。战时，语言的作用深藏于军事行动当中，鲜为人知；直到局势恶化、必须采取相应临时措施和方案时，英国当局才注意到语言在对外交流中的重要性。

在第二次世界大战的语言历史中，英国当局对外国语言的态度与英国社会对"外国人"的普遍先入之见密不可分。在两次世界大战期间的英国教育体系中，书面／输入性的语言技能往往比口头／输出性的语言技能更受重视。即使是在高校的语言院系内，师生与

"外国人"的接触机会也很有限，这是因为英籍教职工的比例越来越高，以及人们普遍不重视外语口语能力或与母语人士保持接触。根据二战期间外语专家的回忆，人们普遍对那些外语流利的人持有怀疑态度，即使对出生在英国的外语人才也是如此。例如，弗雷迪·马歇尔曾表示，他首次开始翻译截获的情报时，上司对他"完全不信任"，甚至指控他是间谍。[1]民政部门负责招聘的人员认为，他们"宁愿招不擅长外语但忠心耿耿的人，也不招外语能力出众却引人怀疑的人"（Donnison 1966：292）。

因此，英国当局很难让在外国出生的母语人士参与到战争机器之中。在战争的每个阶段，针对外籍人员的特性（外来性），英国建立了各类聘用标准，其中一个标准是国家安全标准，即军事行动越机密，当局聘用外国出生的外语专家的可能性越小。因此，如果要从敌方广播或是BBC向欧洲占领区播报的广播中监听出开源情报，英国当局可以聘用经过了安全审查的外籍监听员；而在信号情报的监听工作中，规定是英国当局只能聘用英籍监听员，只有在紧急情况下才能聘用外籍人员，或只能聘用已被证明在英国接受教育、完全融入了英国中产阶级社会体系的外籍人员，英国当局所聘用的英籍人员也大多出自这一社会体系。

但是，为了应对军队中不断增长的外语人才需求，英国当局引入了另一项标准。这项标准较少关注外籍人员所执行任务的性质，而侧重于对这类人员实行控制。制定这一标准是为了确保军队有能力招募和留住以外语为母语的人才。例如，英国当局在意大利"实地"心理战的过程中，越来越依赖意大利母语人士，因为在当地很容易找到这类人，而且他们也能够很快地向当地居民传递信息。不过，在这样的情况下，英军仍然全面控制了当地媒体基础设施的经营权。毫无疑问，要让外国人融入战争机器，最简单、最快捷的方法就是让他们参军入伍，成为盟军的战斗力量。在第二次世界大战期间，这个制度特别有效，为德国英占区和口译部队提供了德语人才，解决两方对德语服务的迫切需求。不过，这个制度最初也涉及一些更为严格的安全保障措施，例如要求外籍人员只有入籍英国才能晋升军官或文职官员。然而，该措施后来取消了，因为仅招募足够多的外语母语人士来完成紧急任务已经十分困难。需求问题造成对外语人才的控制措施很快全面放松，后来外籍人员只要加入英国军队就可证明自身已被充分归化。

据英国当局聘用的外语专家所述，在战争期间担任语言中介会面临许多困难和挑战。如前所述，外语人才通常社会地位较低，而如果外语人才擅长的是口头而非书面语言技能，那么其地位就更低了。政府密码学校的职员尚且可以像战前的外语学者一样工作并赢得尊重，但在 Y 站负责监听德语无线电的女性监听员则几乎没有得到任何身份上的认可。由于语言技能普遍存在性别分化（男性擅阅读，女性擅表达），而且有人猜测 Y 站的监听工作完全是依靠自动化技术，因此，这些女性监听员被孤立了起来，在战时工作中处于地位较低的边缘地带。

以外语为母语的人在战争活动中被边缘化的可能性更大。例如，特别行动处的特工一开始之所以被认为是开展秘密行动的恰当人选，不是因为他们的情报能力，而是因为他们的特质——他们是英国社会中的"局外人"。值得注意的是，那些被选中参加特别行动处的培训，但后来又没有通过培训的人，都被迫与英国主流社会脱节，居留在因弗内斯郡（Inverness-shire）中一所被称为"牢房"的隔离设施中。这些难民既无法回到原籍国，也尚未完全融入他们宣誓效忠的新国家。因此，在英国社会中扮演着中介的角色，被称为"忠诚的外国人"。矛盾的是，会说敌人语言这一点反而成为了他们加入东道国战争机器的合法入场券。他们由于同时身为外国人和英国人，不可避免地承受着巨大压力。其中很多人在加入英军后改了名字，而且有些人逐渐发现，他们说英语比说母语更流利了。在英国占领区服役时，他们对这种压力的感受最为强烈。

在战争背景下，正常沟通流程（翻译语义、传达信息，与外国人面对面交流）的重要性被提升到了一个新的水平。这些过程错综复杂，因此英国当局并不总是能领会各个环节的重要性。例如，有人曾认为，翻译不过是一个逐字逐句的词义转换过程，具体的文本片段可以与来源的文化背景剥离开来，但这样的想法很快受到了语言中介的质疑和驳斥。译员与读者之间经常发生争论和协商的原因之一在于对翻译工作的困难存在不同理解，或对"另一方"（外国）的知识存在不同理解。译员往往认为自己并不只是"一部会走路的词典"（Renier 和 Rubinstein 1986：92），外语专家也坚持认为"在不了解背景的情况下翻译，还不如不翻译……这样的翻译甚至可能产生很危险的后果"[2]。

在用广播有效说服外国听众时，英国当局也在信息真实性和来源上面临着难题：听众应该听到谁的声音，或者说他们会把听到的声音归为哪一方？ BBC 的一般做法是编制一份统一的英语广播脚本，然后将其翻译成不同外语进行播报。BBC决定了信息的基调——确定、可信，且来源于准确的本地信息，这种基调可以让外国听众感到真实。在体现真实性的同时，广播内容还需要体现一定"外国特色"，即适当注入当地的语言风格和文化特色，让母语播音员展现出来。然而，广播应体现多大程度"外国特色"这个问题在当时的 BBC 管理层中存在不少争议。

与外国人长期进行面对面交流不是一件容易的事，英国战备人员（人力情报员）的外语水平要达到母语水平才能让人信服，还要将自己扮演成和交流对象一样的当地人。在这种情况下，外语专家扮演的角色并非语言中介，而是一部作品中的演员，其观众既可能是一群外国人，也可能是一名外国人。尤其是对于特别行动处的特工而言，外语能力既是其获得秘密特工身份的先决条件，也是其到遥远的派驻国家以当地人民身份开展工作的工具。而对于那些在英军控制区机构工作的外语审讯员而言，他们主要扮演两种角色：第一是面向战俘的角色，即用战俘的母语对其进行审讯，以得到英军需要的情报；第二是面向英籍上级的角色，即用英语向其反馈审讯效果。

语言既与情报搜集、审讯、秘密行动、心理战这些战争活动有着千丝万缕的联系，也是盟军诺曼底登陆和取得战争胜利后构建权力关系的关键手段。语言的"不对称性"指的是在特定区域中，某种语言处于主导地位，与其他语言不构成平等交流的关系。许多经历过战后重建时期的人都在陈述中提到了这种不对称性。当英军进入欧洲解放和占领各国或是向欧洲人民提供人道主义援助时，他们必定处于外国领土之上，占领了相应的空间，并且修建了占领的标志——军事基地、军营、防御工事等等。在英国当局绘制地图和声明对所占空间行使所有权的过程中，语言（这里指英语）发挥了十分关键的作用。英军占领了某个空间就必然意味着，在这个空间中英国人如果与外国人有所接触，能够理所当然地使用自己的语言。这也经常体现在英国人与当地平民接触的场合。例如，在德国英占区，英国颁布了政令，要求所有官方事务均应采用占领方的语言，由此迅速形成了"纯英语区"。这在物理上和语言上形成了一道屏障，让说英语的人得以聚集在屏障之后。

本书试图通过将"外来性"，即外语置于英国战争经历的核心，来展现英国参与的第二次世界大战在语言方面的某些特征。这段战争历史是一段牵涉多种外语的历史，其中的关键战争活动都可以从外语维度来进行解读，这对简单化的种族中心主义理论框架提出了挑战。后者认为，英国必定会像历史上那样采用英语作为战时语言。然而，即使英国在战争期间没有实施明确的外语政策，对于那些参与过这场战争的人而言，运用外语的实践也是显而易见的。要想打赢战争，外语能力必不可少。本书即《战争与对话》就讲述了英国当局如何逐渐意识到这个道理，并且逐渐将外语能力融入重大战争活动中。这项经验所形成的过程以及所涉及的问题（即应该如何看待说外语和理解外语的能力在战争期间的作用）既适用于20世纪40年代的欧洲战场，也适用于21世纪的军事活动。

注释

引言

1 http://collections.iwm.org.uk/server/show/nav.199 （访问日期：2012 年 3 月 17 日）。

2 参见帝国战争博物馆音频档案馆 9222/16、17973/6、9352、9552 等档案。

第一章 备战：英国（人）和外语

1 有关这些活动的详细信息，参见英国国家档案馆，教育部档案（ED）1212/144，《现代语言教学与世界公民权的关系报告》（Report on Modern Language Teaching in Relation to World Citizenship），1939 年，附录 A 等档案。

2 http://www.britishcouncil.org/languageassistants-centenary-brochure.pdf（访问日期：2011 年 10 月 23 日）。

3 英国国家档案馆，教育部档案，121/144，《现代语言教学与世界公民权的关系报告》，1939 年，附录 A。

4 英国国家档案馆，教育部档案，121/144，《现代语言教学与世界公民权的关系报告》，1939 年，附录 A。

5 英国国家档案馆，教育部档案，121/144，《现代语言教学与世界公民权的关系报告》，1939 年，21。

6 帝国战争博物馆音频档案馆，4521。

7 《现代语言》，3、4，1935 年 2 月：109。

8 《现代语言》，18（3），1937 年 3 月：121。

9 英国国家档案馆，教育部档案，121/150，《格拉迪斯·德文郡的报告》（Report of Gladys Devonshire），1924 年 12 月。

10 《现代语言》，12（3、4），1931 年 2 月：80。

11 英国国家档案馆，教育部档案，121/144，《现代语言教学与世界公民权的关系报告》，1939 年，25。

12 《现代语言》，18（3），1937 年 3 月：119、121。

13 英国国家档案馆，教育部档案，121/144，《现代语言教学与世界公民权的关系报告》，1939 年，19。

14 英国国家档案馆，教育部档案，121/16。

15 英国国家档案馆，教育部档案，12/468，麦克斯韦·哈利迪（Maxwell Halliday）致 R. A. 巴特勒（R. A. Butler）的信，1943 年 4 月 21 日。

16 英国国家档案馆，教育部档案，121/150，1924 年 12 月。

17 英国国家档案馆，教育部档案，121/150，《格拉迪斯·德文郡的报告》，1924 年 12 月。

18 英国国家档案馆，教育部档案，121/144，《现代语言教学与世界公民权的关系报告》，1939 年，29。

19 英国国家档案馆，教育部档案，12/468，1938 年 10 月 26 日。

20 英国国家档案馆，教育部档案，121/144，《现代语言教学与世界公民权的关系报告》，10。

21 英国国家档案馆，教育部档案，12/227，英国工商教育协会，现代语言委员会报告，1935，4。

22 《现代语言》，14（3、4），1933 年 2 月：95。

23 《现代语言》，14（3、4），1933 年 2 月：98。

24 《现代语言》，14（3、4），1933 年 2 月：97。

25 《现代语言》，14（3、4），1933 年 2 月：98。

26 《大众观察》文件报告，194，《关于民众对意大利态度的报告》，1940 年 6 月 12 日。

27 《汉萨德英国议会议事录》，第 326 卷，1209 栏，1940 年 7 月 10 日，卡萨莱特（Cazalet）少校。

28 《现代语言》，20（3），1939 年 3 月。

第二章　情报译中求：刺探敌情

1 英国国家档案馆，政府通讯总部（HW）档案，50/15，政府密码学校欧洲海军分部（GC&CS European Naval Section）。

2 英国国家档案馆，政府通讯总部档案，3/137，《海军六处全史》（The History of NS VI），16（全文使用原始文件编号）。

3 帝国战争博物馆音频档案馆，埃尔西·布雷克（Elsie Blake），15209。

4 帝国战争博物馆音频档案馆，恩斯特·贡布里希（Ernst Gombrich），4521。

5 帝国战争博物馆音频档案馆，恩斯特·贡布里希，4521。

6 帝国战争博物馆，660 91/4/1，阿克罗伊德的文件（Ackroyd Papers），证词，F·马歇尔（F. Marshall）中尉。

7 帝国战争博物馆，660 91/4/1，阿克罗伊德的文件，证词，S. 韦尔奇（罗素）［S. Welch（Russell）］。

8 帝国战争博物馆，660 91/4/1，阿克罗伊德的文件，证词，M. 格雷（伍德豪斯）［M. Gray（Woodhouse）］。

9 帝国战争博物馆，660 91/4/1，阿克罗伊德的文件，证词。

10 帝国战争博物馆，证词，660 91/4/1，阿克罗伊德的文件，雪莉·加达比（坎尼科特）［Shirley Gadaby（Cannicott）］。

11 帝国战争博物馆，660 91/4/1，阿克罗伊德的文件，证词。

12 帝国战争博物馆，660 91/4/1，阿克罗伊德的文件，证词，乔伊·黑尔（班纳姆）［Joy Hale（Banham）］。

13 帝国战争博物馆，660 91/4/1，阿克罗伊德的文件，证词，F·马歇尔中尉。

14 帝国战争博物馆，660 91/4/1，阿克罗伊德的文件，证词。

15 帝国战争博物馆，660 91/4/1，阿克罗伊德的文件，证词。

16 塞尔温学院档案馆（Selwyn College Archive），剑桥大学，SEPP/FOR 福斯特（Forster）档案，《塞尔温学院回忆录（1938-1950），写于1993年》。

17 丘吉尔学院档案馆（Churchill College Archive），剑桥大学，斯图尔特·米尔纳·巴里爵士（Sir Stuart Milner-Barry）的文件，GBR/004/MNBY，3号信箱，丹尼斯顿致威尔逊的信（Denniston to Wilson），1939年9月3日。

18 英国国家档案馆，海军部（ADM）档案，223/472，《海军情报处的发展和组织（1939年9月至1944年4月）》。

19 英国国家档案馆，政府通讯总部档案，3/119，《3号房的历史（1940–1945）》（History of Hut 3，1940–45），第1卷，49（全文使用原始文件编号）。

20 英国国家档案馆，政府通讯总部档案，3/119，21。

21 英国国家档案馆，政府通讯总部档案，3/137，12。

22 英国国家档案馆，政府通讯总部档案，50/15。

23 英国国家档案馆，政府通讯总部档案，3/119，168。

24 英国国家档案馆，政府通讯总部档案，3/119，214。

25 英国国家档案馆，政府通讯总部档案，3/119，11。

26 英国国家档案馆，政府通讯总部档案，3/120，《3号房的历史（1940 – 45）》，第2卷，357（全文使用原始文件编号）。

27 英国国家档案馆，政府通讯总部档案，3/119，24。

28 英国国家档案馆，政府通讯总部档案，3/137，3。

29 英国国家档案馆，政府通讯总部档案，3/120，437。

30 英国国家档案馆，政府通讯总部档案，50/15。

31 英国国家档案馆，政府通讯总部档案，3/119，357。

32 英国国家档案馆，政府通讯总部档案，3/119，44，45。

33 从信息科学角度对索引进行的分析见 Brunt 2006。

34 英国国家档案馆，政府通讯总部档案，3/119，68。

35 英国国家档案馆，政府通讯总部档案，3/137，68。

36 英国国家档案馆，政府通讯总部档案，3/137，70。

37 英国国家档案馆，政府通讯总部档案，3/137，57。

38 英国国家档案馆，政府通讯总部档案，3/120，441。

39 英国国家档案馆，政府通讯总部档案，3/120，379。

40 英国国家档案馆，政府通讯总部档案，3/120，441，442。

41 英国国家档案馆，政府通讯总部档案，3/120，358。

42 英国国家档案馆，政府通讯总部档案，3/137，35。

43 英国国家档案馆，政府通讯总部档案，3/137，34。

44 英国国家档案馆，政府通讯总部档案，3/137，26。

45 英国国家档案馆，政府通讯总部档案，3/137，30。

46 英国国家档案馆，政府通讯总部档案，3/137，37。

47 英国国家档案馆，政府通讯总部档案，3/119，54。

48 英国国家档案馆，海军部档案，223/469。

49 英国国家档案馆，政府通讯总部档案，50/15，1943 年 4 月 5 日的讨论。

50 英国国家档案馆，政府通讯总部档案，3/120，356。

第三章　战时角色扮演：人力情报人员

1 作者访谈，2009 年 8 月 18 日。在本书中，受访者均只提及名字，隐去姓氏。

2 作者访谈，2009 年 8 月 18 日。

3 作者访谈，2009 年 8 月 18 日。

4 帝国战争博物馆，2686，保藏资料区（Con Shelf）。

5 这些信息的依据是普伦蒂斯（Prentice）中校的文件，他在帝国战争博物馆中留下了大量档案文件，其中包括他在 1940 年 6 月至 11 月、1941 年 3 月至 11 月参加上述情报课程时的材料和笔记。帝国战争博物馆，2686，保藏资料区。

6　作者访谈，2009 年 8 月 18 日。

7　作者访谈，2009 年 6 月 2 日。

8　作者访谈，2009 年 6 月 2 日。

9　作者访谈，2009 年 6 月 2 日。

10 作者访谈，2009 年 8 月 18 日。

11 帝国战争博物馆音频档案馆，9222。

12 作者访谈，2009 年 8 月 18 日。

13 作者访谈，2009 年 8 月 18 日。

14 作者访谈，2009 年 8 月 18 日。

15 帝国战争博物馆音频档案馆，9551。

16 帝国战争博物馆音频档案馆，9551。

17 帝国战争博物馆音频档案馆，9222。同见 Pelican 1993：112 –
　　93。

18 帝国战争博物馆音频档案馆，9222。

19 英国国家档案馆，陆军部（WO）档案，208/4970。

20 英国国家档案馆，陆军部档案，208/4970。

21 英国国家档案馆，陆军部档案，208/4970。

22 英国国家档案馆，陆军部档案，208/4970。

23 英国国家档案馆，陆军部档案，208/4970。

24 英国国家档案馆，陆军部档案，208/4970。

25 http://www.nationalarchives.gov.uk/catalogue　（访问日期：2010
　　年 5 月 4 日）。

26 “二战人民战争（WW2 People's War）”是一个记录战时集体
　　记忆的在线档案库，资料由英国广播公司从普通群众中收集。

27 作者访谈，2009 年 8 月 18 日。

28 作者访谈，2009 年 8 月 18 日。

29 英国国家档案馆，外交部（FO）档案，1005/1744，证人陈述，1947 年 4 月 7 日。

30 作者访谈，2009 年 12 月 3 日。

31 作者访谈，2009 年 12 月 3 日。

32 作者访谈，2009 年 12 月 3 日。

33 作者访谈，2009 年 12 月 3 日。

34 英国国家档案馆，内阁办公厅（CAB）档案，121/305，备忘录，1940 年 7 月 19 日。

35 帝国战争博物馆音频档案馆，8720，H. 瑞（H. Rée）。

36 帝国战争博物馆音频档案馆，9331，S. 杰普森（S. Jepson）。

37 帝国战争博物馆音频档案馆，5378，E. 哈格里夫斯（E. Hargreaves）。

38 帝国战争博物馆音频档案馆，9331，S. 杰普逊（S. Jepson）。

39 帝国战争博物馆音频档案馆，9331，S. 杰普逊（S. Jepson）。

40 帝国战争博物馆音频档案馆，9478，O. 哈洛斯（O. Hallowes）；9851，R. 布瓦特·伯德特（R. Boiteux-Burdett）。

41 帝国战争博物馆音频档案馆，9331，S. 杰普逊（S. Jepson）。

42 帝国战争博物馆音频档案馆，9452，M. 巴克马斯特（M. Buckmaster）。

43 帝国战争博物馆音频档案馆，4521，E. 贡布里希（E. Gombrich）

第四章 口舌之战：以外语发动心理战

1 若无特别说明，本书中的外语引文均是由作者翻译为英语。

2 英国国家档案馆，外交部档案，898/234，《英国政治战指挥部涉比利时政治战计划》（Plan of Political Warfare Relating to Belgium），1941 年。

3 英国国家档案馆，外交部档案，898/240，托马斯（Thomas）致卡尔德（Calder）的信，1941 年 3 月 31 日。

4 英国国家档案馆，外交部档案，898/234，1943 年 1 月 7 日。

5 英国国家档案馆，外交部档案，898/243，1943 年 11 月 26 日。

6 英国国家档案馆，外交部档案，898/243，1943 年 11 月 26 日。

7 英国国家档案馆，外交部档案，898/234，《英国政治战指挥部涉比利时政治战计划（至 1942 年春）》（Plan of Political Warfare Relating to Belgium）。

8 英国国家档案馆，外交部档案，898/234，《英国政治战指挥部涉比利时政治战计划（至 1942 年春）》。

9 英国国家档案馆，外交部档案，898/234，《涉荷兰政治战计划（至 1942 年春）》（Plan of Political Warfare for Holland up to Spring 1942）。

10 英国国家档案馆，外交部档案，898/420，费尔利的报告（Fairlie Report），《对法白色宣传成果摘要》（Summary of Results of White Propaganda to France），1945 年 5 月 3 日。

11 丘吉尔档案馆（Churchill Archives），剑桥大学，纽瑟姆的文件（Newsome Papers），NERI 3/1，1942 年 3 月 14 日。

12 纽瑟姆的文件，NERI 3/10，《里奇氏战争期间欧洲兵役史》

（Ritchie's History of the European Service during the War）。

13 纽瑟姆的文件，NERI 3/1，1942 年 3 月 14 日。

14 纽瑟姆的文件，NERI 1/1/3，1942 年 7 月 3 日。

15 纽瑟姆的文件，NERI 3/1。

16 纽瑟姆的文件，NERI 6/1，《英国攻法规划》，1943 年 7 月 23 日。

17 纽瑟姆的文件，NERI 6/1。

18 纽瑟姆的文件，NERI 6/1。

19 纽瑟姆的文件，NERI 1/1/43，《法国部队开始进驻欧洲》。

20 英国国家档案馆，外交部档案，898/420，费尔利的报告，《对法白色宣传成果摘要》，1945 年 5 月 3 日。

21 英国国家档案馆，外交部档案，898/368，1944 年 3 月 24 日。

22 意大利人民确信自己不仅从纳粹的占领中，同时也从法西斯主义残余势力中得到了"解放"。每年 4 月 25 日被定为"解放日"，它是意大利最重要的国家法定假日之一。

23 正义与自由（Giustizia e Libertà）是一个反法西斯运动组织，由一批意大利难民和知识分子在罗塞利（Rosselli）兄弟的倡议于 1929 年在巴黎成立。

24 意大利社会共和国（RSI）或萨罗共和国（Salò Republic）是墨索里尼于 1943 年末受纳粹德国之助在意大利北部重建的傀儡政权。

25 值得注意的是，英国国家档案馆邱园分馆藏有一些心理战指挥部（PWB）的人员名单，其中写明了人员来源（英军或美军）。有的人员名字听起来像是意大利语，这些人没有一个是来自英军的。虽然这并不足以断定意大利难民并未在意大利战役中加入英军及其心理战指挥部，但他们大部分显然是与美军并肩作战的。

26 英国国家档案馆，陆军部档案，204/2222，《意大利的广播电台情况》（Radio Broadcasts in Italy），1944 年 3 月 25 日。

27 英国国家档案馆，陆军部档案，204/2222，《意大利的广播电台情况》，1944 年 3 月 25 日。

28 英国国家档案馆，陆军部档案，204/2222，《意大利的广播电台情况》，1944 年 3 月 25 日。

29 英国国家档案馆，陆军部档案，204/6297，《意大利国家广播电台台长的报告》（Reports from Chief of Radio Italy），1944 年 7 月 12 日。

30 英国国家档案馆，陆军部档案，204/6297，《意大利国家广播电台台长的报告》，1944 年 7 月 12 日。

31 英国国家档案馆，陆军部档案，204/6297，《意大利国家广播电台台长的报告》，1944 年 8 月 20 日。

32 英国国家档案馆，陆军部档案，204/6297，《意大利国家广播电台台长的报告》，1944 年 8 月 20 日。

33 英国国家档案馆，陆军部档案，2046275，《地中海战场：无线电部门月报》（Mediterranean Theatre: Radio Division Monthly Reports），1944 年 6 月 17 日。

34 英国国家档案馆，陆军部档案，204/6268，《意大利广播网络：周报》（Italian Radio Network: Weekly Reports），1944 年 6 月 23 日。

35 英国国家档案馆，陆军部档案，204/6297，《意大利国家广播电台台长的报告》，1944 年 7 月 12 日。

36 英国国家档案馆，陆军部档案，204/6297，《意大利国家广播电台台长的报告》，1944 年 7 月 12 日。

37 英国国家档案馆，陆军部档案，204/6275，《地中海战场：无线电部门月报》，1944 年 6 月 17 日。

38 英国国家档案馆，陆军部档案，204/6268，《意大利广播网络：周报》，1944 年 8 月 25 日。

39 英国国家档案馆，陆军部档案，204/6413，《意大利：传单宣传部的历史》（Italy: History of the Leaflet Section），1944 年 12 月 22 日。

40 英国国家档案馆，陆军部档案，204/6413，《传单宣传部的要求》，1944 年 2 月 22 日。

41 英国国家档案馆，陆军部档案，204/6413，《意大利：传单宣传部的历史》，1944 年 12 月 22 日。

42 英国国家档案馆，陆军部档案，204/6413，《意大利：传单宣传部的历史》，1944 年 12 月 22 日。

43 英国国家档案馆，陆军部档案，204/6275，《地中海战场：无线电部门月报》，1944 年 6 月 17 日。

44 英国国家档案馆，陆军部档案，204/6261，《无线电组织指令》（Radio Organization Directives），日期不详（估计是 1944 年 11 月）。

45 英国国家档案馆，陆军部档案，204/6261，《无线电组织指令》，日期不详（估计是 1944 年 11 月）。

第五章　进攻欧洲大陆：解放与占领

1 英国国家档案馆，陆军部档案，219/3700，1944 年 5 月 10 日。

2　英国国家档案馆,外交部档案,898/478,回忆录,1943 年 8 月 25 日。

3　英国国家档案馆，陆军部档案，219/896，1944 年 5 月 11 日。

4　英国国家档案馆，外交部档案，898/478，ABC 手册委员会（ABC Booklets Committee），1943 年 9 月 13 日。

5　英国国家档案馆，外交部档案，898/478，便携指南培训分委员会（Pocket Guides Education Sub-Committee），1943 年 8 月 6 日。

6　英国国家档案馆，外交部档案，898/478，曼杰（Mangeot）致费尔利（Fairlie）的信，1943 年 8 月 31 日；1943 年 9 月 13 日。

7　英国国家档案馆，外交部档案，898/478，1943 年 8 月 20 日。

8　英国国家档案馆，外交部档案，898/478，ABC 手册委员会，1943 年 9 月 20 日。

9　英国国家档案馆,外交部档案,898/478,词汇分委员会（Vocabulary Sub-Committee），1943 年 9 月 18 日；外交部档案，898/478，便携指南培训分委员会，1943 年 12 月 7 日。

10　英国国家档案馆，外交部档案，878/478，词汇分委员会，1943 年 9 月 18 日。

11　英国国家档案馆，外交部档案，898/483，1943 年 9 月 9 日。

12　所有引用内容均出自英国国家档案馆，外交部档案，898/478，便携指南培训分委员会的指南。

13　英国国家档案馆，外交部档案，898/478，卡文迪许·本汀克（Cavendish-Bentinck），1943 年 12 月 1 日。

14　英国国家档案馆，外交部档案，898/478，1943 年 11 月 9 日。

15　英国国家档案馆，外交部档案，898/478，1943 年 10 月 30 日。

16　英国国家档案馆，外交部档案，1060/874，盟军远征军最高司令部民政事务（SHAEF CA）6/44/209，印发给陆军指挥官的版本，1944 年 9 月 27 日。

17 参见英国国家档案馆，外交部档案，1060/874，《对私自交友有关处罚的备忘录》（Memorandum of Punishment for Fraternization），1945 年 3 月 30 日等档案；以及 Ziemke 1975：161。

18 英国国家档案馆，外交部档案，898/478，指南初稿，1943 年 11 月 18 日。

19 "我是美国人""你的眼睛真美""一起去散步吗？""没有，我还没结婚呐""你的母亲在哪儿？""我不得不和你说再见了""我会很想你的""别忘了写信给我"。

20 "投降""站一边去""开门""狙击手藏在哪里？""把我的衣服洗了""离开这条街""明早汇报"。

21 英国国家档案馆，陆军部档案，202/527A，《盟军远征军最高司令部比利时民政事务实地手册》（SHAEF Field Handbook for Civil Affairs，Belgium）。

22 英国国家档案馆，陆军部档案，32/10764，《政治军事培训分委员会中期报告》（Interim Report of the Sub-Committee on Politico-Military Training），AT(E)/P(42) 30，1942 年 9 月 26 日。

23 英国国家档案馆，陆军部档案，32/10764，英国陆军部致美国财政部的信，1943 年 6 月 5 日。

24 英国国家档案馆，外交部档案，371/40434，罗威（Rowe）中校，1944 年 2 月 5 日。

25 英国国家档案馆，陆军部档案，219/3687，《课程大纲建议》

（Proposed Syllabus），1943 年 11 月 5 日。

26 英国国家档案馆，陆军部档案，32/10764，里斯·普莱斯（Rhys Pryce）的回忆录，1942 年 11 月 24 日。

27 英国国家档案馆，陆军部档案，32/10764，1943 年 4 月。

28 英国国家档案馆，陆军部档案，32/10764，（欧洲）领土管理委员会[Administration of Territories (Europe) Committee]，1943 年 5 月 20 日。

29 英国国家档案馆，陆军部档案，32/10764，1944 年 5 月 20 日。

30 英国国家档案馆，陆军部档案，219/3700，《民政事务指挥部的活动》（Activities of CAC），1944 年 1 月 18 日。

31 英国国家档案馆，陆军部档案，219/3849，布里奇（Bridge）上校的备忘录，1944 年 7 月 25 日；布鲁斯（Bruce）上校备忘录，1944 年 7 月 29 日。

32 英国国家档案馆，陆军部档案，171/3827，《民政事务进度报告第 17 号》（CA Progress Report no. 17），1944 年 10 月 17 日。

33 英国国家档案馆，陆军部档案，220/273，戴尔（Dyer）上尉，1944 年 3 月 29 日："同时也是对口译员的一次重要检验"，这句话是他在一张手写的便条上补充的。

34 英国国家档案馆，陆军部档案，220/273，珀尔（Pearl）上尉，1944 年 4 月 17 日。

35 英国国家档案馆，陆军部档案，219/3687，惠灵顿（Wellington）公爵中校的讲话，1943 年 11 月 27 日。

36 英国国家档案馆，陆军部档案，171/8445，民政事务内部文件，《我们的秘密》（Between Ourselves），1945 年 1 月 13 日。

37 英国国家档案馆，陆军部档案，219/3843，盟军远征军最高司令部草稿，日期不详。

38 英国国家档案馆，陆军部档案，219/2324，盟军远征军最高司令部致阿格瓦（Agwar）的信，1944 年 5 月 23 日。

39 英国国家档案馆，陆军部档案，219/2324，1944 年 5 月 18 日。

40 英国国家档案馆，陆军部档案，219/2324，1943 年 4 月 29 日。

41 英国国家档案馆，陆军部档案，171/3827，民政事务周会，1944 年 10 月 13 日。

42 英国国家档案馆，陆军部档案，220/273，戴尔上尉，1944 年 3 月 29 日。

43 英国国家档案馆，陆军部档案，171/8445，《历史报告（1945 年 1 月 1 日至 31 日）》（Historical Report 1–31 January 1945）。

44 英国国家档案馆，陆军部档案，171/8445，《珀西讲习班内容摘录（1944 年 8 月 11 日至 1944 年 8 月 15 日）》（Digest of Exercise Percy，11 August 1944–15 August 1944）。

45 英国国家档案馆，陆军部档案，219/3718，《挪威新闻》第 1 卷第 1 篇，1944 年 6 月 26 日。

46 英国国家档案馆，陆军部档案，219/3689，学生第 11 次课程资料，1944 年 8 月 17 日。

47 英国国家档案馆，陆军部档案，220/101，《比利时区域手册（上）》，1943 年 10 月。

48 帝国战争博物馆，J.F.S. 雷克斯（J. F. S. Rex），87/39/1。

49 帝国战争博物馆，J.F.S. 雷克斯（J. F. S. Rex），87/39/1。

50 帝国战争博物馆，R.J. 哈金斯（R. J. Hutchings），98/3/1。

51 帝国战争博物馆，R.J. 哈金斯（R. J. Hutchings），98/3/1。

52 帝国战争博物馆，M. 克劳福德（M. Crawford），94/34/1；C.J. 查特斯（C. J. Charters），保藏资料区。

53 帝国战争博物馆，87/39/1。

54 《第八军报》（Eighth Army News），2（43），1943 年 9 月 6 日，卡塔尼亚（Catania）省。

55 帝国战争博物馆，克劳福德，94/34/1。

56 同见《十字军》，1945 年 6 月 3 日。

57 帝国战争博物馆音频档案馆，18785；17995；15733。

58 帝国战争博物馆音频档案馆，17995。

59 帝国战争博物馆音频档案馆，5398。

60 帝国战争博物馆音频档案馆，15733；20202。

61 帝国战争博物馆音频档案馆，17995；14595。

62 帝国战争博物馆音频档案馆，20258。

63 帝国战争博物馆音频档案馆，22383。

64 帝国战争博物馆音频档案馆，20149；31405。

65 帝国战争博物馆音频档案馆，20894。

66 帝国战争博物馆音频档案馆，13420。

67 帝国战争博物馆音频档案馆，22370；2461；20370。

68 英国国家档案馆，陆军部档案，229/5/1，《关于反私自交友新政策的注意事项》，日期不详。

69 英国国家档案馆，外交部档案，936/236，贝伦森（Berenson）致罗宾逊（Robinson）的信，1945 年 12 月 23 日。

70 英国国家档案馆，外交部档案，371/46971，《巴尔福的报告》（Balfour Report），1945 年 8 月 10 日。

71 英国国家档案馆，外交部档案，1049/610，哥廷根（Göttingen）大学管制官员 L.H. 萨顿（L. H. Sutton），1 月 46 日

72 英国国家档案馆，陆军部档案，229/69/9，说明草稿，日期不详；G5 提交文件，1944 年 12 月 7 日。

73 英国国家档案馆，外交部档案，1020/82，英国对奥管制委员会，1945 年 1 月 12 日。

74 英国国家档案馆，外交部档案，1030/289，《关于在管制初期处理好盟军和管制委员会德国籍工作人员的关系的政策和指示》（Policy and Instructions on Relations with the Germans of Allied Forces and Control Commission Staffs in the Initial Period of Control），日期不详（可能是 1945 年 1 月）。

75 英国国家档案馆，外交部档案，1032/2099，《预算专责委员会第二次报告》（Second Report from the Select Committee on Estimates），1946 年 7 月 23 日印刷。

76 英国国家档案馆，外交部档案，1032/2099，《预算专责委员会第二次报告》附件图片，1946 年 7 月 23 日印刷。

77 英国国家档案馆，外交部档案，371/46730，《盟军远征军最高司令部关于对德国军事占领区的管理政策和程序手册》（SHAEF Handbook Governing Policy and Procedures for the Military Occupation of Germany），1944 年 12 月。

78 英国国家档案馆，外交部档案，371/46971，《巴尔福的报告》，1945 年 8 月 10 日。

79 英国国家档案馆，外交部档案，1014/26，《克莱格的报告》（Clegg Report），1948 年 5 月 31 日。

80 英国国家档案馆，外交部档案，1030/320，《访德注意事项》(Notes on a Visit to Germany)，1945 年 12 月 30 日。

81 英国国家档案馆，外交部档案，1014/26，《克莱格的报告》，1948 年 5 月 31 日。

82 英国国家档案馆，外交部档案，1014/26，高级管控官(汉堡)对《克莱格的报告》的评述［Senior Control Officer (Hamburg) on Clegg Report］，1948 年 7 月 13 日。

第六章　追捕战犯：战争法庭上的军事口译员

1　英国国家档案馆，外交部档案，936/116，1944 年 9 月 15 日。

2　英国国家档案馆，外交部档案，936/116，1945 年 2 月 6 日。

3　英国国家档案馆，外交部档案，1032/1350，1945 年 2 月 6 日。

4　英国国家档案馆，外交部档案，936/116，1945 年 2 月 6 日。

5　英国国家档案馆，外交部档案，936/116，1945 年 2 月 6 日。

6　英国国家档案馆，外交部档案，936/116，1945 年 10 月 5 日。

7　英国国家档案馆，外交部档案，936/116，1944 年 9 月 15 日。

8　英国国家档案馆，外交部档案，1032/493，1945 年 1 月。

9　第 21 集团军是由英国和加拿大军队组成的英制编队，在欧洲西北部战区作战，受盟军远征军最高司令部的指挥，在欧洲战争结束后改组成英国莱茵河集团军（BAOR）。

10 英国国家档案馆，外交部档案，936/116，1945 年 4 月 6 日。

11 英国国家档案馆，外交部档案，1032/493，1945 年 1 月 30 日。

12 英国国家档案馆，外交部档案，1032/493，1945 年 5 月 3 日。

13 很遗憾，没有文件可以提供关于此测试的更多信息。

14 英国国家档案馆，外交部档案，1032/493，1945 年 2 月 8 日。

15 英国国家档案馆，外交部档案，936/116，1945 年 7 月 23 日。

16 最初，许多在战争结束的前几个月里进入口译部队的译员被送往布鲁塞尔参加为期一周的口译课程，但这个课程用处不大。

17 然而必须指出，关于这一交通工具的唯一记载来自帝国战争博物馆的证言，而在英国国家档案馆的官方文件中没有任何相关记载。

18 帝国战争博物馆音频档案馆，9552。

19 帝国战争博物馆，15482，克莱夫·泰登（Clive Teddern）。

20 "法庭口译"一词现指法律口译，其适用场合包括侦查期间的审讯、警察部门、海关、移民局等多种场合。然而，此处所谓的法律口译是指在法庭和审判庭中进行的法务口译活动。

21 帝国战争博物馆音频档案馆，10938，乔治·H. 瓦西尔奇科夫（George H. Vassiltchikov）。

22 帝国战争博物馆音频档案馆，10938，乔治·H. 瓦西尔奇科夫。

23 帝国战争博物馆音频档案馆，10938，乔治·H. 瓦西尔奇科夫。

24 帝国战争博物馆音频档案馆，10938，乔治·H. 瓦西尔奇科夫。

25 帝国战争博物馆音频档案馆，10938，乔治·H. 瓦西尔奇科夫。

26 帝国战争博物馆音频档案馆，10938，乔治·H. 瓦西尔奇科夫。

27 帝国战争博物馆音频档案馆，10938，乔治·H. 瓦西尔奇科夫。

28 英国国家档案馆，陆军部档案，309/7，1946 年 1 月 11 日。

29 欧洲西北部战区法律部战争罪调查小组负责人。

30 英国莱茵河集团军总部军法署分部（战争罪部）部长。

31 英国国家档案馆，陆军部档案，309/7，1946 年 1 月 11 日。

32 英国国家档案馆，陆军部档案，309/7，1946 年 1 月 11 日。

33 英国国家档案馆，陆军部档案，309/7，1946 年 1 月 11 日。

34 英国国家档案馆，陆军部档案，309/7，1946 年 4 月 16 日。

35 英国国家档案馆，陆军部档案，309/7，1946 年 5 月。

36 英国国家档案馆，陆军部档案，309/7，1946 年 6 月 4 日。

37 士官，像克莱夫·泰德恩这样参加过英国战争的外籍军官就属于这一类，他们有各种军衔，如中士或准尉。

38 英国国家档案馆，陆军部档案，309/7，1946 年 6 月 4 日。

39 英国国家档案馆，陆军部档案，309/7，1946 年 8 月 14 日。

40 英国国家档案馆，陆军部档案，309/7，1947 年 10 月 28 日。

41 英国国家档案馆，陆军部档案，309/7，1948 年 1 月 7 日。

42 英国国家档案馆，陆军部档案，309/7，1946 年 6 月 21 日。

43 英国国家档案馆，陆军部档案，309/7，1948 年 1 月 7 日。

44 英国国家档案馆，陆军部档案，309/7，1946 年 9 月 5 日。

45 作者访谈，2009 年 6 月 4 日。

46 作者访谈，2009 年 6 月 4 日。

47 作者访谈，2009 年 8 月 18 日。

48 帝国战争博物馆音频档案馆，9352。

49 帝国战争博物馆，876-88/55/1。

50 帝国战争博物馆，5659-96/50/1。

51 帝国战争博物馆，876-88/55/1。

52 帝国战争博物馆，91/21/1。

53 帝国战争博物馆音频档案馆，9222。

54 帝国战争博物馆音频档案馆，17973/6，1998。

55 作者访谈，2009 年 12 月 10 日。

第七章 英国人和战争受害者：为海外难民和流离失所者提供救济

1 英国国家档案馆，外交部档案，936/698。

2 英国国家档案馆，陆军部档案，220/521。

3 英国国家档案馆，陆军部档案，220/521。

4 英国国家档案馆，陆军部档案，220/521。

5 英国国家档案馆，陆军部档案，204/9169。

6 英国国家档案馆，陆军部档案，204/9169。

7 英国国家档案馆，陆军部档案，204/9169。

8 英国国家档案馆，陆军部档案，204/9169。

9 英国国家档案馆，外交部档案，371/72038。

10 伦敦公谊会图书馆（FL），FRS，《公谊会紧急救济培训中心》（Friends Emergency Relief Training Centre），1945 年。

11 公谊会图书馆，FRS/1992/18。

12 公谊会图书馆，FRS/1992/18。

13 很遗憾，现有档案资料没有相关讲师的详细信息，但语言培训可能既有来自组织内部的讲师，也有来自外部的讲师。

14 公谊会图书馆，FRS/1992/18。

15 公谊会图书馆，FRS/1992/18。

16 公谊会图书馆，FRS/1992/18。

17 公谊会图书馆，FRS/1992/18。

18 救世军遗产中心档案馆（SAHCA），欧洲救济工作，专栏 2。

19 救世军遗产中心档案馆，欧洲救济工作，专栏 2。

20 帝国战争博物馆音频档案馆，10353。

21 帝国战争博物馆音频档案馆，10353。

22 帝国战争博物馆音频档案馆，21608。

23 帝国战争博物馆音频档案馆，21608。

24 帝国战争博物馆音频档案馆，15625。

25 帝国战争博物馆音频档案馆，15625。

26 帝国战争博物馆音频档案馆，15625。

27 帝国战争博物馆音频档案馆，12180。

28 帝国战争博物馆音频档案馆，12180。

29 帝国战争博物馆音频档案馆，12180。

30 帝国战争博物馆音频档案馆，21608。

31 帝国战争博物馆音频档案馆，10353。

32 帝国战争博物馆音频档案馆，10353。

33 帝国战争博物馆音频档案馆，15625。

34 帝国战争博物馆音频档案馆，10651。

35 帝国战争博物馆音频档案馆，21608。

36 英国国家档案馆，外交部档案，936/698。

37 英国国家档案馆，外交部档案，936/698。

38 英国国家档案馆，外交部档案，936/698。

39 帝国战争博物馆音频档案馆，10651。

40 英国国家档案馆，外交部档案，936/698。

41 英国国家档案馆，外交部档案，936/698。

第八章　苏联盟友：冷战开启前夕

1 剑桥大学，伊丽莎白·希尔的文件（Elizabeth Hill Papers），
 SLAV1/B2/1-21，希尔的全军俄语课程（Inter-Services Russian

course）笔记，1945 年 12 月 10 日。

2 英国国家档案馆,陆军部档案,208/4304,俄罗斯联络小组(Russian Liaison Group)，《小组活动记录及其与苏联军方和其他驻英代表的联系（1941–1945）》，1945 年 10 月。

3 英国国家档案馆，陆军部档案，371/47885，致 R.A. 巴特勒的说明，1945 年 5 月 2 日。

4 希尔的文件，SLAV 1/B10/1–101，全军多语言委员会（Inter-Services Languages Committee），1947 年 8 月 6 日。

5 希尔的文件，SLAV 1/B2/1–21，《全军多语言委员会会议纪要》（Minutes of the Inter-Services Languages Committee），10 月 22 日（1945 年？）。

6 希尔的文件，SLAV 1/B2/1–21，《全军多语言委员会会议纪要》，10 月 22 日（1945 年？）。

7 希尔的文件，SLAV 1/B2/1–21，1945 年 10 月 9 日。

8 希尔的文件，SLAV 1/B8/1–45，关于确定最终叙述的说明，1947 年 1 月 24 日。

9 希尔的文件，SLAV 1/B9/1–99，第 1、2 课。

10 英国国家档案馆，外交部档案，371/43376，文章引述内容，1944 年 10 月 3 日。

11 英国国家档案馆，外交部档案，371/47885，对金霍尔（King-Hall）司令议会问题的回应，1944 年 6 月 7 日。

12 英国议会议事录，第 406 卷第 3 篇 292、293 栏，1944 年 12 月 1 日。

13 英国国家档案馆，外交部档案，371/43376，大使致莫洛托夫（Molotov）的信，1944 年 10 月 29 日；外交部致莫斯科的信，

1945 年 3 月 17 日。

14 英国国家档案馆,外交部档案,371/56827,对第81号通知的说明,1946 年 1 月 15 日。

15 英国国家档案馆, 外交部档案, 371/47886,《俄国研究执行委员会会议纪要》(Minutes of Russian Studies Executive Committee), 1945 年 6 月 20 日。

16 英国国家档案馆,外交部档案,371/56828,乔治·博尔索夫(George Bolsover)的说明, 1946 年 11 月 1 日。

17 英国国家档案馆,外交部档案,371/47885,外交部致教育部的信,1945 年 5 月 2 日。

18 英国国家档案馆, 外交部档案, 371/56827, 外交部对第81号通知的说明(说明本身日期不详), 1946 年 1 月 15 日。

19 希尔的文件, SLAV1/B10/1–101。

20 希尔的文件, SLAV1/B10/1–101, 希尔的访德报告, 1946 年 11 月 10 日至 18 日。

21 英国国家档案馆, 陆军部档案, 171/8957,《夏洛滕堡事件》(Incident in Charlottenburg), 1946 年 1 月 5 日。

22 英国国家档案馆, 陆军部档案, 171/8957, G5 俄语部门(G5 Russian Section), 1946 年 3 月 28 日。

23 陆军部档案,371/47886,牛津大学埃韦特(Ewert)教授的回忆录,1945 年 7 月 10 日。

24 希尔的文件, SLAV 1/B10/1–101, 全军多语言委员会, 1947 年 8 月 6 日。

25 希尔的文件, SLAV1/B10/1–101, 空军部致希尔的信, 1947 年

12 月 18 日。

26 希尔的文件，SLAV1/B10/1-101，全军多语言委员会，1946 年 7 月 10 日。

27 希尔的文件，SLAV1/B10/1-101，全军多语言委员会，1947 年 1 月 20 日。

28 希尔的文件，SLAV1/B10/1-101，全军多语言委员会，1947 年 1 月 20 日。

29 英国国家档案馆，海军部档案，116/6331，内阁办公厅关于成立分委员会的信函，1949 年 4 月 29 日。

30 英国国家档案馆，海军部档案，116/6331，对国防部与海军部通讯的说明（Note on MOD/Admiralty correspondence），1950 年 3 月 15 日。

31 英国国家档案馆，海军部档案，116/6331，海军情报局局长（Director of Naval Intelligence），1949 年 5 月 31 日。

32 英国国家档案馆，海军部档案，116/6331，外语专家战时需求分委员会（Sub-Committee on Wartime Requirements in Linguists），1949 年 5 月 31 日。

33 英国国家档案馆，海军部档案，116/6331，《服役要求》（Service Requirements），1951 年 3 月 2 日。

34 英国国家档案馆，海军部档案，116/6331，《服役要求》（Service Requirements），1951 年 3 月 2 日。

35 英国国家档案馆，海军部档案，116/6332，国防部俄语专家工作组（Ministry of Defense Working Party on Russian Linguists），1950 年 11 月 9 日。

36 英国国家档案馆，海军部档案，116/6332，联合情报委员会的报告（Report by Joint Intelligence Committee），1951 年 3 月 19 日。

37 英国国家档案馆，海军部档案，116/6331，《服役要求》，1951 年 3 月 2 日。

38 英国国家档案馆，海军部档案，116/6331，《服役要求》，1951 年 3 月 2 日。

39 英国国家档案馆，空军部档案，2/13255，CAMC 语言分委员会第一次会议（1st Meeting of Language Sub-Committee of CAMC），1956 年 11 月 19 日。

40 英国国家档案馆，海军部档案，116/6333，国防部俄语专家培训进步委员会（MOD Progressing Committee for the Training of Russian linguists），1951 年 8 月 16 日。

41 英国国家档案馆，海军部档案，116/6331，国防部俄语专家培训进步委员会，1951 年 8 月 14 日；1952 年 1 月 4 日。

31 英国国家档案馆，海军部档案，116/6331，海军情报局局长，1952 年 10 月 23 日。

43 英国国家档案馆，海军部档案，116/6331，海军部致伦敦大学学院斯拉夫东欧研究院院长的信，1953 年 1 月 14 日。

44 帝国战争博物馆音频档案馆，26570，德拉蒙德（Drummond）。

45 帝国战争博物馆音频档案馆，26574，伍德索普（Woodthorpe）；帝国战争博物馆音频档案馆，26569，韦恩（Wain）。

46 帝国战争博物馆音频档案馆，26573，多尼亚奇（Doniach）。

47 帝国战争博物馆音频档案馆，26567，本内特（Bennett）。

48 帝国战争博物馆音频档案馆，26566，弗赖恩（Frayn）。

49 帝国战争博物馆音频档案馆，26574。

50 帝国战争博物馆音频档案馆，26569。

51 稿件碎片，日期不详，希尔的文件，SLAV 1/D4/11；D4/12。

52 帝国战争博物馆音频档案馆，26569。

53 帝国战争博物馆音频档案馆，26572，弗兰克兰（Frankland）。

54 帝国战争博物馆音频档案馆，26567。

55 帝国战争博物馆音频档案馆，26567。同见帝国战争博物馆音频档案馆，26572，弗兰克兰。

56 帝国战争博物馆音频档案馆，26567。

57 帝国战争博物馆音频档案馆，26566。

58 英国国家档案馆，海军部档案，116/6333，给博德明市全军联合外语专家学院院长的指令草案（Draft directive to the Commandant of the Joint Services School for Linguists, Bodmin），1951年9月8日。

59 英国国家档案馆，海军部档案，116/6334，海军情报局局长联合情报委员会秘书，1953年4月24日。

60 英国国家档案馆，海军部档案，116/6333，给博德明学院院长的指令草案，日期不详。

61 英国国家档案馆，海军部档案，116/6332，国防部俄语专家工作组，1951年5月9日。

62 希尔的文件，SLAV C1/3，1951年11月28日。

63 英国国家档案馆，国防部（DEFE）档案，10/137，国防部俄语专家工作组，1950年11月9日。

64 英国国家档案馆，海军部档案，116/6332，致伊丽莎白·希尔博士（Dr Elizabeth Hill）的信，1951年4月20日。

65 帝国战争博物馆音频档案馆，26570；26573；26572。

66 帝国战争博物馆音频档案馆，26567。

67 英国国家档案馆，海军部档案，116/6333，国防部俄语专家培训进步委员会，1951 年 8 月 16 日。

68 帝国战争博物馆音频档案馆，26570。

69 帝国战争博物馆音频档案馆，26569。

70 帝国战争博物馆音频档案馆，26569。

71 帝国战争博物馆音频档案馆，26566。

72 希尔的文件，SLAV B2/16。

73 帝国战争博物馆音频档案馆，26569。

74 帝国战争博物馆音频档案馆，26570。

75 参见帝国战争博物馆音频档案馆，26566 等档案。

76 英国国家档案馆，国防部档案，10/343，国防部全军语言培训委员会，1956 年 8 月 10 日。

77 英国国家档案馆，国防部档案，10/343，国防部全军语言培训委员会，1957 年 2 月 13 日。

78 英国国家档案馆，国防部档案，10/343，国防部全军语言培训委员会，1958 年 2 月 20 日。

79 英国国家档案馆，空军部档案，2/13255，说明，1957 年 11 月 7 日。

结语

1 帝国战争博物馆，91/4/1，阿克罗伊德的文件。

2 英国国家档案馆，政府通讯总部档案，50/15，讨论，1943 年 4 月 5 日。

表格

缩略词表

缩写	全称	译名
ACC	Allied Control Commission	盟军管制委员会
AD	Archives Départementales	档案部
AFHQ	Allied Force Headquarters	盟军总部
AIIC	Association Internationale des Interprètes de Conférence	国际会议口译员协会
AMG	Allied Military Government	盟军军政府
AMGOT	Allied Military Government of Occupied Territories	盟军占领区军政府
BAOR	British Army of the Rhine	英国莱茵河集团军
BBC	British Broadcasting Corporation	英国广播公司
CCG	Control Commission Germany	对德管制委员会
CCG (BE)	Control Commission Germany (British Element)	英国对德管制委员会
COBSRA	COBSRA Council of British Societies for Relief Abroad	英国海外救济协会理事会
CSDIC	Combined Services Detailed Interrogation Centre	英国联合审讯中心

282

DP	Displaced Person	流离失所者
EIAR	Ente Italiano Audizioni Radiofoniche	意大利广播收听局
FAU	Friends Ambulance Unit	公谊会救济队
FL	Friends Library, London	伦敦公谊会图书馆
FRS	Friends Relief Service	公谊会救济会
GCCS	Government Code and Cypher School	政府密码学校
GCHQ	Government Communications Headquarters	政府通讯总部
IMT	International Military Tribunal	国际军事法庭
IRO	International Relief Organization	国际救济组织
IWM	Imperial War Museum	帝国战争博物馆
IWMSA	Imperial War Museum Sound Archives	帝国战争博物馆音频档案馆
JAG	Judge Advocate General	军法署署长
JSSL	Joint Services School of Linguists	语言联勤学校
LRC	London Reception Centre	伦敦接待中心
NA	National Archives, London	英国国家档案馆
NCO	Non-Commissioned Officer	士官
OSS	Office of Strategic Studies	战略研究处
POW	Prisoner of War	战俘
PWB	Psychological Warfare Branch	心理战指挥部
PWE	Political Warfare Executive	政治战指挥部
RAF	Royal Air Force	英国皇家空军
RAI	Radio Audizioni Italia	意大利广播电台
RVPS	Royal Victoria Patriotic School	维多利亚皇家爱国学校
SAHCA	Salvation Army Heritage Centre Archive	救世军遗产中心档案馆

SHAEF	Supreme Headquarters Allied Expeditionary Force	盟军远征军最高司令部
SOE	Special Operations Executive	特别行动处
SSEES	School of Slavonic and East European Studies, London	伦敦大学学院斯拉夫东欧研究院
UNRRA	United Nations Relief and Rehabilitation Administration	联合国善后救济总署
WAAF	Women's Auxiliary Air Force	英国空军女子辅助部队
WCIU	War Crimes Investigation Unit	战争罪侦查中心
WRNS	Women's Royal Naval Service	英国皇家海军女子服务队

关于作者

　　希拉里·福蒂特（Hilary Footitt）是雷丁大学现代语言和欧洲研究系的高级研究员，也是英国艺术与人文研究理事会（AHRC）"战时语言"（Languages at War）项目的首席研究员。她的研究领域主要涵盖三个方面。首先，她研究妇女在政治中的作用和话语，曾发表著作《妇女、欧洲和政治的新语言》（*Women, Europe and the New Languages of Politics*，2002），还参加了九个国家的"欧洲议会选举中妇女的媒体形象"（Media Representation of Women in European Elections）项目。其次，她深入研究了二战期间盟军与法国的关系，曾发表著作《法国的战争与解放：与解放者一起生活》（*War and Liberation in France：Living with the Liberators*，2004），并且是EURO-HISMEDIA学会"欧洲的媒体、战争与想象"（Medias, guerre et imaginaires en Europe）课题组的成员。最后，她的文章曾发表于以下刊物：《情报与国家安全》（*Intelligence and National Security*）、《战争与文化研究学报》（*Journal of War and Culture Studies*）和《冷战史》（*Cold War History*）。她目前也是《战争与文化研究学报》的编委会成员，以及 Leverhulme 基金会"自由战争方式"（Liberal Way of War）项目组研究员。在过去十年间，她一直积极参与促进英国外语学习的论坛，并担任现代语言大学理事会（University Council of Modern Languages）主席和语言学习协会（Association for Language Learning）理事。她曾撰写政府报告《高等教育与国家语言战略》（*HE and the National Languages Strategy*，2005），目前是语言联盟（Language Alliance）的联合召集者。

西蒙娜·托比亚（Simona Tobia）是雷丁大学政治与国际关系学系的研究员，她在雷丁大学现代语言与欧洲研究系讲授欧洲历史。她的研究兴趣主要为 20 世纪的战争史与冲突史，重点关注其文化方面。她曾发表专著《美国广告：美国在意大利的信息服务（1945–1956）》（*Advertising America：The United States Information Service in Italy，1945–1956*，2008）。同时，由于她是英国艺术与人文研究理事会"战时语言"项目组的成员，她也出版了关于第二次世界大战的文化研究的文章。她目前正在与克里斯托费·安德鲁（Christopher Andrew）编辑《战争和冲突中的审讯》（*Interrogation in War and Conflict*）一书。